编委会

普通高等学校"十四五"规划旅游管理类精品教材
教育部旅游管理专业本科综合改革试点项目配套规划教材
国家级一流本科课程配套教材

总主编

马 勇　教育部高等学校旅游管理类专业教学指导委员会副主任
　　　　中国旅游协会教育分会副会长
　　　　中组部国家"万人计划"教学名师
　　　　湖北大学旅游发展研究院院长，教授、博士生导师

编 委（排名不分先后）

田 里　教育部高等学校旅游管理类专业教学指导委员会主任
　　　　云南大学工商管理与旅游管理学院原院长，教授、博士生导师
高 峻　教育部高等学校旅游管理类专业教学指导委员会副主任
　　　　上海师范大学环境与地理学院院长，教授、博士生导师
韩玉灵　全国旅游职业教育教学指导委员会秘书长
　　　　北京第二外国语学院旅游管理学院教授
罗兹柏　中国旅游未来研究会副会长，重庆旅游发展研究中心主任，教授
郑耀星　中国旅游协会理事，福建师范大学旅游学院教授、博士生导师
董观志　暨南大学旅游规划设计研究院副院长，教授、博士生导师
薛兵旺　武汉商学院旅游与酒店管理学院院长，教授
姜 红　上海商学院酒店管理学院院长，教授
舒伯阳　中南财经政法大学工商管理学院教授、博士生导师
朱运海　湖北文理学院资源环境与旅游学院副院长
罗伊玲　昆明学院旅游管理专业副教授
杨振之　四川大学中国休闲与旅游研究中心主任，四川大学旅游学院教授、博士生导师
黄安民　华侨大学城市建设与经济发展研究院常务副院长，教授
张胜男　首都师范大学资源环境与旅游学院教授
魏 卫　华南理工大学经济与贸易学院教授、博士生导师
毕斗斗　华南理工大学经济与贸易学院副教授
史万震　常熟理工学院商学院营销与旅游系副教授
黄光文　南昌大学旅游学院副教授
窦志萍　昆明学院旅游学院教授，《旅游研究》杂志主编
李 玺　澳门城市大学国际旅游与管理学院院长，教授、博士生导师
王春雷　上海对外经贸大学会展与旅游学院院长，教授
朱 伟　天津农学院人文学院副教授
邓爱民　中南财经政法大学旅游发展研究院院长，教授、博士生导师
程丛喜　武汉轻工大学旅游管理系主任，教授
周 霄　武汉轻工大学旅游研究中心主任，副教授
童其新　江汉大学商学院副院长，副教授
何 彪　海南大学旅游学院副院长，副教授

普通高等学校"十四五"规划旅游管理类精品教材
教育部旅游管理专业本科综合改革试点项目配套规划教材
国家级一流本科课程配套教材

总主编 ◎ 马 勇

酒店督导管理
（第二版）

Hotel Supervision Management (Second Edition)

主　编 ◎ 薛兵旺　周耀进
副主编 ◎ 曾凡琪　王诗龙

华中科技大学出版社
http://press.hust.edu.cn
中国·武汉

图书在版编目(CIP)数据

酒店督导管理/薛兵旺,周耀进主编.—2版.—武汉：华中科技大学出版社,2023.8(2025.7重印)
ISBN 978-7-5680-9429-0

Ⅰ.①酒… Ⅱ.①薛… ②周… Ⅲ.①饭店-商业管理 Ⅳ.①F719.2

中国国家版本馆 CIP 数据核字(2023)第 145947 号

酒店督导管理(第二版) 薛兵旺 周耀进 主编
Jiudian Dudao Guanli(Di-er Ban)

策划编辑：李　欢
责任编辑：王梦嫣
封面设计：原色设计
责任校对：林宇婕
责任监印：周治超
出版发行：华中科技大学出版社(中国·武汉)　　电话：(027)81321913
　　　　　武汉市东湖新技术开发区华工科技园　　邮编：430223
录　　排：华中科技大学惠友文印中心
印　　刷：武汉市籍缘印刷厂
开　　本：787mm×1092mm　1/16
印　　张：14.25
字　　数：350 千字
版　　次：2025 年 7 月第 2 版第 3 次印刷
定　　价：52.80 元

本书若有印装质量问题,请向出版社营销中心调换
全国免费服务热线：400-6679-118　竭诚为您服务
版权所有　侵权必究

Abstract 内容提要

酒店督导管理是一门理论性和实践性很强的课程,有利于培养酒店管理专业学生的职业素养和职业能力。本书以培养具有良好的个人修养、职业风范及现场管理能力的高素质酒店管理专门人才为目标,以酒店基层管理工作过程为主线,重点介绍酒店各部门的督导管理规律和方法。全书共有十一章,分别为管理概述、督导与酒店督导概述、团队建设与管理、领导技能、激励技能、管理沟通、时间管理、前厅部督导管理、客房部督导管理、餐饮部督导管理、康乐部督导管理。

本书融入了党的二十大报告主要精神,牢牢把握以立德树人铸就教育之魂,开发了丰富的、高质量的配套教学资源,如教案、课件、案例集、试题库、课程设计、考核方案、电子教材等,为培养德智体美劳全面发展的时代新人提供智力和精神支撑。本书可以作为高等院校旅游管理专业学生的授课教材,也可以作为星级酒店基层服务人员和管理人员的培训教材。

Hotel Supervision Management is a theoretical and practical course which helps shaping the professional qualities and abilities of students who major in hotel management. This textbook aims at cultivating high quality hotel management personnel who have good personal qualities, working styles and field management abilities, uses the basic hotel management working process as main line, and emphasizes the research on field supervision management rule and methods of hotel departments. The book is divided into 11 chapters, which are introduction to management, introduction to supervision and hotel supervision, team building and management, leadership skills, incentive skills, management communication, time management, front office supervision management, housekeeping supervision management, the food and beverage department supervision management, recreational department supervision management.

This book integrates the main spirit of the report of the 20th National Congress of the Communist Party of China and seizes the educational soul of establishing ethics to cultivate the people. It has developed abundant and high-quality teaching resources such as teaching plan, courseware, cases, examination database, course design, evaluation program, electronic textbook and so on. It provides intelligent and spiritual supports for cultivating new generation towards the comprehensive development of morality, intelligence, sports, appreciation of beauty and labor capacity. This book can be used as teaching textbook for tourism management students of universities and colleges, and also as training textbook for front-line staffs and managers of starred hotels.

总　序

习近平总书记在党的二十大报告中深刻指出，要实施科教兴国战略，强化现代化建设人才支撑。要坚持教育优先发展、科技自立自强、人才引领驱动，开辟发展新领域新赛道，不断塑造新动能新优势。这为高等教育在中国式现代化进程中实现新的跨越指明了时代坐标和历史航向。

同时，我国的旅游业在疫情后全面复苏并再次迎来蓬勃发展高潮，客观上对现代化高质量旅游人才提出了更高的需求。因此，出版一套融入党的二十大精神、把握数字化时代新趋势的高水准教材成为我国旅游高等教育和人才培养的迫切需要。

基于此，在教育部高等学校旅游管理类专业教学指导委员会的大力支持和指导下，教育部直属的全国重点大学出版社——华中科技大学出版社，在党的二十大精神的指引下，主动创新出版理念和方式方法，汇聚一大批国内高水平旅游院校的国家教学名师、资深教授及中青年旅游学科带头人，在已成功组编出版的"普通高等院校旅游管理专业类'十三五'规划教材"基础之上，进行升级，编撰出版"普通高等学校'十四五'规划旅游管理类精品教材"。本套教材具有以下特点：

一、深刻融入党的二十大报告精神，落实立德树人根本任务

党的二十大报告中强调："坚持和加强党的全面领导。"党的领导是我国高等教育最鲜明的特征，是新时代中国特色社会主义教育事业高质量发展的根本保证。因此，本套教材在编写过程中注重提高政治站位，全面贯彻党的教育方针，融入课程思政，融入中华优秀传统文化和现代化发展新成就，将正确政治方向和价值导向作为本套教材的顶层设计并贯彻到具体章节和教学资源中，不仅仅培养学生的专业素养，更注重引导学生坚定理想信念、厚植爱国情怀、加强品德修养，以期落实"立德树人"这一教育的根本任务。

二、基于新国标下精品教材沉淀改版，权威性与时新性兼具

教育部2018年颁布《普通高等学校本科专业类教学质量国家标准》后，华中科技大学出版社特邀教育部高等学校旅游管理类专业教学指导委员会副主任、国家"万人计划"教学名师马勇教授担任总主编，同时邀请了全国近百所高校知名教授、博导、学科带头人和一线骨干教师，以及旅游行业专家、海外专业师资联合编撰了"普通高等院校旅游管理专业类'十三五'规划教材"。该套教材紧扣新国标要点，融合数字科技新技术，配套立体化教学资源，于新国标颁布后在全国率先出版，被全国数百所高等学校选用后获得良好反响。其中《旅游规划与开发》《酒店管理概论》《酒店督导管理》等教材已成为教育部授予的首批国家级一流本科课程的配套教材，《节事活动策划与管理》等教材获得省级教学类奖项。

此外，编委会积极研判"双万计划"对旅游管理类专业课程的建设要求，对标国家级一流

本科课程,积极收集各院校的一线教学反馈,在此基础上对"十三五"规划系列教材进行更新升级,最终形成"普通高等学校'十四五'规划旅游管理类精品教材"。

三、全面配套教学资源,打造立体化互动教材

华中科技大学出版社为本套教材建设了内容全面的线上教材课程资源服务平台:在横向资源配套上,提供全系列教学计划书、教学课件、习题库、案例库、参考答案、教学视频等配套教学资源;在纵向资源开发上,构建了覆盖课程开发、习题管理、学生评论、班级管理等集开发、使用、管理、评价于一体的教学生态链,打造了线上线下、课内课外的新形态立体化互动教材。

在旅游教育发展的新时代,主编出版一套高质量规划教材是一项重要的教学出版工程,更是一份重要的责任。本套教材在组织策划及编写出版过程中,得到了全国广大院校旅游管理类专家教授、企业精英,以及华中科技大学出版社的大力支持,在此一并致谢!衷心希望本套教材能够为全国高等院校的旅游学界、业界和对旅游知识充满渴望的社会大众带来真正的精神和知识营养,为我国旅游教育教材建设贡献力量。也希望并诚挚邀请更多高等院校旅游管理专业的学者加入我们的编者和读者队伍,为我们共同的事业——我国高等旅游教育高质量发展——而奋斗!

总主编
2023 年 7 月

Preface 第二版前言

2021年,由编者主讲的"酒店督导"课程被教育部评为首批国家级一流本科课程,本书作为国家级一流本科课程"酒店督导"的首选和配套教材,得到了专家广泛认可。目前,酒店督导管理课程在我国酒店管理专业中普遍开设,本课程是运用酒店管理的基础理论与基本技能,研究酒店各营业部门现场管理的规律和方法的一门专业核心课程。

随着中国产业经济的转型升级,旅游产业已成为拉动中国经济发展的重要引擎,未来旅游产业发展对各类中高级管理人才的需求较大,从近几年对酒店行业与酒店管理专业的调研来看,酒店行业发展速度依旧迅猛,众多酒店企业对一线现场管理人才需求较大。对酒店管理人才的个人修养、职业风范及现场管理能力要求不断提高。

本书是普通高等学校"十四五"规划旅游管理类精品教材,也是教育部旅游管理专业本科综合改革试点项目配套规划教材。本书深入贯彻党的二十大报告主要精神,牢牢把握以立德树人铸就教育之魂,将社会主义核心价值观自然融入现代酒店督导和酒店管理之中,为此开发了丰富的、高质量的配套教学资源,如教案、课件、案例集、试题库、课程设计、考核方案、电子教材等,为培养德智体美劳全面发展的社会主义建设者和接班人提供智力和精神支撑。

本书选取的内容主要基于酒店企业发展的需要以及完成酒店督导岗位实际工作任务所需的知识能力、素质技能、理论知识,以必须够用为原则。实务部分契合酒店实际情况,内容具有很强的针对性与适用性。本书对酒店一线管理岗位进行工作任务分析与归纳,将符合同一类型职业能力的相关内容组合在一起,并按照学生的学习规律将教材确定为基础理论、通用管理能力、督导管理实务三大模块。其中督导管理实务模块依据不同工作岗位设置了四大情境,即前厅部督导管理、客房部督导管理、餐饮部督导管理和康乐部督导管理,从而确保学生能循序渐进地了解和掌握酒店一线管理岗位所要求具备的知识和技能。

本书共分为十一章,具体分工如下:薛兵旺撰写第一章管理概述、第二章督导与酒店督导概述以及第三章团队建设与管理;周耀进撰写第四章领导技能、第五章激励技能以及第六章管理沟通;王诗龙撰写第七章时间管理和第十一章康乐部督导管理;曾凡琪撰写第八章前厅部督导管理、第九章客房部督导管理以及第十章餐饮部督导管理。全书由薛兵旺策划与定稿,宗圆圆负责全书的翻译工作。

本书可以作为旅游高等院校酒店管理专业学生的授课教材,也可以作为星级酒店基层服务和管理人员的培训教材。由于时间和水平有限,本书在编写过程中难免出现不足之处,如有疏漏,敬请指正。

薛兵旺
2023年7月于武汉

第一版前言 Preface

随着中国产业经济的转型升级,旅游产业已成为拉动中国经济发展的重要引擎。未来旅游产业发展对各类中高级管理人才的需求较大。从近几年来对酒店行业与酒店管理专业的调研来看,酒店行业发展速度依旧迅猛,众多酒店企业对一线现场管理人才需求较大,对酒店管理人才的个人修养、职业风范及现场管理能力要求不断提高。

"酒店督导管理"课程在我国酒店管理专业中普遍开设,它是运用酒店管理的基础理论与基本技能,研究酒店各营业部门现场管理的规律和方法的一门专业核心课程。本教材选取的内容主要基于酒店企业发展的需要,以及完成酒店督导岗位实际工作任务所需的知识、能力、素质,理论知识以"必须够用"为原则,实务部分契合酒店实际情况,内容具有很强的针对性与适用性。

本教材对酒店一线管理岗位进行工作任务分析与归纳,将符合同一类型职业能力的相关内容组合在一起,并按照学生的学习规律将教材确定为基础理论、通用管理能力、督导管理实务三大模块,其中督导管理实务模块依据不同工作岗位设置了三大情境,即前厅部督导管理、客房部督导管理和餐饮部督导管理,从而确保学生能循序渐进地了解和掌握酒店一线管理岗位所要求具备的知识和技能。

《酒店督导管理》一书是全国普通高等院校旅游管理专业类"十三五"规划教材,也是教育部旅游管理专业本科综合改革试点项目配套规划教材。本书拥有丰富的、高质量的配套教学资源,如教案、课件、案例集、试题库、课程设计、考核方案、电子教材等。

《酒店督导管理》一书共分为十章。薛兵旺撰写第一章管理概述、第二章督导与酒店督导概述,以及第三章团队建设与管理;周耀进撰写第四章领导技能、第五章激励技能,以及第六章管理沟通;王诗龙撰写第七章时间管理;曾凡琪撰写第八章前厅部督导管理、第九章客房部督导管理,以及第十章餐饮部督导管理。全书由薛兵旺策划与定稿,宗圆圆负责全书的翻译工作。

本书可以作为旅游高等院校酒店管理专业学生的授课教材,也可以作为星级酒店基层服务和管理人员的培训教材。由于时间和水平有限,本书在编写过程中难免出现不足之处,如有疏漏,敬请指正。

薛兵旺
2017 年 4 月于武汉

Contents | 目 录

第一章　管理概述
Chapter 1　Introduction to Management

第一节　管理的内涵　　　　　　　　　　　　　　　　　　　　　/2
　❶　Implications of Management

第二节　管理主体与客体　　　　　　　　　　　　　　　　　　　/3
　❷　Subjects and Objects of Management

第三节　管理组织结构与管理职能　　　　　　　　　　　　　　　/8
　❸　Management Organization Structure and Management Function

第二章　督导与酒店督导概述
Chapter 2　Introduction to Supervision and Hotel Supervision

第一节　酒店督导的内涵　　　　　　　　　　　　　　　　　　　/17
　❶　Implications of Hotel Supervision

第二节　酒店督导的管理职能　　　　　　　　　　　　　　　　　/21
　❷　Management Function of Hotel Supervision

第三节　衡量优秀酒店督导的八项标准　　　　　　　　　　　　　/29
　❸　The Eight Standards of Excellent Hotel Supervision

第三章　团队建设与管理
Chapter 3　Team Building and Management

第一节　团队概述　　　　　　　　　　　　　　　　　　　　　　/37
　❶　Introduction to Teamwork

第二节　团队建设阶段与工作方法　　　　　　　　　　　　　　　　　　　/46
❷　　The Stages and Approaches for Making A Team

第三节　培育团队精神　　　　　　　　　　　　　　　　　　　　　　　　/50
❸　　Raising Teamwork Spirits

第四章　领导技能
Chapter 4　Leadership Skills

第一节　领导影响力的运用　　　　　　　　　　　　　　　　　　　　　　/58
❶　　Application of Leadership

第二节　形成自己的领导风格　　　　　　　　　　　　　　　　　　　　　/64
❷　　Forming Leadership Styles

第三节　提高领导素质　　　　　　　　　　　　　　　　　　　　　　　　/71
❸　　Improving Leaders' Qualities

第五章　激励技能
Chapter 5　Incentive Skills

第一节　激励的原理、理论及应用　　　　　　　　　　　　　　　　　　　/77
❶　　Incentive Principles, Theory and Application

第二节　工作中的激励技巧　　　　　　　　　　　　　　　　　　　　　　/85
❷　　Incentive Skills in The Working Environment

第六章　管理沟通
Chapter 6　Management Communication

第一节　管理沟通概述　　　　　　　　　　　　　　　　　　　　　　　　/94
❶　　Introduction to Management Communication

第二节　有效的管理沟通　　　　　　　　　　　　　　　　　　　　　　　/102
❷　　Effective Management Communication

第三节　常用的沟通方式与沟通技巧　　　　　　　　　　　　　　　　　　/110
❸　　Commonly-used Communication Methods and Skills

第七章　时间管理
Chapter 7　Time Management

第一节　时间管理概述　/120
① Introduction to Time Management

第二节　时间分析的方法　/122
② The Methods for Time Control Analysis

第三节　时间管理的技巧　/126
③ Time Management Skills

第八章　前厅部督导管理
Chapter 8　Front Office Supervision Management

第一节　前厅部督导工作职责和内容　/132
① Front Office Supervision Duties and Worklist

第二节　前厅督导管理程序与规范　/139
② Operational Process and Regulations of Front Office Supervision

第三节　前厅督导管理案例分析　/146
③ Front Office Supervision Management and Related Case Analysis

第九章　客房部督导管理
Chapter 9　Housekeeping Supervision Management

第一节　客房部督导管理职责和内容　/152
① Housekeeping Supervision Management Function and Worklist

第二节　客房督导工作程序与规范　/158
② Operational Process and Regulations of Housekeeping Supervision

第三节　客房督导管理案例分析　/163
③ Housekeeping Supervision Management and Related Case Analysis

第十章　餐饮部督导管理
Chapter 10　The Food and Beverage Department Supervision Management

第一节　餐饮部督导管理职责和内容　/169
① The Food and Beverage Department Supervision Management Function and Worklist

第二节　餐厅督导工作检查标准　/173
② Restaurant Supervision And Inspection Standards

第三节 餐厅督导工作程序规范 /176
❸ Operational Process and Regulations of Restaurant Supervision

第四节 餐厅督导管理案例分析 /190
❹ Restaurant Supervision Management and Related Case Analysis

197 第十一章 康乐部督导管理
Chapter 11　Recreational Department Supervision Management

第一节 康乐部督导工作职责和内容 /198
❶ Responsibilities and Duties of Recreational Department Supervision

第二节 康乐部督导工作程序规范 /204
❷ Work Procedure Standards of Recreational Department Supervision

第三节 康乐部督导管理案例分析 /208
❸ Case Analysis of Recreational Department Supervision Management

211 参考文献
References

第一章

管理概述

教学目标

◆掌握管理的含义和管理的属性;
◆掌握管理者的素质要求;
◆理解管理的基本职能;
◆理解管理客体的构成;
◆认识并有意识地培养自己的管理素质。

学习内容

掌握有效管理的含义、管理的主体和客体、管理的功能、衡量管理好坏的标准、管理的基本职能等管理学的基本理论知识,能描述管理的基本过程,了解管理原理并有意识地培养自己的管理素质。

第一节　管理的内涵

一、管理的定义与实质

管理是一门科学,具有客观规律性,这就要求人们不断发现、探索、总结和遵循管理过程中的客观规律,在逻辑的基础上,建立系统化的理论体系,并在管理实践中应用管理原理与原则,使管理在理论的指导下成为规范化的理性行为。如果不承认管理的科学性,不按规律办事,违反管理的原理与原则,随心所欲地进行管理,必然会受到惩罚。

（一）管理的定义

在管理的实践过程中,从不同的角度和侧重点,人们对管理的定义做了大量的研究,主要有以下一些观点:一是强调管理的工作过程,认为管理就是计划、组织、领导、控制的过程;二是强调管理就是领导者的决策过程;三是强调对人的管理,认为管理就是自己不亲自去做,而是通过其他人把事办好;四是强调管理者个人的作用,认为管理就是领导;五是认为管理就是协调活动,只强调管理的本质。管理定义的多样化,反映了人们对管理的多种理解,以及各管理学派的研究重点与特点。

依据管理本质及其要素,我们认为管理就是集团或组织为了达到个人无法实现的目标,通过计划、组织、领导、控制和创新,合理分配和协调相关资源,以有效实现目标的社会活动。

管理具有以下特征:

（1）管理的目的是有效实现目标。所有的管理行为都是为实现目标服务的。

（2）实现目标的手段有计划、组织、领导和控制。任何管理者要实现管理目标都必须实施计划、组织、领导、控制等管理行为。

（3）管理的对象是以人为中心的组织资源与职能活动。管理中最重要的是对人的管理。一方面,要指出管理的对象是各种组织资源与各种实现组织功能目标的职能活动;另一方面,要强调人是管理的核心要素,所有的资源与活动都是以人为中心的。

（二）管理的本质

对于管理的本质有多种说法。一是"职能说",即管理是指计划、组织、指挥、协调、控制等职能作用;二是"领导说",即管理就是组织成员的追随与服从;三是"决策说",即管理的关键是选择做什么而不是如何做;四是"分配说",即管理是争取、调配与合理使用资源等;五是"协调说",即管理要实现目标,就必须使资源与职能活动相互协调。

我们认为管理的本质应该体现管理的职能,即管理是指计划、组织、指挥、协调、控制等职能作用,通过计划、组织、领导、协调、控制,以及以人为中心的组织资源与职能活动,有效实现组织目标的社会活动。管理具有自然属性和社会属性,管理既是一门科学,又是一门艺术。

二、管理的属性与管理的必要性

管理理论作为普遍适用的原理、原则,必须结合实际应用才能奏效。面对千变万化的管理对象,管理者在实际工作中,必须灵活多变地、创造性地运用管理技术与方法,解决实际问题,从而在实践与经验的基础上,创新管理的艺术与技巧。

（一）管理的属性

管理具有两重性,即管理具有社会属性和自然属性,这是由生产过程本身的两重性决定的。生产过程是由生产力和生产关系组成的统一体,因此,管理也具有组织生产力与协调生产关系两重功能。在管理过程中,为有效实现目标,要对人、财、物等资源合理配置,对产、供、销及其他职能活动进行协调。这种组织生产力的管理功能,反映了人同自然的关系,体现了管理的自然属性。在管理的过程中,为维护生产资料所有者的利益,组织要调整人们之间的利益分配,协调人与人之间的关系。这种调整生产关系的管理功能,反映的是生产关系与社会制度的性质,体现了管理的社会属性。

（二）管理的必要性

随着生产力的发展、人类文明的进步、社会的高度现代化,管理作为不可缺少的社会功能,其作用日益增强,没有现代化管理,就没有现代化社会。首先,管理是共同劳动的客观要求。管理是共同劳动的产物。在多个人进行集体劳动的条件下,为使劳动有序进行,获取劳动成果,就必须进行组织与协调。其次,管理在社会化大生产条件下得到了强化和发展。随着生产力的发展、生产社会化程度的提高和企业规模的扩大,资源配置越来越复杂,生产各环节的相互依赖性越来越强,这些都要求更高水平和更大力度的管理的出现。最后,管理具有普遍性,管理适用于社会中的一切领域。凡是有人群的地方就需要管理,管理已成为现代社会极为重要的功能。

第二节　管理主体与客体

一、管理主体——管理者

从广义上看,凡是对组织资源或职能活动进行筹划与组织的工作都属于管理,凡是在各级各类组织中管人、管物、管理某项活动的人都可以被看作广义上的管理者。狭义的管理工作是以管人为核心的组织与协调工作,即通过管理他人,筹划与组织各种资源与活动。

（一）管理主体的定义与分类

1. 管理主体

美国学者德鲁克对管理者的定义如下:在一个现代的组织里,一个知识工作者如果能够通过他们的职位和知识,对组织做出贡献,能够实质性地影响该组织的经营并具有实现目标的能力,即为管理者。这一定义强调管理者首先必须对组织目标的实现做出较大贡献,因此,我们认为,管理者是指履行管理职能,对实现组织目标做出较大贡献的人。

2. 管理主体分类

1）按管理层次分类

管理层次是指管理组织划分为多少个等级。管理者的能力是有限的,当下属人数太多时,划分层次就成为必然,不同的管理层次标志着不同的职责和权限。企业的组织结构犹如一个金字塔,从上至下,权责递减,而人数递增。通常情况下,我们将管理者分为三个层次,即高层管理者、中层管理者和基层管理者。

(1) 高层管理者。

高层管理者是一个组织中最高领导层的组成人员,也被称为决策层。他们负责组织的长远发展计划、战略目标和重大政策的制定,拥有人事、资金等资源的控制权,以决策为主要职能,如酒店的总经理。

(2) 中层管理者。

中层管理者是一个组织中中层机构的负责人员,也被称为执行层。他们负责制定具体的政策,行使高层授权下的指挥权,并向高层汇报工作,如酒店人力资源部经理。

(3) 基层管理者。

基层管理者是指在生产经营第一线的管理人员,也被称为工作现场督导人员。他们负责将组织的决策在基层落实,制订作业计划,负责现场指挥与现场监督,如酒店前厅部的主管。

2) 按管理工作的性质分类

按管理工作的性质,管理主体可分为综合管理者和职能管理者。

(1) 综合管理者。

综合管理者是指负责整个组织或其所属单位的全面管理工作的管理人员。他们对整个组织或单位的目标实现负有全部的责任,拥有管理这个组织或单位所必需的权力,有权调控该组织或单位的全部资源与职能活动,而不是只对单一资源或职能负责。例如,酒店的总经理、办公室主任等都是综合管理者;而酒店财务部经理不是综合管理者,因为其只负责财务这种单一职能的管理。

(2) 职能管理者。

职能管理者是指在组织内部只负责某一职能或专业领域职能的管理人员。这类管理者只对组织中某一职能或专业领域的工作目标负责,只在本职能或专业领域内行使职权、指导工作。职能管理者大多具有某种专业背景或技术专长。例如,酒店的市场营销部、财务部、人力资源部经理等都是职能管理者。

3) 按职权关系划分

按职权关系,管理主体可分为直线管理者和参谋者。

(1) 直线管理者。

直线管理者是指有权对下级进行直接指挥的管理者。他们与下级之间是领导与隶属关系,是一种命令与服从的职权关系。直线管理者的主要职能是决策和指挥。例如,酒店中的总经理—部门经理—主管—领班,他们是典型的直线人员,其主要职责由他们组成组织的等级链来决定。

(2) 参谋者。

参谋者是指对上级提供咨询、建议,对下级进行专业指导的管理者。他们与上级之间存在一种参谋、顾问与主管领导的关系,与下级之间是一种非领导隶属的专业指导关系。他们的主要职责是提供咨询、建议和指导。例如,酒店财务部经理对其他各部门来说是参谋者,对其他部门可以进行财务专业指导;而对财务部内部人员来说,财务部经理是直线管理者。

(二)管理者的基本素质与技能

1. 管理者的基本素质

管理者的素质是指管理者的与管理相关的内在基本属性与质量。管理者的素质主要表现为品德、知识、能力与身心条件等。管理者的素质是形成管理水平与能力的基础,是做好管理工作,取得管理成效的极为重要的主观条件。管理者的基本素质主要包括以下几个方面。

1) 政治与文化素质

政治与文化素质是指管理者的政治思想修养水平和文化基础,包括政治坚定性、敏感性;事业心和责任感;思想境界与品德情操,特别是职业道德;人文修养与广博的文化知识等。

2) 基本业务素质

基本业务素质是指管理者在所从事工作领域内具备的知识与能力,包括一般业务素质和专门业务素质。

3) 身心素质

身心素质是指管理者本人的身体状况与心理条件,包括健康的身体,坚强的意志,开朗、乐观的性格,广泛而健康的兴趣等。

2. 管理者的技能

管理者的技能主要表现为实际管理过程中管理者的管理技能。管理者的技能包括三个方面,即技术技能、人际技能和概念技能。

1) 技术技能

管理者虽不是内行、专家,但必须具备一定的技术技能。技术技能是指管理者掌握与运用某一专业领域内的知识、技术和方法的能力。技术技能包括专业知识、经验,技术、技巧,程序、方法、操作以及工具运用的熟练程度等。这些都是管理者对相应专业领域进行有效管理所必备的技能。

2) 人际技能

没有人际技能的管理者是不可能做好管理工作的,人际技能是指管理者处理人事关系的技能。人际技能包括观察人、理解人,以及掌握人的心理规律的能力;与人融洽相处、与人沟通的能力;了解并满足下属需要,进行有效激励的能力;善于团结他人,增强向心力、凝聚力的能力等。

3) 概念技能

概念技能是指管理者观察、理解和处理各种全局性的复杂关系的抽象能力,也被称为构想技能,其核心是观察力和思维力。概念技能包括对复杂环境和管理问题的观察、分析能力,对全局性的、战略性的、长远性的重大问题进行处理与决断的能力,对突发性紧急事件的应变能力等。这种能力对组织的战略决策和发展具有极为重要的意义,是组织高层管理者必须具备的最为重要的一种技能。

总之,对于管理者,上述三种技能都是应当具备的,但不同层次的管理者对三种技能的

掌握程度明显不同。高层管理者尤其要具备概念技能,概念技能是衡量一个高层管理者素质的最重要尺度,而中层管理者对技术技能的掌握程度相对低一些。与之相反,基层管理者更重视技术技能,他们的主要职能是现场指挥与监督,若不能熟练掌握技术技能,就难以胜任管理工作。相比之下,基层管理者对概念技能的掌握程度不是很高。

二、管理的客体——管理对象与管理环境

管理客体是管理主体直接作用和影响的对象与场合。管理者要有管理对象和管理环境。作为管理行为的受作用一方,管理对象对管理成效以及组织目标的实现,具有重要的影响。

(一)管理对象的概念

管理对象首先可以被理解为不同功能、不同类型的社会组织。而任何社会组织为发挥其功能、实现其目标,必须拥有一定的资源或要素。管理者正是通过对这些资源或要素进行配置、调度、组织,才使管理的目标得以实现。所以,这些资源或要素成了管理的直接对象。同时,任何组织要实现其功能或目标,都必须开展一些职能活动,形成一系列工作环节。只有对这些职能活动或工作环节进行有效管理,才能保证目标实现。这样,这些职能活动或工作环节也就成了管理对象。

1. 管理对象

管理对象是指管理者实施管理活动的对象。管理对象应包括各类社会组织及其构成要素与职能活动。资源要素是构成组织的细胞,其动态组合与运行构成了职能活动;资源与活动又共同构成了完整的组织及其行为。资源、活动、组织是管理对象的不同形态,它们都受作用于管理行为,共同影响着管理的成效和组织目标的实现。

2. 管理对象的范畴

管理对象的范围广泛,主要包括社会组织、社会组织内部的单位或部门、资源或要素、职能活动等相关内容。

1)社会组织

社会组织是指为达到特定目的,完成特定任务而结合在一起的群体,一般指具有法人资格的群体。社会组织可以因不同的标准而进行不同的分类,一般按组织的社会功能性质可分为以下几种类型:

(1)政治组织,如政党、政府等;

(2)经济组织,主要是工商企业,即以营利为目的,从事经济职能的组织,这是社会组织的主体;

(3)文化组织,包括教育和各种文化事业单位;

(4)宗教组织,如教会;

(5)军事组织,主要指军队;

(6)其他社会组织。

以整个社会组织为对象进行管理的人,主要是组织的上级领导或社会组织的高层管理者,而更多的管理者则是将组织内部的要素或活动作为管理对象。

2) 社会组织内部的单位或部门

社会组织内部的单位或部门是指在各种社会组织(独立法人)内部设置的各种单位或部门,既包括履行组织基本职能的各业务单位,又包括行使管理和服务职能的各种部门。它们不是独立的社会法人,只是社会组织内部半自治性的群体或组织。在社会组织内部,除高层管理者外,大部分管理者都是以这类内部组织为对象进行管理的。

3) 资源或要素

组织的资源或要素是管理的直接对象。我们只有对这些资源或要素进行科学的配置与组织,才能使其有效发挥作用,以保证目标的实现。关于管理要素的构成,管理学者做了大量的研究,提出了不同的见解。普遍被接受的观点是,管理要素包括人员、资金、物资设备、时间和信息等。

(1) 人员。

人员是管理对象中的核心要素,所有管理要素都是以人为中心而存在和发挥作用的。人员作为管理对象,包括两层含义:一方面,从生产力角度看,人是作为劳动要素出现的,管理者通过合理运筹与组织,实现劳动者在数量和质量上的最佳配置,提高劳动效率和效益;另一方面,从生产关系的角度看,人既是管理者又是被管理者,管理者要在人与人之间的互动关系中,通过科学的领导和有效的激励,最大限度地调动人的积极性,以保证目标的实现。

(2) 资金。

资金是任何社会组织,特别是营利性经济组织的极为重要的资源,是管理对象的关键性要素。要保证职能活动正常进行,经济、高效地实现组织目标,就必须对资金进行科学的管理。对资金筹措、资金运用、经济分析与经济核算等过程加强管理、降低成本、提高效益,是管理者重要的管理职责。

(3) 物资设备。

物资设备是社会组织开展职能活动和实现目标的物质条件与保证。通过科学的管理,充分发挥物资设备的作用,也是管理者的一项经常性工作。

(4) 时间。

时间是组织的一种流动形态的资源,也是重要的管理要素。管理者必须重视对时间的管理,真正树立"时间就是金钱"的观念,科学分配时间,提高工作效率。

(5) 信息。

信息既是组织运行和实施管理的必要条件,又是一种能带来效益的资源。在信息社会里,我们已越来越多地不再直接接触事物本身,而是同事物的相关信息打交道,信息已成为极为重要的管理对象。

4) 职能活动

管理是使组织的活动效率化、效益化的行为,管理者正是在对各种活动进行筹划、组织、协调和控制的过程中,发挥着管理的功能。最常见的管理对象是社会组织实现基本职能的各种活动。管理的功效主要体现在组织的各种职能活动在管理的作用下更有秩序、更有效率、更有效益。

(二) 管理环境

1. 管理环境的含义

管理环境是指管理过程中的各种内外部条件和因素的总和。管理环境存在于影响管理实施和管理效果的各种力量、条件和因素之中。管理行为依据一定的环境而存在,且受管理环境的重要影响。所以,管理环境是管理系统的有机组成部分。

2. 管理环境的分类

按组织生存的范围划分,管理环境可分为内部环境和外部环境。内部环境主要指社会组织履行基本职能所需的各种内部的资源与条件,还包括人员的社会心理因素、组织文化因素等,内部环境也是管理的对象。外部环境是指组织外部的各种自然和社会条件与因素。外部环境还可以进一步划分为一般环境和任务环境。一般环境也称宏观环境,是指组织共同面临的社会环境因素;任务环境也称微观环境,是指某个社会组织在完成特定任务过程中所面临的特殊环境因素。

3. 管理与环境的关系

管理与所处的环境存在着相互依存、相互影响的关系,具体表现为以下三种关系。

1) 一一对应关系

组织的管理与环境之间存在着相互对应的关系。社会组织是整个社会的一个子系统,社会上的诸多因素总是不可避免地在组织内部体现出来。以企业为例,社会上的环境可以划分为经济、技术和社会三大环境,那么,与之相对应,企业内部就存在着经营、作业和人际关系三大管理领域。从这个意义上说,每一个社会组织都是一个微缩的小社会。

2) 相互交换关系

组织与环境之间不断地进行着物质、能量和信息的交换。例如,一家生产企业,从市场上收集情报信息,并购进原材料;再将加工完的产品拿到市场上销售,并通过广告等形式向社会广泛传递有关产品的信息,故而组织、协调和控制这些活动的管理行为必然同环境之间存在交换关系。

3) 内外影响关系

组织的管理会受外部环境的影响,同时,组织的管理也会反作用于外部环境。因此,两者之间存在着相互制约关系。环境对管理的影响包括经济环境的影响、技术环境的影响、政治与法律环境的影响以及社会与心理环境的影响。

总之,管理者要能动地适应环境,要了解、认识环境,这是环境管理的基础。管理者要把对环境的了解与掌握作为重要的管理职责。在对组织环境充分了解的基础上,要对各种环境因素进行深入的分析与评估。要划分与确定环境因素的类型,确定环境对组织与管理的影响范围、性质及程度,要能动地适应环境,要研究与选择对待不同环境的方法。

第三节 管理组织结构与管理职能

一、管理组织的内涵

管理活动是一种有组织的活动,组织本身是人类有目的地进行集体活动的产物,它是发挥管理功能、实现管理目标的工具。管理组织主要指组织结构或组织体系,它主要侧重于组织的静态研究,以效率为目标,研究各种组织实体内部如何建立合理的管理组织结构。

（一）管理组织的含义

现代意义上的管理组织，是按照社会分工和协作的要求，从系统原则出发，把人、财、物组织起来，建立相应的管理机构，明确管理职能，协调相互之间的关系，形成运转灵活的有机体。管理组织不是静止不变的，管理组织诸要素之间如何结合，并没有固定的模式，管理组织要依据组织内外环境的变化，不断地进行调整和变革。一般来说，影响管理组织的因素有以下两类。

1. 内部相关因素

内部相关因素主要包括管理组织和管理人员的状况及相互关系，职工队伍的文化程度、技术水平及思想素质，管理机构状况及工作效率，经济组织的资金和技术，产供销情况等。

2. 外部环境因素

外部环境因素主要包括国家政治经济运行情况的变化，党和政府发展经济的方针和政策，国内外市场供求情况的动态变化，科学技术文化水平的提高以及其他管理组织运行状况等。

（二）管理组织的功能

管理组织的功能主要指通过有效组织和协调各项管理职能来影响组织活动，从而实现管理的目标。

1. 凝聚功能

任何有效的管理组织，都有自己明确的目标和管理任务，有自己相对独立的经济利益和经济责任，因而必然具有强大的凝聚力和向心力。组织有自己要实现的目标，能将组织成员维系在一起，使之成为一个有机的整体。组织的一切活动都应紧紧围绕着管理目标这一中心来进行，都应以是否符合组织目标为依据。

2. 协调功能

组织的协调功能是指组织正确处理经济活动中复杂的分工协作关系。它既包括组织内部上下左右之间的纵向与横向关系，也包括组织外部协调与其他组织及外部环境的关系。组织的协调功能能使组织内部的各机构及其人员各尽其责、密切协作、和谐一致，会使组织产生一种新的、更强大的功能，从而高效率地完成组织的各项管理任务。

3. 权力制约功能

管理的本质在于保证群体中个人行动的协调一致。除了发挥组织的凝聚功能、协调功能，管理组织还需要一种由职位、权力、责任所构成的制约力量，制约组织成员的行为，使之符合实现组织目标的要求。因此，在组织中，必须根据职权结构所形成的组织层次和隶属关系，形成一种强有力的管理指挥系统，以保证统一指挥和统一行动，促使组织活动有序地进行。

4. 激励功能

组织的激励功能是指，一个有效的组织应当是一个发掘人的长处，避开人的短处，激发人的积极性、创造性的组织。提高管理组织的效率，首先要提高人的工作效率，包括领导者、管理者和广大劳动者的工作效率。工作效率的高低，归根结底取决于人们在工作中的主动性和创造性。

（三）建立管理组织的原则

1. 有效性原则

有效性原则是建立管理组织的主要原则，它要求各个组织的管理机构和管理活动必须富有成效，有助于共同目标的实现。一切管理组织机构及其活动必须以是否有利于实现组织的目标为标准。同时，随着目标在不同时期的变化，管理组织的机构及其职能也要做相应的调整和改变。这一原则要求各级各类组织要有明确的职责范围和良好的信息沟通渠道，能支付合理的管理费用，这有利于调动和发挥组织成员的积极性、主动性和创造性等。只有如此，管理组织的有效性原则才能得到贯彻落实。

2. 统一指挥与分级管理相结合的原则

按照统一指挥的原则，每一个人或每一个下级组织，只能接受一个上级的命令和指挥，并对其负责。上下级之间的上传下达要按照层次，实行逐级指挥、逐级负责，形成一个统一的相互联系的"指挥链"，这样就可以避免"多头领导"与"政出多门"。一般来说，凡关系全局命运的重大活动和重要决策，必须进行统一指挥；而一般性问题则应放手交给下级组织处理。经济规模越大，情况越复杂，越要处理好统一指挥和分级管理的问题。只有这样，才能使经济有序运行、健康发展。

3. 管理幅度与管理层次相结合的原则

管理幅度是指一个上级组织或一名上级管理人员所直接领导和管理的下级机构数量及其人数。管理层次是指在管理组织系统中划分多少个等级、多少个层次。管理幅度与管理层次是相互联系、相互制约的。一般来说，加大管理幅度就必须减少管理层次，减少管理幅度就要增加管理层次，二者成反比。

4. 沟通协调的原则

沟通和协调既是管理组织的一项基本原则，也是管理组织的内在要求。建立有效的管理组织，必须建立良好的信息渠道，逐步实现管理信息系统的现代化，以充分发挥管理组织的效能。

二、管理组织结构

（一）管理组织结构的含义

管理组织结构是指管理系统中，上下隶属和左右并列的组织结构以及它们之间的管理关系。这种管理关系可分为纵向关系、横向关系、纵横交叉关系。纵向关系，是指领导和被领导者的隶属关系；横向关系，是指平级部门和机构之间、各级管理人员之间的协作关系；纵横交叉关系，是指各系统不同层次之间的交错关系，跨地区、跨部门的综合性的组织关系等。

（二）管理组织结构的类别

在实践中，管理组织结构有各种各样的形式，主要包括以下五种类型。

1. 直线制组织结构

直线制组织结构是依据管理层次和一元化领导原则组织起来的最简单的组织形式。其具体特点是管理集中、命令统一、决策迅速，一元化的指挥和管理职能由行政部负责执行，仅在少数人员的协助下工作,不设职能机构。其缺点是,没有专业的职能机构和人员给领导者当助手,领导者往往容易顾此失彼。这种职能机构一般适用于规模小、生产经营简单的企业,也可用于现场作业管理。

2. 职能制组织结构

职能制组织结构是随着生产力的发展和企业管理日趋复杂化而产生的,是经理制的产物,是按职能化或专业化原则组织起来的。其特点是各级管理机构主要依靠职能机构进行管理,不直接处理基层的事务,各职能机构在自己的业务范围内有权直接指挥下级单位。因此,各级管理机构除了要服从上级管理机构的指挥,还要服从上级各职能机构的指挥。其优点是,能适应现代化生产技术和分工的要求,能充分发挥职能机构专业管理的作用。其缺点是,政出多门,妨碍集中和统一指挥,不利于明确划分各级行政负责人和职能机构的职责权限。

3. 直线职能制组织结构

直线职能制组织结构是在直线制和职能制的基础上,为了适应现代化大生产的需要而发展起来的。它吸收了直线制和职能制的优点,克服了它们的缺点,是一种较为先进的组织结构。

这种组织结构有两个特点:

第一,它把管理人员划分为两类:一类是直线指挥的人员,他们拥有指挥和命令下级的权利,并对组织部门的工作负全部责任;另一类是职能管理者,他是直线管理者的参谋,只能对下级机构进行业务指导,而不能直接指挥和命令他们。

第二,这种组织结构按一定的专业分工,担负着计划、生产、技术、销售、财务等方面的管理业务。各部门通过各自的专业活动,对生产起指导作用。

4. 矩阵制组织结构

矩阵制组织结构除按管理职能设置纵向部门系统外,还增加了一种横向的领导系统,两个系统的结合形成一个矩阵结构。这种结构的优点是,灵活性、机动性、适应性比较强,可以根据特定的任务,把需要的人员组织起来;有利于沟通信息,有利于调动管理人员的积极性,有利于集中力量完成某一项任务;能加强各职能部门的横向联系。其缺点是,由于组织不固定,组织成员容易产生临时性的想法;人员受双重领导,易产生矛盾和分歧;完成任务后便解散,工作缺乏连续性。

5. 多维立体组织结构

多维立体组织结构是在矩阵制组织结构的基础上发展起来的一种管理组织结构。"维"是一个数字概念,三维即坐标体系中确立的立体结构。多维立体组织结构是指一个管理组织包括三类以上的管理机构。

就企业组织来说,这种组织结构通常包括三类管理机构:

(1) 按产品划分的事业部,是产品利润中心。

(2) 按职能划分的专业参谋机构,是专业成本中心。

(3) 按地区划分的管理机构,是地区利润中心。

多维立体组织结构能把产品事业经理、地区经理和总公司专业参谋部门三者的管理很好地协调起来。

（三）组织结构体系

管理的组织结构体系包括组织决策体系、组织执行体系、组织调控体系、组织监督体系和组织网络信息体系。

1. 组织决策体系

决策是最重要的管理职能，是管理活动的核心。为了保证组织决策的科学性、正确性和实用性，必须建立健全决策组织体系，主要要建立健全决策研究机构和决策责任制。在决策过程中，必须按各项决策的作用范围和层次建立严格的责任制，形成激励机制、约束机制，以提高决策水平，促进目标任务的实现。

2. 组织执行体系

执行就是有效地组织并实施决策，以达到决策目的的过程，同时，要在管理的过程中不断修正、补充和完善决策，使经济活动顺利进行，达到预期的目的。因此，为了保证决策的顺利执行，就必须建立与之相适应的高效能的决策执行机构。

3. 组织调控体系

要充分发挥组织调控的功能，就必须建立一套科学完善的调控机制，并对组织的活动进行有效调节和控制。在市场经济条件下，应采取直接调控和间接调控两种形式，但必须坚持以间接调控为主的原则。

4. 组织监督体系

监督是管理的重要职能之一，其目的在于及时发现和纠正运行过程中出现的偏差，从而保证管理目标的实现。充分发挥监督的作用，必须建立健全立法监督、司法监督、行政监督，以及与党的监督、国家监督、社会监督、人民监督相结合的组织监督体系。

5. 组织网络信息体系

信息是管理的"神经"，是经济活动中的重要资源。为了充分发挥信息的作用，必须建立健全网络信息体系，为各管理层次及时提供准确、适用的信息。我国网络信息体系的构成包括统计机构、情报研究机构，以及各专业和综合管理部门中的科研情报机构等。

三、管理的职能

（一）管理职能的含义

确定管理职能对任何组织而言都是极其重要的。管理者的管理行为主要表现为管理职能。管理的过程就是基于信息的决策过程，管理职能是管理系统功能的体现，是管理系统运行过程的表现形式。管理职能是管理者实施管理的功能或程序，即管理者在管理时体现出的具体作用，以及实施程序或过程。

管理职能总是与组织环境、管理主体、管理客体相联系的，有什么样的组织要素，就应有相应的管理职能。当组织环境、管理主体、管理客体发生变化时，管理职能应相应地做出改变。

（二）管理职能的内容

管理职能包括五个方面的内容，即计划、组织、领导、协调、控制。

1. 计划职能

计划是管理的首要职能,它对未来事件做出预测,以制定出行动方案。计划职能一般包括调查与预测、制定目标、选择活动方式等一系列工作。计划职能能为事物未来的发展规定方向和进程,重点要解决好两个基本问题:一是确定目标,如果目标选择不对,计划再周密、具体也是枉费心机,这是计划的关键;二是确定进程的时序,即先做什么、后做什么,以及可以同时做什么,并且时序不能错位,这是计划的准则。管理的计划职能就是要选择组织的整体目标和各部门的目标,决定实现这种目标的行动方案,从而为管理活动提供基本依据。

2. 组织职能

组织职能是指管理者为实现组织目标而建立与协调组织结构的工作过程。组织职能一般包括设计与建立组织结构,合理分配职权与职责,选拔与配置人员,推进组织的协调与变革等。它有两个基本要求:一是按目标要求设置机构,明确岗位,配备人员,规定权限,赋予职责,并建立一个统一的组织系统;二是按实现目标的计划和进程,合理地组织人力、物力和财力,并保证它们在数量和质量上相互匹配,以取得最佳的经济效益和社会效益。

3. 领导职能

领导职能是指管理者指挥、激励下级,以有效实现组织目标的行为。领导职能一般包括选择正确的领导方式;运用权威进行指挥;激励下级,调动其积极性;进行有效沟通等。凡是有下级的管理者都要履行领导职能,不同层次、类型的管理者领导职能的内容及侧重点各不相同。领导职能是管理过程中最常见、最关键的职能。其目的在于发挥领导者的权威作用,按计划目标的要求,把所有的管理对象集合起来,形成一个高效的指挥系统,保证人、财、物在时间和空间上相互衔接。

4. 协调职能

协调职能是指使组织内部的每一部分或每一成员的个别行动服从于整个集体目标,是管理过程中具有综合性、整体性的一种职能。它的功能是保证各项活动不发生矛盾和冲突,以建立默契的配合关系,保持整体平衡。与指挥不同,协调不仅可以通过命令,也可以通过调整人际关系、疏通环节、达成共识等途径来实现平衡。

5. 控制职能

控制是促使组织的活动按照计划规定的要求展开的过程。控制职能是指按照既定的目标、计划和标准,对组织活动各方面的实际情况进行检查和考察,发现差距,分析原因,采取措施,予以纠正,使工作能按原计划进行;或根据客观情况的变化,对计划做适当的调整,使其更符合实际。控制职能一般包括制定标准、衡量工作、纠正出现的偏差等一系列工作过程。失去控制就会偏离目标,难以保证目标的实现,控制是管理必不可少的职能。

管理的五大职能是一个相互关联、不可分割的整体。通过计划职能,明确组织的目标与方向;通过组织职能,建立实现目标的手段;通过领导、协调职能,使个人的工作目标与集体目标协调一致;通过控制职能,检查计划的实施情况,保证计划的执行。管理的五个职能的综合运用,归根结底是为了实现组织的目标。

核心关键词

管理	management
管理主体	management subjects
管理客体	management objects
管理环境	management environment
管理组织结构	management organization structure
管理职能	management function

思考与练习

1. 怎样理解管理的概念和管理的属性？
2. 管理职能包括哪些方面？
3. 管理者有哪些类型？
4. 管理者的素质包括哪些方面？
5. 怎样理解管理对象的构成？
6. 怎样理解管理的组织结构体系？

案例分析

一、实践与调研

调查与访问——酒店管理体系与组织结构。

二、实践目标

(1) 使学生结合酒店实际，加深对酒店管理体系的感性认识。

(2) 初步培养认知，并自觉培养现代酒店基层管理者所必需的素质。

三、内容与要求

(1) 由学生自愿分成小组，每组6~8人，利用课余时间，选择1~2个酒店企业进行调查与访问。

(2) 在调查与访问之前，每组需根据课程所学知识，经过讨论并制定调查与访问的提纲，包括调研的主要问题与具体安排，具体可参考下列问题。

① 该酒店组织结构的构成状况。

② 管理者的分类，并重点访问一位基层管理者，向他了解他的职位、工作职能，以及胜任该职位所必需的管理技能。

③ 对其管理对象进行调查与分析。

四、成果与检测

(1) 每人写一份简要的调研报告。

(2) 调查与访问结束后,组织一次课堂交流与讨论。

(3) 以小组为单位,分别由组长和每个成员根据各成员在调研与讨论中的表现进行评估和打分。

(4) 再由教师根据各成员的调研报告及其在讨论中的表现分别进行评估和打分。

第二章

督导与酒店督导概述

教学目标

◆ 理解督导和酒店督导的概念；
◆ 充分认识酒店督导在酒店管理中的地位和作用；
◆ 掌握酒店督导必须具备的酒店管理意识；
◆ 理解酒店督导管理的五个管理职能。

学习内容

理解督导和酒店督导的概念，了解督导在酒店中的地位和作用，掌握督导应具备的理论知识和现代酒店管理意识，重点学习酒店督导管理的计划、组织、领导、控制、创新五个管理职能。

第一节 酒店督导的内涵

通常我们讲的督导包含监督、指导的意思,是一个动词,本书所讲的"督导"是酒店中专用的一个名词。督导对一个企业的经营至关重要。面对员工,督导代表中层和基层管理者;面对中高层管理者,其又代表普通员工。因此,在企业中,督导起着承上启下的作用。

一、酒店督导的定义

(一)督导

督导是对制造产品和提供服务的员工进行管理的人。督导要对员工的产出即产品和服务的质量与数量负责,同时也要满足员工的需求,只有通过激励手段才能使员工各尽其责,使产品和服务的质量得到保障。督导通常是企业当中一个部门的管理者,并负责该部门的工作。一个大型企业拥有多个级别的管理层。最高层的管理者负责管理下一层的经理,后者则负责管理其他人员,以此类推,一直到一线督导,他们对一线员工进行管理。

(二)酒店督导

广义的酒店督导指酒店的一线现场管理人员,如酒店各部门的领班、主管、经理等。狭义的酒店督导指管理者在酒店工作中通过巡视、观察、发现、预防并处理问题,从而使酒店正常营业的一系列工作,即对下属工作的监督和指导。

我们通常形象地说酒店存在着三种人:活在昨天的人,活在今天的人,活在明天的人。活在昨天的人即酒店一线员工,因为员工必须按照昨天制定的规章制度和领班布置的工作任务办事;活在今天的人即酒店督导,因为酒店督导必须随时解决现场发生的事情;活在明天的人即酒店老板,因为老板必须考虑企业明天的发展方向和发展计划。

知识活页 活在当下的人

二、酒店督导的责任与义务

酒店督导必须对业主、顾客及员工尽义务,起到一种承上启下的作用。对员工而言,督导代表着管理层,能影响其收入及晋升;对业主和上司而言,督导是他们与员工之间的纽带;

对顾客而言,酒店的产品和员工的服务代表着整个酒店的服务水平与服务标准。

督导必须坚持管理方的立场;督导可以同情员工,倾听员工的心声,但其决策必须从管理方的立场出发。这才是上级所期望的,也是员工所期望的。总而言之,督导应承担以下责任与义务。

（一）对业主和企业承担义务

督导对业主的首要义务是对业主忠诚,使企业赢利。业主冒着风险投资,理所当然期望得到相应的回报。对业主而言,督导的主要职责是做好分内的工作,这关系到业主的利益。业主还希望督导按他们的意图做事,督导有义务按照业主说的去做。这体现了督导对业主的忠诚。

假如业主已经形成了一套完整的体系,则不希望督导对其做任何变动,只要督导监督运作过程。即使督导不赞成业主的做法,或觉得有更好的做法,也不能擅自行动。督导应该去找业主或上司,向他们说明想法,然后再共同决定是否需要做出任何改变。

（二）对顾客承担义务

除对业主负责外,督导还要履行对顾客的义务。顾客是酒店的上帝,也是酒店利润的来源。因此,为顾客服务、为顾客尽义务就显得尤为重要了,然而劣质服务非常普遍,这也是某些酒店经营失败的重要因素之一。如果顾客经过长途旅行后,疲惫不堪地来到酒店投宿。顾客告诉前台服务员他已经预订了房间。前台服务员查了一通电脑后说道:"不,你没有预订。"顾客会有何感受？顾客会窝一肚子火,因为顾客知道自己确实预订了。"那好吧。"顾客问道:"你们还有房间吗？""有。"前台服务员答:"房间还有,不过你确实没有预订。"这时,顾客不仅会有一肚子火而且会感觉自己不受欢迎。"好。"顾客又问道:"能给我一间吗？"前台服务员让顾客住进了305房间。当顾客气呼呼地开始拿行李时,前台服务员又说道:"今天算你运气好,不过你确实没有预订。"请问顾客以后会再来这家酒店吗？答案一目了然。

很显然,那名前台服务员的督导未对其进行有关顾客关系的培训。督导必须满足顾客的正常需求,这就意味着他要培训员工,使他们也承担起这个义务。在酒店或餐厅里,顾客接触的通常是一线员工,如前台服务员、餐厅服务员,以及打扫房间的客房服务员。这些员工代表着督导,体现着督导的管理,代表着整个酒店的形象。督导有义务让顾客从员工那里得到承诺过的产品和服务,使他们满意而归。督导应该亲临现场,督导在场或参与其中时,员工会表现得更出色。

（三）对员工承担义务

督导也要履行对所管理的员工的义务。督导要为员工提供一个能有效提高生产和服务能力的工作环境。这也是督导工作的需要,因为督导的成绩直接取决于一线员工工作质量的好坏。而员工最看重的是领导者对待他们的方式与态度,他们希望领导者把他们看作是独立的个体、倾听他们意见,希望领导者明确告诉他们工作的具体要求并说明原因。为了使他们努力为企业工作,督导要营造一种使他们感到自己被接纳、被认同的工作氛围。对当今的多数员工而言,以前那种强硬高压的管理方法已经不起作用了。营造一种能使他们心甘情愿为企业付出的工作氛围,是督导的义务。

工作环境是管理中重要的方面。不好的工作氛围会导致员工流失率增高、生产力降低、产品质量变差,这些最终将导致顾客流失。这是餐厅和酒店中普遍存在的问题。雇主可以轻易地把这些问题产生的原因归结为"现在这些员工的素质真差",从而把员工看作自己必须设法忍受的烦恼。这种说法也有一定的真实性,要让员工日复一日、年复一年地做好那些单调重复的工作确实不容易——在闷热的厨房里洗盘子,搬运沉重的行李,收拾脏盘子,擦洗同一块脏地板,整理同样的床铺,清洗同样的卫生间,整晚在同一个空荡荡的走廊里来回进行安全巡逻。由于营造的工作氛围不同,总有一个部门的一贯表现要优于其他部门——它更干净,食品和劳动力的成本更低,顾客更满意。这些差别得归功于督导,因为督导营造了一种能让员工有最佳表现的工作氛围。

三、督导应具备的管理意识和管理技能

(一)管理意识

酒店不仅要有新的设备、新的思维和方法,而且要有新的观念。观念决定思路,思路决定行为。督导应该具备宾客至上、员工至上、服务意识、全局观念、效益意识等管理意识。

1. 宾客至上

我们经常说"顾客是上帝",是酒店的衣食父母,是酒店的生存之源。酒店应该充分尊重宾客并为宾客提供各种服务。宾客付了费,在交换中他应该得到物有所值的相应服务;酒店对待宾客要一视同仁。酒店为宾客服务是指酒店为所有的宾客服务,而不考虑其背景、地位、经济状况、国籍、外貌、衣着等方面的差异,所有的宾客在人格上是平等的。在工作中,酒店应把宾客至上的服务理念转化为宾客可以感受得到的优质服务。酒店既要把宾客当作"上帝",给予尊重和服从;又要把宾客当作朋友,给予理解和宽容。

宾客满意程度是指宾客享受酒店服务后获得的感受、印象和评价,它是酒店服务质量的最终体现,也是提升酒店服务质量的关键。宾客的满意程度取决于酒店的服务内容是否适合,是否能满足宾客的需要,是否能为宾客带来享受感,这是酒店每位员工必须重视的问题。管理人员要以身作则,管理人员不但要有牢固的宾客至上的服务理念,而且要经常向员工灌输服务观念。

2. 员工至上

美国罗森帕斯旅游管理公司总裁罗森帕斯认为"员工第一"是其成功之道。他认为企业走向衰退始于出错率的增加,这意味着员工工作不愉快,接着员工会抱怨,这会导致宾客抱怨,只有把员工放在第一位,员工才会有"宾客至上"的意识。要宾客满意,首先要使员工满意,北京长城酒店将长期使用的"服务第一,宾客至上"的口号改为"员工第一,宾客至上"。在一次调查中,有2/3的员工回答自己是酒店的主人。人力资源管理的实质并非管人而在于得人,在于谋求人和事的最佳配合。酒店要提高员工的向心力,以待客之道善待员工,为员工提供一个良好的工作环境,使员工和酒店建立长久的关系。

酒店与员工是伙伴关系。伙伴与雇员的区别在于,前者能积极参与酒店的经营并有直接利害关系,后者则是受雇于他人以获取工资和报酬的工作者。只有当员工感受到自己是一名完全参与的合作伙伴时,他才愿意把自己的一切力量贡献给酒店。在管理理念方面,酒

店要尽量消除因职位不同而产生的隔阂,这种隔阂容易成为员工和酒店之间心理和感情上的障碍,酒店要最大限度地发挥员工参与酒店管理的积极性。

3. 服务意识

国际旅游界有关人士认为,"服务"这一概念的含义可以用英语 service(服务)这一个词的每一个字母所代表的含义来理解。第一个字母 s,即 smile(微笑),其含义是服务员应该对每一位宾客提供微笑服务。第二个字母 e,即 excellent(出色),其含义是服务员应该将每一项微小的服务工作都做得很出色。第三个字母 r,即 ready(准备好),其含义是服务员应该随时准备好为宾客服务。第四个字母 v,即 viewing(看待),其含义是服务员应该将每一位宾客都看作是需要提供优质服务的贵宾。第五个字母 i,即 inviting(邀请),其含义是服务员在每一次接待服务结束时,都应该显示出诚意和敬意,主动邀请宾客再次光临。第六个字母 c,即 creating(创造),其含义是每一位服务员应该想方设法精心营造出使宾客能享受其热情服务的氛围。第七个字母 e,即 eye(眼光),其含义是每一位服务员始终应该以热情友好的眼光关注宾客,预测宾客要求,及时提供有效的服务,使宾客时刻感受到服务员在关心自己。

4. 全局观念

督导要站在酒店的角度来管理本班组的工作,如果不能从宏观角度来看待整个局势,而是只为班组考虑,就是不合格的督导。督导要具备以下三种意识。一是具备整体意识。酒店提供给客人的服务,包括有形的实物和无形的服务,需要酒店各个部门精诚合作。局部利益是建立在整体利益之上的,当局部利益与整体利益发生矛盾时,督导应顾全大局。二是具备配合协作意识。酒店的服务质量是全体员工共同努力的结果,督导必须处理好各种关系,发扬团结协作的精神,把服务管理的各项工作做好。因此,督导要相互配合,在管理工作中求同存异、协调合作,从而产生最大的合力,确保完成酒店管理的目标任务。三是具备内外有别意识。督导在处理内外关系上应做到内外有别。酒店在发展的过程中,尤其是在发展期和成长期,应利用一切可以宣传的机会向公众介绍酒店。在内部关系上,管理者应树立平易、亲和的形象,鼓励员工多提合理的建议。

5. 效益意识

酒店是一个经济组织,酒店的经营活动就是为了取得经济效益。因此,督导要有效益意识。一是要有经济头脑,树立经济效益观。经济效益就是经济活动中劳动耗费同劳动成果之间的对比反映出的社会再生产各个环节对人力、物力、财力的利用效益,也叫经济效果。督导在经营管理过程中要采取多种途径控制成本、降低消耗、合理安排人力,以提高经济效益。二是要重视潜在效益,并尽量扩大潜在效益,促使潜在效益向实际效益转化,如加强酒店宣传,开展公关活动等。三是要有效益系统观和效益时间观。切忌只考虑眼前利益,不顾长远利益;只顾局部利益,不顾整体利益。督导应当建立系统的效益观,学会算总账、算大账,克服小生产者那种急功近利的思想和观念。督导必须要有时间观念。经济效益与时间息息相关,督导要学会掌握时间、节省时间、抢占时间,以争夺市场、提高效益。

(二)管理技能

管理技能包括实际操作技能、人际关系技能、宏观管理技能。对基层管理者来说,实际操作技能与人际关系技能尤为重要,因为他们主要与产品及产品的制造者打交道。宏观管理技能也必不可少,但没有前两者那么重要。而对大型企业的高层管理者来说,至关重要的则是宏观管理技能,其他两项技能则用得较少。

1. 实际操作技能

督导应具备的实际操作技能就是员工的工作技能。督导也许没有员工操作熟练,不会做蛋奶酥,也不太熟悉酒店里的电话系统,但是,督导应该了解这些工作的内容并大体知道如何完成该项工作。这些知识有利于其挑选和培训员工,规划和安排本部门的工作,以及应对紧急情况。尤为重要的是,督导的实际操作技能可以提高其在员工心中的可信度。许多督导是在管理员工的过程中学会这些技能的。在一些大型企业中,一部分督导必须和员工接受同样的技能培训。

2. 人际关系技能

督导工作的核心是成功地与人打交道,这取决于督导对待员工的态度。督导必须首先从理性和感性上认识到员工都是活生生的人,如果将员工看作是生产机器中的部件,或者因员工以擦地板谋生而看不起他们,员工就不会认真工作。督导要与员工建立一种相互信任的关系,把他们当作平等的人来对待。人际关系技能要在实践中培养。督导必须把员工看作是独特的个体,不断加深对员工的了解和认识。人际关系技能的最终目的是要营造一种能使员工感到安全、自在的工作氛围。

3. 宏观管理技能

宏观管理技能指的是把握全局,认清部分与整体的关系的能力,这种能力在工作中不可或缺。督导要安排好每一个部门的工作,从而使各个部门顺利运作;要调整本部门的工作,使之与企业中的其他部门相互配合。例如,酒店的前台工作人员必须每天发给客房部一份报告,说明哪些房间必须清扫;然后客房部才能通知清扫人员做好准备,清扫并整理好提到的房间。房间整理好后,清扫人员必须报告客房部,让客房部来验收;验收通过之后,客房部必须发给前台一份报告,说明提到的房间已经可以入住了。前厅部经理必须把这一过程看作一个整体,虽然前台关心的只是这一过程的最后环节——客房是否准备好了。这一过程不仅涉及客房部、清扫人员,而且还涉及洗衣部、供应部、仓储部等。督导应该了解前台发出的例行报告对于整个过程、所有相关人员以及顾客服务的重要意义。

随着职责的复杂化,督导对宏观管理技能的需要也会增加。例如,一名酒店经理随时用得上宏观管理技能,因为他既要负责酒店的工作还要负责生意上的运作。只有当他能宏观地看待形势,操纵全局,他才能真正站在管理者的角度看待问题。

第二节 酒店督导的管理职能

在酒店中,主管和领班被称为酒店督导,酒店督导有计划、组织、领导、控制、创新五大管理职能。

一、计划职能

(一)计划职能的含义

计划既是决策所确定的组织在未来一定时期内的行动目标和方式在时间和空间维度上的进一步展开,又是组织、领导、控制和创新的基础。正如美国管理学家哈罗德·孔茨所言:"计划是一座桥梁,它把我们所处的此岸和我们要去的彼岸连接起来,以克服这一天堑。"计划为组织指明方向,使模糊不清的未来变得清晰实在。

通俗地说,计划就是"5W1H":酒店要做什么(what)——明确计划的具体任务和要求,明确每一个时期的中心任务和工作重点;为什么做(why)——明确计划工作的宗旨、目标和战略,并论证其可行性;何时做(when)——各项工作何时开始和实施进度;何地做(where)——规定实施地点或场所,了解计划实施的环境条件和限制;谁去做(who)——何人何部门负责;怎么做(how)——具体措施以及相应的政策和规则。

计划职能通过确定酒店的经营管理目标,为酒店内各部门、各环节及各位员工的工作或行动指明了方向、明确了责任,有利于相互之间的沟通与协调,能使酒店所有成员互相配合,最终实现酒店目标。计划职能还可使酒店对所拥有的人、财、物以及时间、信息、空间等资源,围绕酒店总目标进行合理而有效的组合与调配,使人尽其才、物尽其用,减少人力、物力、财力的浪费,从而提高酒店的接待能力,实现酒店效益最大化,增强酒店对环境变化的适应能力。

(二)计划的类型

按照不同的分类标准,酒店计划可分为不同的类型,最常用的是按时间分类和按范围分类。

1. 按时间分类

按时间分类,我们可以将酒店计划分为长期计划、中期计划和短期计划。

长期计划从广度来看是战略计划,是指在较长时期(一般为3年以上)内有关酒店发展方向、规模、经济、设备、人员、等级等方面的战略性、纲领性计划。由于计划期较长,未来存在着大量的可变因素,如社会潮流、政府政策、经济发展以及客源需要的变化等。长期计划不宜过于具体,应符合"远粗近细"的计划原则。

中期计划从广度来看是战术计划,一般指酒店在1~3年内的计划。中期计划通常以年度计划为主。年度计划是指酒店具体规定计划期全年度和年度内各部门、各阶段的目标和任务的计划。它是酒店全体员工在计划年度内的行动纲领和依据,是酒店最重要的计划。

短期计划从广度来看是作业计划,是指酒店以一个季度或一个月为期限对酒店各种工作所做的具体安排。它是年度计划的具体化,要将各种任务和具体事项落实到部门、班组,是酒店员工实施的执行性计划,所以应尽量详细、具体、明确,具有可操作性,泛泛而谈的计划是毫无作用的。

2. 按范围分类

按范围分类,我们可以将计划分为酒店总体计划、部门计划、项目计划。

酒店总体计划是指确定整个酒店目标和任务的综合性计划,包括酒店目标的制定、分解及其说明,计划的实施过程及其实施方法等内容。

部门计划是指酒店内各部门为实现酒店的总目标而制订的本部门在计划期内需完成的具体目标和任务的实施性计划。所以部门计划制订是以酒店总目标和政策为指导的,包括部门的具体目标、实施细则等内容。

项目计划是指酒店为了完成某一特定的项目,对组织机构和人、财、物等方面的详细安排。其中,业务接待计划已越来越受到酒店的重视,对每一个接待项目都有清晰详尽的接待方案。

（三）计划的编制程序

管理者始终要明确,无论是哪一类计划,都要进行反复的讨论和修改,因为讨论的过程是统一思想的过程,是形成共识的过程,是将酒店目标内化为员工行为目标的过程。酒店员工只有思想统一,才能步调一致,才会自觉地朝着规定的目标而努力。计划编制程序包括以下九个方面的内容。

1. 明确指导思想

要正确地理解组织的宗旨并将其贯彻到计划的制订和实施工作中。组织的宗旨目前大多体现在指导思想中,指导思想是整个计划的精华部分,是计划的灵魂所在,也是一个酒店宗旨的最高体现。

2. 科学评估

对当前内外部的状况做出正确科学的评估,是制订计划的前提。要对组织自身的优势和劣势、外部环境进行综合分析,对危机要有清醒的认识,切忌过高地估计自己。

3. 确定目标

目标是组织期望达到的最终结果,要说明基本方针和要达到的目标,规定各个主要部门的工作目标。工作目标设置要恰当,尽可能量化,使之通过努力可以达到。

4. 确定前提条件

要明确达到目标所需要的政策支持、物质支持、人力支持、财力支持、技术支持。

5. 制定合理方案

要有可供选择的两个或两个以上的合理方案,以便制定出最为合理的方案。

6. 评价备选方案

比较各个方案的利弊,确定标准,对各个方案进行评价。必要时要借助数学方法和计算机技术等手段来评价。

7. 挑选可行方案

有时可供选择方案的分析和评估表明两个或两个以上的方案都是合适的,在此情况下,在采取首选方案的同时,可把其他几个方案作为后备方案。

8. 制订辅助计划

辅助计划就是总计划下的分计划。总计划靠辅助计划来支撑,辅助计划是总计划的基础,若没有辅助计划,则总计划会成为空中楼阁。

9. 编制预算

把计划转变成预算,使之数字化。企业的全面预算体现收入和支出的总额、所获得的利润或者盈余以及主要资产负债项目的预算。如果预算编制得好,预算就可以成为汇总各种计划的一种手段,也可以成为衡量计划实施进度的重要标准。

同步案例　　刘经理做计划

王总要求酒店各部门经理在一周内提交一份四月份的工作计划。客服部刘经理的计划这样写道:"时间过得真快,一晃我在这儿工作了三个月。在春光明媚的日子里,酒店进入了快速发展的时期……"这样的文章不是计划,只能算是一篇作文。

总之,编制计划的目的是使酒店所有的管理者和员工实施计划,实现计划目标。计划一旦确定,就应将其按部门、层次、阶段层层分解,逐一落实到部门、班组和个人,分解至酒店业务活动的各个阶段。在执行计划过程中,管理者还必须通过严格的考核制度和分配的激励机制来调动员工的积极性,监督、指导、检查计划的执行情况。在计划执行过程中发现的闪光点、创新点时要及时总结推广,发现的问题要及时妥善解决。

(资料来源:根据相关资料整理。)

二、组织职能

酒店组织职能是有效地实现酒店的计划目标,管理者确定组织结构,进行人、财、物、时间、信息等资源的调配,并划分部门、分配权利和协调酒店各种业务活动的管理过程。组织职能是计划职能的自然延伸,它贯穿酒店管理的全过程,包括组织结构、人员配备、组织力量的整合、组织文化等。

组织结构是组织的框架体系,组织结构最主要的方面包括管理幅度与管理层次。组织结构中纵向垂直管理层的层级数就是管理层次或管理层级。一个管理者直接有效领导的下属的数量被称为管理幅度或管理跨度。

1. 组织设计的原则

(1) 因事设职与因人设职相结合的原则。既要因事设职,又不能忽视人的特点和能力的差异。

(2) 权责对等的原则。若没有明确的权力或权力的应用范围小于工作的要求,则可能使责任无法履行,任务无法完成。

(3) 命令统一的原则。一个下属如果同时接受两个上司的指示,而这些上司的指示并不总是保持一致的话,就会给他的工作造成影响。

2. 人员配备

人员配备的核心,是为每个岗位配备恰当的人。一是确定人员的需要量。人员配备是在组织设计的基础上进行的,员工需要量主要以设计出的岗位数量和类型为依据。由于客房和餐饮的比例不一样,办公自动化水平不一样,酒店很难有一个统一的标准。二是选配人员。要根据岗位要求和技能要求,对组织内外的候选人进行筛选,做出最恰当的选择。把人安排在不合适的岗位上,不论对个人还是对组织,都会产生不良影响。三是评估员工的流动率。当前酒店员工流动率居高不下,所以在人员配备时要充分考虑这一因素,否则,酒店会因员工短缺而陷入困境。四是制订和实施人员培训计划。酒店员工在明天的工作中表现出的技术和能力取决于今天培训,员工的明天就是酒店的明天,员工有希望酒店才会有希望。所以酒店要想在市场经济中有足够的实力和竞争力,就必须重视对全体员工的培训,而不光是对部分员工。

人和组织都处于不断的变化发展中。因此,人与事的配合要进行不断地调整,使之形成一种能者上、庸者下、能上能下的良性机制,使每一个人都得到最合理的利用,实现人与工作的动态平衡。

三、领导职能

领导就是指挥、带领、引导和鼓励下属为实现组织目标而努力的过程,包括以下三个要素:第一,必须有领导者和被领导者;第二,领导者拥有影响被领导者的能力和力量,包括由组织赋予领导者的职位和权力,也包括其个人所具有的影响力;第三,领导的目的是通过影响下属来达到组织的目标。

(一)领导方式的分类

以领导者运用权力的范围和被领导者的自由度为标准,领导方式可划分为集权型、参与型、放手型、放任型。领导方式没有绝对的优劣之分,只有与组织的工作性质、工作环境、员工素质相适应,才能达到预期的效果。

集权型指领导者单独做出决策,然后发布指示和命令,明确规定和要求下属做什么和怎么做。参与型领导者会在决策过程中让下属人员以各种形式参与决策,重视双向沟通,善于吸取下属的智慧,尊重下属的选择。放手型领导方式是指领导者给下属确定工作目标和方向,提出完成任务的要求,同时授予必需的权力,在工作过程中只进行监督、指导和控制。放任型领导方式是指领导者对下属高度授权,下属可以独立地开展工作。

(二)领导的实质

领导是一门科学,也是一门艺术。在实际工作中,领导者应该掌握一定的指挥和协调能力。

1. 指挥能力

指挥是指管理者凭借权力和权威,根据决策计划的要求对所属指挥对象发出指令,进行领导和调度,使之服从管理者的意志,并付诸行动,齐心协力地实现酒店的预定目标的管理活动。在指挥的过程中,通常先有组织目标和决策计划,后有管理者根据组织授权,并视具体情况而行使指挥职能。

简单地说,指挥就是管理者将有利于实现酒店目标的指令下达给下属,使之服从并付诸行动的一种反映上下级关系的管理活动。当酒店管理目标已定,即形成一定的接待能力时,

管理者就要通过行使指挥职能,使酒店的全体员工积极实施管理计划,进而使酒店接待能力转化为实际的接待业务活动。指挥是计划和组织的延伸和继续,计划是指挥的依据,组织是指挥的保证。酒店通过指挥可达到统一意志的目的。酒店应建立强有力的指挥系统,按等级链原则划分管理层次,明确权力关系,使人人自觉执行上级下达的命令,使指挥过程畅通无阻。

2. 协调能力

酒店协调能力是指管理者针对酒店内外出现的各种不和谐现象而采取的调整、联络等措施的总和。其目的是保证酒店经营活动的顺利进行,并有效地实现酒店的经营目标。协调能力是现代酒店管理的特征之一。其协调包括酒店的外部协调和酒店的内部协调。

酒店的外部协调可分为酒店与宾客的协调和酒店与社会的协调。酒店与宾客的协调主要体现在酒店应根据市场供求及竞争情况,不断地调整酒店的服务内容与项目,减少酒店与宾客之间的不和谐因素。酒店是社会的一个组成部分,与社会各界存在着各种维护与制约的关系,这种关系处理是否妥当,直接影响着酒店在社会上的地位和声誉。因此,大多数酒店都希望通过各种公关活动处理好与社会各界,特别是与银行、财税、工商、公安、消防、环保、文化、卫生、新闻媒体等各方面的关系。

酒店的内部协调一般分为横向协调和纵向协调两类。横向协调是指酒店内各部门之间、本部门内各环节之间的协调。纵向协调是指酒店上下各级之间的协调。有效的纵向协调要求上级根据酒店目标下达正确的指令,要求下级无条件地执行上级的指令。最终,酒店全体员工能齐心协力,相互配合,共同完成预定的目标。

四、控制职能

控制是指根据酒店组织内外环境的变化和组织发展的需要,在计划的执行过程中,对原计划进行监督、检查、分析、调节,以确保目标任务完成的管理活动。

(一)控制的类型

在酒店管理中,管理者只有采取恰当的控制方式,才能对酒店的经营业务进行有效的控制。酒店的控制职能一般可分为以下三种类型。

1. 预先控制

预先控制又称前馈控制,是指管理者通过对酒店业务情况的观察和分析,预测可能出现的问题,在其未发生前加以预防的管理活动。预先控制主要是对业务开展前的资源投入实施有效的控制,包括人力投入控制、财力投入控制和物力投入控制。

2. 现场控制

现场控制又称实时控制,是指管理者在酒店业务进行过程中对现场经营活动的控制,是酒店管理的一种有效的管理方式。它通过管理者的现场巡视,督促员工按服务规程操作;根据业务活动的需要,对预先安排的人、财、物等资源进行合理的重新组合、调配;及时处理宾客投诉,以消除不良影响,并有效地保证酒店服务质量。

3. 反馈控制

反馈控制也称事后控制,是指管理者在酒店经营活动结束后,对其结果的检查与考核。

所以,反馈控制是把实际工作结果与预定目标相比较,找出差距,分析产生差异的原因,提出整改措施,以便在今后的工作中改进管理方式。

(二)人力资源的控制

人力资源首先要够用,其次要精干、高效。人力资源的成本要低,但不能以牺牲员工个人的收入为代价,控制人力资源要科学合理。

1. 人力资源总数控制法

控制人力资源总数的目的在于将完成既定目标任务的人力资源成本降到最低。这里有一个数量与质量的问题,而质量属于人力资源的配置问题,属于管理的组织职能范畴。企业用工数量的增减只与企业的活动或工作变动有关,力求以局部或个人加薪方案来替代增加员工,或考虑工作的调整或临时工的使用。此外,企业还必须有一定的人力资源储备。

2. 间接劳动比率控制法

间接劳动人员指二线部门的职员,直接劳动人员指一线部门的职员。间接劳动的贡献一般来说要少于直接劳动的贡献。对间接劳动人员的进入要严格把关,挑选复合型的人才,尽量做到一人多岗。

3. 成果控制法

人力资源的控制要看工作表现的具体成果,包括工作量,即干了多少;还包括工作质量,即干得好不好,工作的状态怎么样等。

五、创新职能

创新是指在资源的获取、配置和使用方面对传统方式、方法和手段的突破,并促进组织发展的过程,其实质是延续组织的发展。

管理创新不是对原有管理的全面否定,而是一个扬弃的过程,主要是为组织在新的环境下的顺利发展建立管理平台。因此,管理创新并非在组织运作的某个环节或局部运用某种新的管理方式或手段,而是必须在整体上对组织进行某种理念和解决问题的原则的灌输。管理创新虽然强调解决组织的发展问题,但更强调解决问题的有效性和经济性。管理创新要保证组织管理的相对稳定性,朝令夕改的创新只会导致组织的消亡。

(一)管理创新的条件

管理创新的条件很多,其中,必备条件有以下六个方面。

1. 创新主体的创新意识

对一个创新主体而言,创新意识首先反映在其远见卓识上,其次反映在创新主体的文化素质、价值观上。

2. 创新能力

创新主体可以是一个人也可以是一个群体,故创新能力在个人方面与某个人的天赋有很大关系,在群体方面则与群体中成员的智能结构、成员的关系以及组织结构等密切相关。

3. 基础管理条件

管理创新往往在管理条件较好的基础上才有可能实现;好的管理条件可以提供许多必要而准确的信息和资料,这将有助于创新的顺利进行。

4. 创新氛围

在好的氛围中,人的思维活跃,新点子产生得多而快;不好的氛围则可能导致人的思想僵化、思路堵塞。决策方法中的头脑风暴法就可以营造一种良好的创新氛围,从而激发创新思路。

5. 组织特点

创新不可能脱离组织和组织所在地的特点。例如,日本企业的诸多创新与他们把握了东方文化特点、日本民族特点、日本企业特点有关。把握自己的特点并加以利用,往往是创新成功的开始。

6. 创新目标

创新目标,具体地说,是一项创新活动意欲达到的状态。创新目标管理方法与寻找一个更好的控制和激励员工方法的目标相关。然而,创新目标比一般的目标更难确定,这是因为创新活动及创新目标更具不确定性。所以,明确创新目标是一件很困难的事。但是,如果没有一个恰当的目标,组织资源就会被浪费。

(二)管理创新过程

创意带有空想的味道,创新却是实践的结果。管理创新可以分为三个阶段,即创意形成阶段、创意筛选阶段以及创意验证实施阶段。

1. 创意形成阶段

有创意才会有创新,能否产生创意,关系到能否创新。

2. 创意筛选阶段

产生了许多创意之后要根据企业的现实情况和企业外部环境的状况,对这些创意进行筛选,分析其中哪些有实际操作的意义。

3. 创意验证实施阶段

将选择后的创意通过一系列具体的操作设计,变成一种确实有助于企业资源配置的管理方式,并使之在企业的管理过程中得到验证。创意的验证实施是整个管理创新过程中非常重要的阶段。

有创意、会筛选、能验证实施的人,才是管理创新的主体。只参与一个或两个创新阶段的人,都不是管理创新的主体。管理创新的主体应该是自始至终参与以上三个阶段的工作,有自己的创意并成功地将其付诸实施的人。

(三)酒店管理创新的原则

1. 以客户需求为导向

客户需求是服务创新的着眼点和有效切入点,在获得大量实际和潜在客户信息并进行有效处理的基础上,酒店企业应当不断研究客户的需求变化和具体内容,并结合行业标准以及政策法规的变化,不断开发出适销对路的服务产品。

2. 差异化原则

差异化应当表现在两个方面:一方面,酒店应当提供优于或不同于其他酒店的服务;另一方面,由于不同客户的需求不同,对酒店的贡献也有所不同,酒店在进行服务创新时,应当立足于市场,根据不同客户的不同需求和对酒店的贡献大小,实行差异化服务。

3. 系统化原则

服务是一项系统工程,需要酒店上下各个环节的共同努力和配合,在创新服务管理过程中,必须引入质量管理标准,对服务过程进行全方位管理和控制,以提高服务质量。酒店服务传递系统尤其应当贯彻系统化原则,做好一些定量工作,以保证服务传递系统的质量。

4. 效益性原则

在当今社会,各行各业都在强调可持续发展,酒店业尤其如此。效益性原则要求酒店将经济效益、社会效益和环境效益三者结合起来,开展创新服务。对酒店来说,追求利润最大化是其重要目标,酒店在创新服务中应当严格实行目标成本管理,全面测算创新业务的成本和效益,使创新服务"既叫好又叫座"。

知识活页　　什么是"五常法"

第三节　衡量优秀酒店督导的八项标准

酒店督导在工作中的表现是否优秀?有没有成功的标准来衡量?尽管暂时无法从量上做出分析和界定,但我们完全可以从定性分析入手,来界定成功督导的八项具体标准。

一、百分百忠诚

百分百忠诚是指督导对所从事的职业、对所服务的企业、对自己的领导具有百分之百的忠诚度。企业领导对督导的第一个要求就是忠诚。忠诚主要包括三个方面的内容,即督导对企业忠诚、对领导(或业主)忠诚,以及对所从事的职业的忠诚。

(一)督导对企业忠诚

忠诚度高的员工,最终会达到其理想的目标,会成为一个值得信赖的人、一个老板乐于雇佣的人、一个可能成为领导得力助手的人。

(二)督导对领导(或业主)忠诚

许多酒店督导经常会说,"我们的老板不专业""我们的老板缺点很多",常常看不起自己的老板或领导。这是十分不妥的,酒店督导必须学会欣赏老板。老板作为企业的龙头,自然有许多安身立命的本领值得督导去学习。

（三）督导对所从事职业的忠诚

督导进入酒店这一行业，就要热爱这个行业、忠于这个行业，这样才能做出一番事业。

同步案例　　四美元一桶

美国标准石油公司是美国老牌的石油公司。阿基勃特是该公司的一名普通员工，为了扩大产品知名度，阿基勃特无论是写信、开收据，还是住旅店，每次签名时总是在自己的名字下方附上"标准石油，四美元一桶"的字样。写得多了，他的同事就给他起了个外号——"四美元一桶"。

洛克菲勒是标准石油公司的董事长。一次，洛克菲勒在和朋友进餐时听说了这件事，深为阿基勃特对企业的忠诚所感动，于是，洛克菲勒专门抽出时间接见了阿基勃特，并邀请阿基勃特共进晚餐。若干年后，年事已高的洛克菲勒推荐阿基勃特成为标准石油公司的第二任董事长。

（资料来源：根据相关资料整理。）

二、沟通能力强

沟通是指人们之间语言和非语言（文字、体态、动作）的信息交流。沟通就是把信息传递给别人，达到相互了解、促进情谊、共同发展的目的。沟通是建立良好人际关系的前提，人际关系不好，其中的一个重要原因就是沟通不够，相互之间不了解。一个称职的督导，要想在工作中得到上级、同事和员工的支持和帮助，就必须具备良好的沟通能力，做到多倾听、常通气、好商量。从某种意义上讲，管理就是沟通。许多督导与领导产生意见分歧的一个最主要原因就是平时疏于沟通，而产生沟通障碍的原因在于双方出发点的差异。

一名成功的职业督导，首先必须取得上级的信任，在此基础上，上级才会认可督导的才能，才能让督导的专长充分发挥出来。

同步案例　　老板与经理人的对话

刘董事长：李经理，我请你来是因为我在经营上没有那么多的精力，可能也不是很专业，也就是说我请你来是希望你为企业服务，也就是为我服务，因此你要听从我的安排。

李经理：董事长，我是您花高薪请来的专业管理人士，如果您在做决定的时候不来请教我，我怎么能被称为专业人士呢？如果您想怎么做就怎么做，绕开我这个经理，那您这个钱不是白花了吗？

刘董事长：李经理，我做决定自然有我的道理，而且我拥有几亿元的资产，没点头脑和能耐,能拥有今天这几亿元资产吗?

这样的对话经常发生在经理与老板之间,如果他们永远不沟通,误会就会越来越深,最后就容易产生意见分歧甚至会分道扬镳。解决这一问题的关键就在于主动沟通。经理要知道"高处不胜寒"的道理,因为老板酒桌上的朋友很多,但真正的知心朋友很少。作为成功人士,老板常常是孤独的,这就要求职业经理人主动和老板沟通,发自内心地关心他。老板也要处处为下属着想,充分调动他们的积极性和创造性。

(资料来源:根据相关资料整理。)

三、对领导的意图心领神会

人有阳性人格和阴性人格两个方面,具体表现在人说的和想的经常不一致。

同步案例　　　新老总上任

红五月大酒店聘请了一位新的总经理王总,在欢迎会上王总彬彬有礼地对大家说:"我初来乍到,希望各位慢慢了解我并给予支持。今天在这里,大家对公司有什么意见和建议,都可以开诚布公地说出来!"听到王总这么说,年轻气盛的部门经理小刘马上站起来提了几条颇为严厉的意见。这使他身边一些资格老的经理的脸色都非常难看,王总的脸也沉下来,不满地对小刘说:"莫名其妙,这么多资格老的经理都不开口,你凭什么这么说啊?"这话一出口,那些资格老的经理的脸马上都阴转晴了,他们笑眯眯的,小刘则像斗败的公鸡。

散会以后,王总私下找小刘谈话,客气地对他说:"你知道我刚才为什么那样说吗?我是在保护你。"小刘奇怪地看着他,心想批评我怎么是保护我呢?王总笑道:"如果我在大会上表扬你,说你干得好,那么其他人以后就会联合起来证明你是不对的,这就会给你带来很大的阻力。刚才我在会上那么说了以后,那些资格老的经理心里就会感到平衡,他们就不会联合起来对付你,所以我说这些话就是为了保护你啊。其实我心里非常明白,你的意见提得非常好,而且你是很有能力的,以后你要好好加油,酒店就拜托你了!"

所以,总经理公开的表扬不见得是表扬,公开的批评也不见得是批评。领会上司的意图并不是一件十分容易的事情,必须开动脑筋仔细地观察和思考,才能对上司的意图心领神会。

(资料来源:根据相关资料整理。)

四、执行力能力强

执行力指的是贯彻战略意图,完成预定目标的操作能力,是把企业战略、规划转化成效益、成果的关键。执行力包含完成任务的意愿、能力和程度。对个人而言,执行力就是办事能力;对团队而言,执行力就是战斗力;对企业而言,执行力就是经营能力。而衡量执行力的标准,对个人而言,就是按时保质保量地完成自己的工作任务;对企业而言,就是在预定的时间内完成企业的战略目标。强有力的执行力是每位督导必须具备的能力。

同步案例 督导被提拔为经理

西南旅游公司曾有一位非常优秀的王督导。一次,总部通知他一个月以后有四个韩国家庭要前来疗养,希望他在西南小岛上找一家五星级酒店,预订四套连在一起的海景套房。王督导找了一个星期却只找到一间套房,他立即汇报给总部:"报告总部,我通过努力已经找到一间套房,面朝大海,风景一流。我会继续努力寻找另外三间,请放心。"

接下来的两个星期,每找到一间套房,他都会向总部汇报。不巧的是剩下的最后一间套房被正在度假的另一个家庭占用了,于是小王便当面向这个家庭恳求可否把房间让出,同时作为交换,他自费预订了一间更好的套房,免费提供给这个家庭,这家人十分高兴地答应了,于是四个套房就都拿到了。这位督导立刻将这个消息汇报给总部,请总部接待的人按时来疗养。由于事情办得圆满,半个月后,他就从督导被提拔成了经理。

(资料来源:根据相关资料整理。)

五、懂得承上启下

管理是管人和管事的统一,以管人为主。督导处于组织架构的中间位置,往上起着承上的作用,承担组织职责,执行上级指示;往下起着管理好组织、带领团队完成任务以及充分发挥各项资源的作用,而且要兼顾和协调与平行部门的关系。在处理领导和下属的关系时,督导要替领导着想,而不是做传话筒,将领导的话直接转达给下属。

同步案例　　小李打碎了玻璃转盘

王朝大酒店的服务员小李不小心打碎了餐桌上的玻璃转盘,心里忐忑不安。王经理走过来询问小李是否受伤,安慰了小李,并没有提及赔偿的事情,小李心里暖暖的。王经理转过头来找到赵主管,让他通知小李交300元钱,赔偿打碎的玻璃转盘。赵主管会不会做这个"恶人"呢?

◆"传话筒"型的主管:

小李:主管你好,我把玻璃转盘打碎了,您知道了吧,刚才王经理对我蛮好的,没叫我赔钱,还让我当心一点。

赵主管:你别听王经理的,他一转身就告诉我要你赔偿300元钱,一分都不能少。

小李:王经理怎么能这样呢,真过分!

◆"恶人"型主管:

小李:我把玻璃转盘打碎了,您知道了吧,经理说什么了吗?

赵主管:我倒是奇怪,你跟我们的经理是不是亲戚呀?

小李:不是亲戚呀,非亲非故的。

赵主管:你别骗我了,不用瞒我了,肯定是亲戚。

小李:真的不是啊。

赵主管:真的吗?三年以前,我跟他在别的酒店工作时,一个服务员把转盘打碎了,被他骂得狗血喷头,他还要求那位服务员马上赔偿400块钱,一分都不能少。他今天却跟我说,告诉小李,操作要注意安全,安全第一,转盘呢,万一要赔的话,少交点吧,300块钱就够了。

重点提示:千万不要做领导的"传话筒"!尤其是在依照领导的意见处罚员工时,千万不要把处罚的责任推到领导身上,表明自己的清白。

(资料来源:根据相关资料整理。)

六、服从并有补台能力

督导要服从上司的指令,但有的时候领导真的错了,督导就要有补台的能力。补台就是在领导的命令出现明显差错时,督导还应执行,但在执行过程中,督导要在维护领导尊严的前提下,努力使事情向好的方向转变。

同步案例　　　床罩该不该洗

刘经理要王主管把宾馆所有的床罩洗一遍,王主管凭借十年主管的经验,认为床罩洗过会缩水,一缩水就不能再使用了,所以他感到很为难,但不得不执行。于是,他要求服务员洗一件床罩,在发现床罩真的缩水后,就私下向领导反馈,告诉领导床罩洗过后一定会缩水,并请经理查看洗过的床罩。刘经理发现洗过的床罩出了问题,就及时修正了他的命令,刘经理对王主管的补台能力大加赞赏。

(资料来源:根据相关资料整理。)

七、高效率工作

要让下属高效率地工作,企业就必须建立起规范的层层管理的制度。当一个运转有效且员工责任明确的酒店出现了问题,或当督导发现服务员工作态度不认真时,督导要按照责任关系一层一层地寻找问题产生的原因。而在一些管理制度不健全的企业中,如果出现问题,老板会直接批评服务员,这会使老板下面的经理失去管理职能。老板行使了经理的权力,但却未必能达到好的管理效果。

同步案例　　　规范地解决问题

武汉天安假日酒店的总经理经常会去酒店厨房检查。酒店的厨师即使在空闲的时候也绝对不会抽烟、聊天或者傻站着,而是拿着抹布擦厨具、灶台、抽油烟机等。如果总经理发现厨师在偷懒,他就会把餐饮总监叫来,要求其给予答复;餐饮总监就会找行政总厨;行政总厨就会找主管;主管最后就会找那个厨师谈话。只有这样规范地运作,员工才能高效率地工作。

(资料来源:根据相关资料整理。)

八、与下属同甘共苦

每个下属都想知道自己在领导心中的地位,这样才能工作安心。所以督导应经常与下属沟通,与下属同甘共苦,及时让下属知道他们各自的优点,肯定他们的价值,同时指出其缺点,使其不断地进步。要让下属感觉到自己在领导心里是不可替代的好帮手,加强下属在工作时的安全感,从而激发员工工作的积极性和主动性。

核心关键词

督导　　　　　supervision
酒店督导　　　hotel supervision
执行力能力　　executive ability
现场管理　　　field management

思考与练习

1. 编制计划有哪些程序？
2. 什么是督导？什么是酒店督导？酒店督导应具备哪些特质？
3. 督导成功与否有哪些具体的衡量标准？
4. 做计划难吗？请制订一份"酒店督导"课程的学习计划。
5. 你认为酒店服务技能与酒店现场管理是什么关系？请举例说明。

案例分析

传菜环节出了问题

近期，酒店王经理收到很多客人的投诉，说该酒店上菜太慢，他便对上菜的环节一个一个地进行巡视。结果王经理发现传菜部这个环节出了问题：传菜部的菜堆成了山，没有及时传上去，而传菜员却跑得满头大汗。于是王经理要求传菜部的李主管分析原因，并找出解决问题的方法。

督导李主管分析传菜慢可能有两个原因：一是传菜员的人数不够；二是传菜员偷懒。为了进一步确认原因，李督导调查了其他酒店传菜员的工作量：甲酒店7位传菜员负责500个餐位，乙酒店9位传菜员负责700个餐位，而该酒店25个传菜员负责1000个餐位。

（资料来源：根据相关资料整理。）

分析题：

(1) 究竟是什么原因导致该酒店上菜太慢？
(2) 改计时工资为计件工资能解决这一问题吗？
(3) 请你设计一张上菜计件工资的考核表。

第三章

团队建设与管理

教学目标

◆ 了解团队，学会利用团队力量来解决实际问题；
◆ 熟悉团队建设的过程以及各个阶段的工作方法；
◆ 掌握培养团队精神的方法；
◆ 掌握团队维护的基本方法。

学习内容

了解团队，酒店企业部门之间业务衔接多、联系紧密，班组内部人员完成工作任务也要协同作业，同事之间要相互补位，酒店企业尤其要进行团队建设，要掌握团队建设的阶段与工作方法。酒店督导人员是各个班组的"领头羊"和团队建设的中坚力量，要具有很强的团队精神，还要懂得管理团队的相关知识和理论，更要掌握团队建设的技能。

第一节 团队概述

一、什么是团队

团队是什么？每个人会从不同角度给团队下定义。在英语中，团队用 team 来表示，team 代表什么呢？t 代表 together（一起），e 代表 each other（相互协作），a 代表 aim（目标），m 代表 more（更好）。我们可以这样来理解：团队，即为既定的目标相互协作、不断努力的一群人。具体而言，这群人以任务为中心，互相合作，每个人都乐意把个人的智慧、能力和力量贡献给自己正在从事的工作。

人们常说的团队一般是指工作团队。一个普通的班组只是企业的一般建制单位，成员的思想认识参差不齐，如果没有统一的思想和行动，那么它只能算是一个工作群体。酒店企业经常宣称酒店是一个大家庭，很多新员工入职时听到这样的称谓也会感到很亲切，但他们很快会发现，情况没有想象中那么好，很多所谓的团队不过是一群在一起工作的人。工作群体完全不同于工作团队，工作群体可能组织纪律观念不强，并不具备高度的战斗力，而一个有高度竞争力、战斗力的团队队员，必须具备团队精神。工作群体与工作团队的区别如表 3-1 所示。

表 3-1　工作群体与工作团队的区别

类别	工作群体	工作团队
目标	目标不明确，思想不统一	有明确的共同目标
利益	个体间没有利益关系	利益共享，责任共担
规范	群体规范与人们从事的任务没有关系	团队规范以任务为导向
协作	群体中的成员不一定会参与需要共同努力的集体工作，不会团结协作	通过成员的共同努力能够产生积极的协同作用
绩效	群体的绩效仅仅是每个群体成员个人贡献的总和，不能够使群体的总体绩效大于个人绩效之和	团队成员努力使团队的绩效水平远大于个人绩效的总和

一个成功班组的成员，为了共同的目标，能相互帮助、团结协作、共同奋斗，成员的思想和行动达到了高度的一致，我们把这种班组称为团队。我们要组建的是真正的团队，但是从工作群体到工作团队，其间，可能还存在"伪团队""潜在团队"。一群人貌似一个团队，但在实际工作时只单纯地干自己的活，仅与自己所在的部门联系，仅仅关心自己的责任，不积极协作，这只不过是名义上的团队，是"伪团队"。"潜在团队"是介于工作群体和真正团队之间的群体，团队成员已经认识到协作的重要，并确实有所行动，但缺乏明确的共同目标。如果有合适的领导者和恰当的管理，它能很快转变成真正的团队。

一个表现出众的团队能把团队的潜力发挥到极致。表现出众的团队成员不仅要对自己团队的成功负责,也要关心其他人的成长和发展。这种团队经常能实现看起来不可能实现的目标。团队状态图如图 3-1 所示。

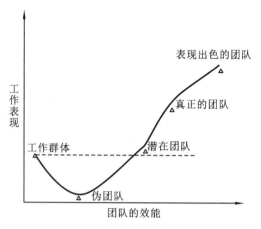

图 3-1　团队状态图

二、卓越的团队的特征

卓越的团队始于什么?这个问题的答案有很多。比如,卓越的团队始于宏伟的事业目标,卓越的团队始于持续的业务增长,卓越的团队始于长期的竞争机制,卓越的团队始于严格的实践训练,卓越的团队始于不懈地学习,卓越的团队始于坦诚的沟通,卓越的团队始于相互信任、支持、协作……

究竟怎样的团队才能被称为卓越的团队?卓越的团队一定有一套规范的管理制度,如工作说明、工作纪律、工作程序以及其他一些正式或非正式文件规定等。每一个员工都能明确自己的角色,都清楚地知道自己该做什么、不该做什么、怎么做、做到什么程度,同时还要得到内部和外部的支持。当然单凭一个人难以打造一个卓越的团队,单有一方面的优势也难以铸就一个卓越的团队。一个卓越的团队必须具备一系列显著的特征。

(一)清晰的目标

卓越的团队对要达到的目标有着清楚的认识,并坚信这一目标包含重大的意义和价值。而且,这一目标还激励着团队的每个成员将个人目标升华到群体目标。他们愿意为团队目标做出承诺,清楚地知道团队希望他们做什么,以及怎样才能实现目标。

(二)相互的信任

遇到困难时,团队信任将有助于团队成员万众一心,共同渡过难关;即使团队解散了,原来建立的成员之间的信任将会延续,对其未来的工作仍会产生影响。在卓越的团队中,成员信任他人、信任企业、信任领导,成员之间能互相包容、互相帮助、信息共享。

(三)一致的承诺

卓越的团队中的成员对其群体具有认同感,他们以自己属于该群体而感到自豪。团队成员对团队表现出高度的忠诚,为了使群体获得成功,他们愿意克服任何困难。团队成员彼此之间相互认同,拥有共同的价值观。

（四）良好的沟通

卓越的团队中有着畅通的渠道，成员之间能不断地交流信息，能迅速而准确地了解彼此的想法。管理层与成员之间积极的信息反馈有助于管理者指导团队成员的行动，解决工作上的问题。

（五）相关的技能

卓越的团队是由一群有能力的成员组成的，他们具备实现目标所必需的技术和能力，而且成员的相关技能能够优势互补，每个成员在团队中都能体现其价值。

（六）恰当的领导

卓越的团队需要英明的领导者和恰当的领导方式。领导者能指明前途所在，能激励员工，能带领团队发展。优秀的领导者不一定非得指示或控制，卓越团队的领导者往往担任的是教练和后盾的角色，他们能为团队提供指导和支持，但并不试图去控制它。

优秀团队与欠优秀团队的典型表现如表 3-2 所示。

表 3-2　优秀团队与欠优秀团队的典型表现

类别	优 秀 团 队	欠 优 秀 团 队
目标与思想	团队的目标十分明确，并且这个目标具有挑战性。团队中的每个成员都能够描述出团队的共同工作目标，并且自觉地献身于这个目标	团队中的成员和部门各有各的目标
信任与共享	团队成员彼此坦诚互信，共享团队中其他人具有的智慧，共享团队的各种资源，共享团队成员带来的各种信息，共同承担团队的工作责任	团队成员之间很少谈论与自己工作有关的话题，生怕与别人交流多了，自己的东西被别人学去。团队成员之间总是你防着我、我防着你
忠诚与归属	成员拥有共同的价值观，喜欢他们的团队，愿意归属于这个团队，愿意留在团队中	没有共同的价值观，团队如同一盘散沙，成员与团队之间完全是一种雇佣关系，成员没有归属感
沟通与协作	成员之间能主动沟通，不同的意见和观点都能够受到重视，团队成员愿意帮助他人	成员之间钩心斗角，只顾自己，对他人漠不关心，出现问题时互相推诿、互相埋怨
技能与角色	成员拥有实现目标所必需的技术和能力，且优势互补；团队成员扮演不同的团队角色，各有价值	成员不具备完成任务的各项技能，成员在团队中扮演的角色单一，往往只有两个角色，即领导者与员工
领导与授权	团队领导者要为团队成员提供必要的技能和资源支持，团队政策能够支持团队的工作目标，在团队中人人有职有权	领导者感到工作越来越忙，每天总在加班，员工却无事可做

同步案例　　某酒店企业的一次会议

营销部的经理A说:"最近销售做得不好,我们有一定责任,但是最主要的责任不在我们,竞争对手纷纷推出新的产品,比我们的产品好,所以我们很不好做,餐饮部要认真总结。"

餐饮部总厨B说:"我们最近推出的新产品是少,但是我们也有困难呀,我们在推新菜方面的财务预算很少,我们的预算被财务部削减了!"

财务部经理C说:"是,我确实削减了你们的预算,但是你要知道,公司的成本在增加,我们的流动资金有限。"

采购部经理D说:"我们的采购成本增加了10%,你们知道为什么吗?由于低温和降雪,蔬菜价格不断上涨。"

这时,四个部门负责人同声说道:"哦,原来如此呀!这么说,我们都没有多少责任了。"人力资源部经理E说:"这样说来,我只好去研究天气了!"

(资料来源:根据相关资料整理。)

三、团队的类型

按照不同的划分标准,团队可分为不同的类型。

(一) 正式团队与非正式团队

团队依据连接纽带的不同可以分为正式团队和非正式团队。酒店应基于工作的需要,设置不同的部门和岗位,构建适合自身的组织结构。

员工进入酒店后会被分配到某个部门,如前厅部、餐饮部或客房部,这些部门都属于正式团队。正式团队是指为了实现工作目标和完成工作任务而建立的组织,有着明确的目的、工作程序和组织规则,存在着正式分工,具有固定的信息传递渠道。

非正式团队是一种关于人与社会的关系网络,这种关系网络不是由法定的权力机构建立的,也不是出于权力机构的要求,而是在人们彼此交往中自发形成的。这种团队的形成可能源于暂时利益的一致,兴趣爱好的一致,经历背景的一致,地理位置的一致(地缘关系)等。非正式团队的积极作用在于:满足员工心理需求,如情感归属、认同感等;增进员工之间的了解和合作;柔性处理工作中出现的问题和纠纷等。但其消极作用也比较突出:会给员工造成无形的压力,压抑员工的创造性和个性;会导致情感重于原则;非正式沟通往往会滋生谣言和是非;成员私交频繁,容易产生小团体主义。

同步案例　　关系亲密的小伙伴

某校三位青年同时在一家酒店上班,同住一间集体宿舍,他们关系亲密。一次,酒店定于晚上召开全体职工大会,三位青年为听一场难得的音乐会,分别请假。这件事使酒店管理者产生了两种不同意见。一种意见是:酒店要组建良好的员工团队,就要制止这种"小团体"的发展,应严肃处理这三人。另一种意见是:他们的交往不算反常,不能扣"小团体"的帽子,部门经理应通过适当方式对他们进行教育。

(资料来源:根据相关资料整理。)

思考:你认为哪种观点是正确的?

(二)长期工作团队和短时工作团队

部门及其他组织结构中的工作团队,都是典型的长期工作团队。短时工作团队包括特别行动小组、项目小组、问题解决团队,以及其他为了开发、分析或学习与工作相关的内容而组建起来的工作团队。

(三)同一功能型团队和多功能型团队

部门的工作班组往往是同一功能型团队,其成员均来自某一具体的职能领域。在同一职能领域中,职权、决策、领导及其交互作用相对来说简单明了。成员只能在自己的特定职能领域中工作或解决具体问题。例如,酒店营销部的工作领域是销售和客户管理,致力于市场的开拓、客户资源的开发和维护。

多功能型团队是由来自不同领域的员工组成的,成员之间的信息交换,能激发新的思维。多功能型团队中的成员来自公司各个部门,团队成员的知识、经验、背景不太相同,在处理复杂的工作时,团队要建立有效的合作机制,团队成员要具有很强的合作意识和较高的个人素质。多功能型团队的示意图如图3-2所示。

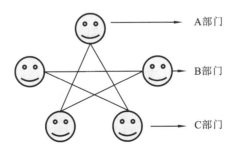

图3-2　多功能型团队的示意图

同步案例　　麦当劳的危机管理队伍

麦当劳有一个危机管理队伍,其责任就是应对重大的危机,它由来自麦当劳营运部、训练部、采购部、政府关系部等部门的一些资深人员组成,他们平时共同接受关于危机管理的训练,模拟当危机到来时应怎样快速应对。比如广告牌被风吹倒,砸伤了行人,这时该怎么处理?一些人要考虑的是把被砸伤的人送到医院后如何回答新闻媒体的采访,当家属询问或质疑时如何应对。另外一些人要考虑的是谁对这个受伤者负责,保险由谁来买单。所有这些都要求团队成员能够在复杂问题面前快速做出反应,并且进行一些专业化的处理。虽然不知道危机管理团队究竟在一年当中有多少次能用得上,但对跨国公司来说,养兵千日,用兵一时。在面临危机的时候,如果能做出快速且专业的反应,危机则会变成生机,问题就会更容易得到解决。

（资料来源:根据相关资料整理。）

(四) 受人监控型团队和自我管理型团队

工作团队可以是受人监控的也可以是自我管理的。受人监控型团队将在某些职能部门或管理人员的指导下完成工作,由他人负责设置团队目标、分配任务、评估业绩。

自我管理型团队则有管理自己的权力和责任,它往往是自然形成的工作小组,被赋予了很大的自主权。自我管理型团队集计划、命令、监督和控制行动的授权于一身,其成员拥有广泛的自主权。可以说,自我管理型团队是一种真正独立自主的团队,其成员不但探讨问题怎么解决,而且亲自执行解决问题的方案,对工作承担全部责任。一般来说,他们的责任范围包括控制工作节奏、决定工作任务的分配、安排工作休息时间。完全的自我管理型团队甚至可以挑选自己的成员,并让成员相互进行绩效评估。

(五) 酒店常见的工作团队

酒店企业中常见的工作团队可以分为高层管理团队、支援团队、单一工作团队、接力工作团队、问题解决型工作团队等类型。

1. 高层管理团队

高层管理团队由高层管理者组成,主导公司的总体方针,管理公司和部门的日常工作,如集团公司的董事会等。其成员要有良好的市场反应能力、分析判断能力、前瞻性思维、规划能力及掌控能力。

2. 支援团队

酒店中的支援团队的工作主要依赖于操作程序,没有直接的业绩和产出。但支援团队是企业不可缺少的一部分,承担着烦琐的日常工作,为企业提供支持、服务或后勤保障,如财务部、信息部、行政部、人力资源部等,都属于正式的支援团队。

3. 单一工作团队

单一工作团队把相同技能的员工(如客房服务员、传菜员、餐厅值台员等)组织在一起,让其在规定的时间内完成既定的一项或多项工作任务,比如餐厅的传菜部、酒水部,财务部的库房。单一工作团队的情况分析如表3-3所示。

表3-3 单一工作团队的情况分析

单一工作团队	分析说明
特征	成员具有相同的技能; 成员的工作地点一样; 成员的工作时段基本相同; 成员属于同一部门或班组; 成员与其他班组或团队的业务衔接少,联系不紧密
优势	分工明确,专业技能突出,能较好地完成工作任务; 工作效率高; 可以内部安排和调动员工; 员工的工作内容和技能一样,更容易相互帮助
缺点	工作任务比较单一,员工易产生心理疲劳; 员工的技能发挥和能力发展受到一定的限制; 员工之间的互补性不足
经理的工作	了解工作任务的要求、员工技能水平和工作态度; 安排工作任务和调配内部员工; 指导员工的工作,提升员工的专业技能

4. 接力工作团队

部门或班组之间存在业务联系,需要互相合作才能完成工作任务,我们可以称其为接力工作团队。酒店中依次完成顾客的接待和服务任务就如同田径比赛的接力赛跑,一棒一棒地交接,最终到达终点。酒店前厅部的几个班组就是典型的接力工作团队:礼宾部的门童迎接客人,行李员帮客人拿行李并将客人送至前台,前台负责客人的登记入住手续,手续办完后再由行李员将客人送至客房。酒店给客人提供的餐饮服务,也是通过接力工作团队完成的:先由迎宾部的迎宾员站位迎宾,再带客领位,然后餐厅值台员上茶、上毛巾,接着点菜员为客人提供专业的点菜服务,输单后厨房开始出品,传菜部的传菜员将成品菜肴送达餐厅,由值台员上菜并提供席间服务,消费完成后收银员为客人提供结账服务,最后迎宾员为客人提供送客服务。接力工作团队的情况分析如表3-4所示。

表3-4 接力工作团队的情况分析

接力工作团队	分析说明
特征	工作由多个班组或不同的成员共同完成; 各班组或成员的工作地点、时段不一样; 成员之间联系紧密,业务衔接多; 成员属于不同的部门或班组

续表

接力工作团队	分析说明
优势	各成员利用专业技能完成整个工作任务中的专门环节； 分工明确，工作效率高； 成员之间互相协作，优势互补
缺点	工作任务比较复杂，要求成员具有良好的团队精神和协作意识； 一个环节的失误会影响全局； 不同岗位的技能要求不同，且成员来自不同班组，难以进行内部临时调动和及时补位
经理的工作	熟悉工作流程，关注关键环节； 让每个员工认识自己的重要性； 培训员工的拓展能力，让员工熟悉本职工作之外的其他环节

5. 问题解决型工作团队

问题解决型工作团队往往是针对某些问题临时组建而成的，一旦问题得到圆满解决，团队也会随之解体。在问题解决型工作团队中，团队的主要责任是通过调查研究、集思广益，理清酒店企业存在的问题，提出策略或执行计划。比如，很多酒店成立 QC(quality control)小组，对酒店的各项工作进行检查。QC 小组成员由各部门的一线员工组成，即每个部门推荐 1～2 名成员，要求技术过硬、态度认真、思维活跃；QC 小组的主要职能是对酒店各部门的日常工作进行检查，发现问题应及时提出并跟进整改情况；填写 QC 记录表，在每周召开的 QC 分析会上将所发现的问题进行通报，并交由责任部门改进，以此来促使酒店各部门提升服务质量。问题解决型工作团队的示意图及情况分析如图 3-3 和表 3-5 所示。

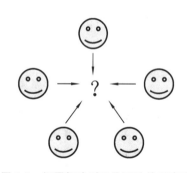

图 3-3　问题解决型工作团队的示意图

表 3-5　问题解决型工作团队的情况分析

问题解决型工作团队	分析说明
特征	工作任务针对性强，针对专项和具体问题； 问题的解决需要团队智慧，个人难以完成； 团队工作具有临时性，并不是日常工作； 团队成员来自不同的部门或班组
优势	能调动员工建言献策的积极性，能集思广益； 能从不同角度分析问题，能找到多个解决方案并从中选择最佳方案； 能形成一套解决问题的方法和系统程序

续表

问题解决型工作团队	分析说明
缺点	由于不是天天在一起工作,成员之间的默契不够; 成员考虑问题的角度不一样,可能陷入本位主义; 参与解决问题的只是极少数员工; 领导者无权采取实际行动,只能督促
经理的工作	熟悉解决问题的工作流程和方法,积极出谋划策; 在自己的辖区内组织和开展工作

同步案例　　让 QC 小组来解决问题

某家酒店因洗涤质量投诉较多和布草损耗量较大而伤透脑筋,为此多次召开会议进行研究,但与会者一时拿不出有效的整治方案。质量管理部决定成立布草 QC 小组。布草 QC 小组做的第一件事是调查研究,把导致布草损耗和洗涤质量不高的原因一一查明,分析出 52 条原因,并依次排列,较主要的原因有几条:使用不当;管理不善;洗涤不净;运输设备不洁,污染布草。

布草 QC 小组针对这几条主要原因,绘制出对策表,明确各项整改措施,预计达标时间和质量结果,并明确目标管理的执行者。由于工作量大,酒店针对具体情况制定对策,成立了 7 个 QC 小组,分管各个部门。

"以前我们管理不善,领取台布的手续不严,大小台布的保管有漏洞,个别服务员用台布擦餐桌,甚至擦地面。我们的任务不光是查明原因,更重要的是解决问题。"餐饮部 QC 小组负责人如是说。他们最后制定了一套布草使用、领用和保管制度,做到布草由专人负责,专车运输。

客房部 QC 小组认为,过去布草丢失多,主要原因是疏于管理,有些人认为一家大酒店不必斤斤计较。针对这一思想,客房部 QC 小组成员一方面向大家讲解开源节流的意义;另一方面则在健全布草的领用制度上下功夫,有效地遏制了毛巾流失和公巾私用的现象。

质量管理部汇总了各 QC 小组的整改措施,把行之有效的 32 条措施以文字的形式正式确立下来,并使之成为酒店管理制度的组成部分。经过努力,酒店布草问题很快得到解决。

(资料来源:根据相关资料整理。)

第二节 团队建设阶段与工作方法

在团队建设研究中,管理学家布鲁斯·塔克曼创建的团队发展阶段模型被奉为经典。它将团队的发展分为五个阶段,即组建期、激荡期、规范期、执行期和调整期。布鲁斯·塔克曼认为这五个阶段是所有团队建设必须经历的。每个阶段的工作绩效和团队精神存在很大差异,所以在进行团队建设时,要分析团队所处的发展阶段,了解其特点及规律,对症下药,采用恰当的领导方式,减少团队内耗,降低发展成本,这样才能不断提高团队绩效。酒店经理在不同的建设阶段要重点关注此阶段团队的突出特点,采用不同的工作方法。

一、团队建设的第一阶段:组建期

一个新团队刚刚组建时,往往存在很多问题,经理要做的事情很多,而且要承担较大的责任和压力。组建期的团队分析如表3-6所示。

表3-6 组建期的团队分析

组建期的团队	分析说明
图示	TM代表团队成员; M代表经理 
特征	沟通几乎是单向的(由经理做指示),团队成员之间有关工作的交流有限; 决策主要由经理做出,经理很少采纳员工建议; 团队成员的技术单一,处理人际关系的能力不强,不要求成员有支持团队的能力(如做决定和解决问题的能力)
问题	缺乏清晰的工作目标,工作职责与标准不明确,缺乏规范的工作流程; 成员之间缺乏有效的沟通; 个人的角色定位不明确,部分成员还可能产生不稳定和焦虑的情绪
经理的工作	明确团队使命和目标; 制定团队行为准则,确定职责; 帮助新员工从个体过渡到团队队员; 制定团队议事日程,安排工作

在团队的组建期,新老员工在会面中相互认识,他们会相互交流,形成对彼此的第一印象,新老员工在相互感知中寻找合作的方式。在团队成长的最初阶段,新老员工彼此感到陌生,且有相互防备的心理。经理必须确保所有成员都参与团队决策,帮助他们建立合作关系。对待新员工,经理要向他们介绍酒店的基本情况,解答新员工的问题,让新员工了解他们的工作任务,对他们进行入职培训与指导。对待老员工,经理要向他们介绍新员工,阐明新员工的积极作用,要求他们对新员工给予帮助。

二、团队建设的第二阶段:激荡期

经过组建阶段,团队获得了一定的发展,但同时也会产生各种观念的碰撞,会出现成员之间相互竞争的局面和人际冲突,我们把这个时期称为激荡期或磨合期。激荡期的团队分析如表3-7所示。

表 3-7 激荡期的团队分析

激荡期的团队	分 析 说 明
图示	TM 代表团队成员; M 代表经理 （图：中心为 M，周围五个 TM，双向箭头）
特征	沟通大部分是双向的,团队成员之间能相互交流; 决策主要由经理做出,但经理会采纳员工的建议; 团队成员的技术单一,处理人际关系的能力一般,具有初步支持团队的能力
问题	团队成员想展现个人性格特点,会表现出期望和不满; 成员会拓展自己的势力并寻找位置; 团队成员之间、团队和环境之间、新旧观念之间会出现矛盾,权威面临挑战,组建初期确立的原则受到冲击
经理的工作	设法解决问题而不是压制各种矛盾; 鼓励团队成员开诚布公地沟通; 强调团队总目标,引导团队走出激荡期; 表扬有建设性的意见

在激荡期,团队经理应具有解决冲突和处理问题的能力,创造一种积极向上的工作环境,在规范管理的过程中,要以身作则,努力帮助员工度过激荡期。具体做法:发现团队员工

的工作特长,提倡互相学习;向资深员工说明如何帮助新员工;表扬员工的合作行为,鼓励员工相互支持。

三、团队建设的第三阶段:规范期

经过第二个阶段的磨合后进入规范期,此时团队成员应相互接纳、各司其职、关系融洽、目标明确、业绩上升。团队要想顺利地度过第三个阶段,最重要的是要营造良好的工作氛围。团队精神、凝聚力、合作意识能否形成,关键就在这一阶段。规范期的团队分析如表3-8所示。

表 3-8　规范期的团队分析

规范期的团队	分析说明
图示	TM 代表团队成员; M 代表经理 
特征	团队成员之间经常进行交流,经理减少决策行为; 由团队做决策; 团队成员的技术成熟,处理人际关系的能力强,有较强的支持团队的能力
问题	团队成员对激荡期存在的问题心有余悸,害怕引发矛盾而不敢表达自己的观点; 授权要适当,否则回收权力时会导致士气受挫
经理的工作	让成员多提意见,鼓励团队成员开诚布公地沟通; 实行参与制,让每个成员认识到自己是团队中的一员; 通过分配工作,激发成员的责任心; 进行表扬、奖励和惩戒

这一时期,团队经理一定要转换角色,将自己融入团队,减弱自己作为团队经理的作用;要通过激励使团队成员丢掉各种心理上的包袱,使他们的行为标准和工作任务紧密地结合起来。当然,除激励之外,规章制度的约束和惩罚措施是必不可少的辅助手段。另外,经理要和团队成员多进行非正式场合的交谈,多举办员工活动。

四、团队建设的第四阶段:执行期

度过第三阶段,由于过去的努力,团队逐步变成高绩效的团队,此时团队发展到了第四阶段——执行期。所有成员都有强烈的集体感,团队爆发前所未有的潜能。这一阶段团队成员开放、坦诚,能及时沟通,具备多种技巧,能协作解决各种问题,能遵守规范化的管理制度,会相互分享观点与信息,有一种崇高的使命感和荣誉感。执行期的团队分析如表 3-9 所示。

表 3-9 执行期的团队分析

执行期的团队	分析说明
图示	TM 代表团队成员; M 代表经理 (图：一个圆圈中包含五角星,周围分布有1个M和5个TM)
特征	团队成员之间经常交流,经理更多地与其他经理和团队交流以改进团队之间的关系; 由团队做决策; 团队成员的技术成熟,处理人际关系的能力强,支持团队的能力强
问题	可能会被眼前的繁荣所迷惑,对危机缺乏预测和防范; 持续学习的动力减弱,成长速度变慢,团队有老化的风险
经理的工作	集中精力关注预算、计划进度、业绩和成员的教育培训等; 进行授权,授权给团队中的优秀成员; 保证企业对团队的各项资源支持; 加强团队与企业高层之间的沟通

"领导者要干自己的事,不干别人能干的事",这是现代领导方法的基本法则。对于执行期的高绩效团队,团队经理应"掌舵"而不是"划桨"。同时,在这个阶段,团队经理要根据业务发展需要,随时更新工作方法与流程,推动经验与技术的交流,提高管理效率,集中团队的智慧做出高效决策,通过成员的集体努力追求团队绩效。对于团队成员的管理,经理要让员工分享经验,让员工感到意见被重视;要采纳员工的建议并付诸实践;要表扬和奖励表现出色的员工。

五、团队建设的第五阶段:调整期

天下没有不散的宴席,任何一个团队都有自己的寿命,团队运行到一定阶段,完成了自身的目标后,就进入了团队发展的第五个阶段——调整期。此时,团队经理或关键成员的离开会导致团队出现动荡。调整期的团队可能有三种结果:一是解散,二是组建新的团队,三是因表现欠佳而需要整顿。调整期的团队分析如表 3-10 所示。

表 3-10 调整期的团队分析

调整期的团队	分析说明
图示	TM 代表团队成员; M 代表经理 
特征	非正式沟通较多,沟通比较混乱; 决策不合理; 团队成员的技术无法发挥,人际关系变坏,成员支持团队的能力变弱
问题	核心成员离队; 工作绩效下降; 团队不和谐
经理的工作	降低流失率; 做好团队成员思想的引导工作,说明调整的必要性及意义,让成员认同组织的调整决定; 组建新团队

第三节 培育团队精神

"团队"可以理解为团结起来的队伍。酒店是一个依靠众多服务员及少数管理者的集体,要把酒店很好地经营下去,不仅要有优质的对客服务,还要有一个凝聚力强、士气高涨的团队。餐饮行业流行这样一句话:一个菜细分一个市场,一个团队创造一个市场。团队的重要性可见一斑。很多人都提倡团队精神,并认为团队精神是高绩效团队的灵魂,即使不能清楚地描述团队精神,也能感受到团队精神的作用。

一位管理学家曾这样描述团队精神:一群人同心协力,集合大家的脑力,共同创造一项智能财富。我们可以这样来理解:团队精神就是团队成员为了团队的利益与目标而相互协作和共同努力的意愿。

一、团队精神具体表现

一个团队是否具有团队精神,可以从以下几个方面去考察。

(一)团队成员表现出强烈的归属感

团队成员感到自己属于这个团队,其他成员是自己的伙伴和朋友,由衷地把自己的命运与团队的前途联系在一起。不仅如此,团队成员要对其所在团队无限忠诚,绝不允许任何对团队的发展和利益有所损害的事情发生,并且要极具团队荣誉感,常常为团队的成功而骄傲,为团队所面临的困境而忧虑。

(二)团队成员对团队事务全心全意投入,具有贡献意识

具有团队精神的团队成员愿意为团队目标贡献自己的力量,为了团队的成功,不计较个人得失。对待团队事务尽心尽力,把团队的事视为自己的事,工作积极主动、认真勤勉。

(三)团队气氛和谐,合作意识强

具有团队精神的团队成员会把彼此视作家人,他们相互依存、同舟共济、荣辱与共、肝胆相照。团队成员能相互宽容,能尊重对方的独特性和差异性;在出现过失时,能存大义容小过,互敬互重,礼貌谦逊,以诚相待,彼此信任。团队成员能相互帮助与支持,不仅能在工作上相互协作、共同提高,而且能在生活上彼此关怀。

团队成员在互动过程中,逐渐形成了一系列的行为规范:一方面,他们和谐相处,使团队充满凝聚力;另一方面,他们又相互促进、共同提高。为了团队的成功,他们常能指出对方的缺点,并进行激烈的讨论,不断加强沟通与协作,促进团队整体绩效的提高。

同步案例　　　　大雁的启示

北方是大雁的故乡,但大雁为了觅食和避开严寒的冬季,被迫南迁。后来气候虽然转暖了,但是在进化的过程中,大雁形成了迁徙的习惯,并将此习惯保留了下来,年复一年,从没有动摇过。

每只大雁鼓动双翼时,会对跟在身后的同伴产生鼓舞作用。雁群排成V字形飞翔时,能比孤雁单飞增加71%的飞行距离。当带头的大雁疲倦了,它会退回队伍,由另一只大雁取代它的位置。队伍后面的大雁会以叫声鼓励前面的同伴继续前进。当一只大雁生病或受伤时,会有另外两只大雁从队伍中飞过来协助及保护它。这两只大雁会一直伴随在它的旁边,直到它康复或死亡。然后它们会组成队伍再次飞行,或者去追赶原来的雁群。

(资料来源:根据相关资料整理。)

思考:大雁的团队精神给你怎样的启示?

二、团队精神的作用

具体来说,团队精神的作用主要表现在以下几个方面。

(一)加强团队的凝聚力

古人云:物以类聚,人以群分。良好的团队精神是一面旗帜,它召唤着所有认同该企业和团队的人,自愿聚集在一起,为实现企业和个人的目标而奋斗。

一个具有团队精神的团队往往具有很强的凝聚力,团队成员往往显示出高涨的士气。一个团结友爱且凝聚力强的团队,能使每个团队成员感到骄傲和自豪,会促使成员自愿将自己的聪明才智贡献给团队,从而促进团队的全面发展。

(二)提高团队整体效能,增强竞争力

发扬团队精神,加强团队建设,能进一步节省内耗。团队精神有助于提高组织整体效能,形成一种使大家协同工作的机制。要想在竞争日趋激烈的今天求得酒店团队的生存与发展,就必须充分开发人力资源,尤其要尽力形成强大的团队合力,使团队整体竞争力提高。

(三)提高团队员工的整体素质

加强团队建设,培育团队精神,是更新员工知识和提升员工技能,对员工进行"充电"的有效手段。团队是最基本的学习单位,组织中所有的目标都是直接或间接地通过团队来完成的。整合众多员工以形成强大的合力,发挥团队最佳战斗力的关键就是提高团队所有成员的个人素质。另外,加强团队精神建设还有利于提高团队领导者的领导艺术。

(四)推动团队的有效运作和发展

团队精神是一种推动团队有效运作和发展的内在动力。在团队精神的作用下,团队成员能产生强烈的责任感,并努力维护团队的集体荣誉,自觉地以团队的整体利益为重,不断约束自己的行为。

(五)营造良好的工作氛围

良好的工作氛围能促进企业员工身心健康发展,能够充分调动员工的积极性和创造性。培养团队精神,要把集体主义、团队精神、全局观念内化为员工的自觉行为,营造酒店团队内部和谐友爱、团结互助、协同合作的工作氛围。

三、如何培养团队精神

酒店企业拥有了团队精神就具备了核心竞争力和重要的战略优势,从而能在一定程度上弥补诸如资金、技术等方面的不足。培养酒店企业的团队精神可以从以下几个方面入手。

(一)建立明确的共同目标

由于所处位置和看问题的角度不同,团队成员的工作目标和期望值会有很大的区别。团队领导者要了解他们的心态,理解他们的需求,帮助他们树立共同的奋斗目标,使团队形成合力。为此,团队领导者要做到以下几点。

第一,设置导向明确且科学合理的目标。例如有的酒店提出,以质量取得客人信赖,以

满足客人需求去占领市场,努力提高市场占有率,通过扩大市场份额去追求效益和发展。这就比那种单纯提及销售额和利润增加多少的目标更科学合理。

第二,将经营目标、战略、理念融入团队成员的头脑之中,使之成为团队成员的共识。要将公司的发展方针、发展目标、发展计划告知所有员工,调动员工的工作积极性和主动性。

第三,对目标进行分解,使每个部门和每个员工都知道自己应承担的责任和应做出的贡献,使每个部门和每个员工的工作与酒店总体目标紧密结合在一起。

第四,明确员工的薪金增长计划和职位升迁方案,让员工觉得自己在公司大有作为。这可以使员工看到希望,产生向目标奋进的动力。

(二)培育共同的企业价值观

企业制度和企业规范对员工行为的约束和规范作用比较有限,只能告知员工在常规情况下"干什么"和"不干什么",一旦情势有变,员工便会无所适从。共同的价值观是团队成员协作的基础,影响团队成员对团队根本目标的价值判断。培育共同的企业价值观,要加强企业文化建设,强化酒店的经营理念,将价值观真正体现在企业的各项制度和管理实践之中。

(三)建立系统的管理制度,创建公平公正的机制

建立一整套科学的制度,使管理工作和员工的行为制度化、规范化、程序化,是生产经营活动协调有序、高效运行的重要保证;没有规范的制度和程序,就会导致无序和混乱,就无法形成井然有序、纪律严明、凝聚力强的团队。要营造公平公正的氛围,创建公平公正的机制,保证团队成员得到公平公正的待遇。现实中,由于没有处理好公平问题而导致人心涣散和凝聚力锐减的事例不胜枚举。比如,有的团队搞远近亲疏,区别对待,培养亲信,扶植小圈子势力;有的领导者刻意制造矛盾,挑起内斗,以便自己驾驭团队。这些不良做法的出现,都是因为没有建立公平公正的机制。

(四)构建良好的沟通渠道,保持经常性的沟通

畅通的沟通渠道和频繁的信息交流,能促进员工的沟通与协作,这样工作才容易出成效,目标才能顺利实现。企业可以从以下几个方面努力:经常组织座谈会,用意见箱收集员工对企业的看法和建议。组织文化活动,让员工与企业进行感情上的沟通。部门之间要进行沟通,企业可以构建部门之间沟通协调的平台和机制,但不能流于形式,一定要落到实处。另外,沟通方式是多样的,除了会议沟通,还可通过内部通信设备、酒店网站、公告栏等进行沟通。

(五)营造互信的组织氛围,建立和谐的人际关系

互信是合作的基础和前提,能够促进沟通和协调,能够加强团队合作。有了信任感,员工才可能真正认同公司,把公司当成自己的家,把公司当作个人发展的舞台。

每一个人在工作和生活中,都会与许多人打交道,必然要处理人际关系问题。要发挥团队精神,就要倡导友爱和互助,彼此信任、尊重、关怀、互相理解、谦让、体谅,互相学习,共同进步,营造一种和谐的氛围。如果团队中有这样一种互相支持的和谐氛围,团队成员就不会感到孤立无援,会以更大的热情和自信心投入到团队工作中去。

同步案例　　像信任家人那样信任员工

2008年，海底捞成了餐饮界的一个热点，吸引了众多媒体的关注。海底捞把员工当成家人，像信任家人那样信任员工。海底捞200万元以下的开支均由副总负责，大区经理的审批权为100万元，30万元以下的业务可由各店店长签字。创始人张勇授权如此放心大胆，在民营企业实属少见。如果说他对管理层的授权让人吃惊，那么他对一线员工的信任更让同行匪夷所思。海底捞的一线员工都有免单权。不论什么原因，只要员工认为有必要就可以给客人免费送一些菜，甚至有权免掉一餐的费用。在其他餐厅，这种权力一般只有经理才会有。

张勇的逻辑是，客人从进店到离店始终在跟服务员打交道，如果客人对服务不满意，还得通过经理来解决，这只会使客人更加不满，因此把解决问题的权利交给一线员工，才能最大限度地消除客人的不满。

当员工不仅仅是机械地执行上级的命令时，他就是一个管理者了。按照这个定义，海底捞的每个员工都是管理者，海底捞是一个由众多管理者组成的公司。难怪张勇会说："创新在海底捞不是刻意推行的，我们只是努力创造让员工愿意工作的环境，结果创新就不断涌出来了。"

（资料来源：根据相关资料整理。）

思考：例如你是海底捞的同行，想想看，你怎么跟这个总是想着如何创新的管理者竞争？

（六）引导全体员工参与管理

全体员工参与式管理会产生更强大的向心力，能使团队成员直接参与各种管理活动。全体员工不仅要贡献劳动，还要贡献智慧，可直接为企业发展出谋划策。

（七）增强领导者自身的影响力

团队领导者由于其地位和责任而被赋予一定的权力，但仅凭权力发号施令和以权压人是不能形成凝聚力的，应靠威望和影响力令人信服，这样的领导者才会产生魅力和吸引力。领导者的威望一方面取决于领导者的人格、品德和思想修养；另一方面取决于领导者的知识、经验、胆略、才干和能力。除此之外，它还取决于领导者能否严于律己、率先垂范、以身作则，能否全身心地投入事业，能否公正待人，能否与员工同甘共苦等。

（八）尊重每一个团队成员，促进每一位成员的成长

把尊重每一个团队成员作为酒店经营的最高宗旨。当团队成员获得充分肯定、赏识、信任时，他就会用最大努力去完成自己的那一份工作，无限忠诚地对待事业，献身于事业。要研究每一个团队成员的才能、专长、潜力、志向，帮助他们规划设计职业生涯，并用其所长，使人尽其才；同时，还要不断提高其素质，开发其潜能。

同步案例　　受到重视，每个人都可以看到希望

在海底捞，每个员工都有很大的权利，只要最终是为了提高顾客满意度的行为，都会得到鼓励。有创新的点子，随时可以提出来，如果被广泛采用了就会有奖励。比如，"包丹手机袋"就是一个叫包丹的服务员发明的。普通的服务员有权给客人赠送小菜或者饮料，如果客人不满意，甚至可以让整桌菜免单。

晋升制度是海底捞战略的核心保障，海底捞的原则是，管理层除财务总监和工程总监外，全部要从服务员做起。更重要的是海底捞的晋升制度让员工看到了真切的希望。任何新来的员工都有以下三条晋升途径。

(1) 管理线：新员工—合格员工—一级员工—先进员工—领班—大堂副理—店经理—区域经理—大区经理。

(2) 技术线：新员工—合格员工—一级员工—先进员工—标兵员工—劳模员工—功勋员工。

(3) 后勤线：新员工—合格员工—一级员工—先进员工—办公室人员或者出纳—会计、采购员、技术员、开发员等。

学历不再是必要条件，工龄也不再是必要条件。这种不拘一格选人才的晋升机制，不仅让那些基层员工有了尊严，更在那些学历不高的员工心里打开了一扇亮堂堂的窗户，让他们意识到，只要努力，人生就有希望。

(资料来源：根据相关资料整理。)

核心关键词

团队	team
团队建设	team building
团队精神	teamwork spirit
角色界定法	role definition
团队维护	teamwork maintenance

思考与练习

1. 简述卓越团队的特征。
2. 团队建设一般要经历哪几个阶段？在每个阶段，经理应该做什么？
3. 如何培养团队精神？
4. 请思考，你的团队期望得到公司哪方面的支持。
5. 谈谈角色界定法、价值观法、任务导向法、人际关系法和员工参与法在团队建设与维护中的运用。
6. 分析你现在所处的团队，你的团队存在哪些突出的问题？谈谈你的解决思路和具体方案。

案例分析

优秀的团队

小天鹅火锅刚进入云南和贵州市场时并不是很强势，但是在其核心成员的领导下，经过短短2年的时间就发展成为云贵餐饮市场的中坚力量。我们会在这些核心成员身上发现优秀团队的种种品质。当时其投资方代表和职业总经理都才二十多岁，就是以这两个小伙子为核心成员的团队演绎着云贵火锅界的传奇。由于团队的向心力高度集中，在市场初期生意惨淡的日子里，员工们自发地在自家餐厅消费；当员工生病或遇到困难时，其他员工会积极捐助；公司每年都会提供15万元作为员工学习深造的固定投资；在以顾客为核心价值的经营理念里，他们将每位在册顾客的终身价值精准地评估为57万元；在市场危机来临时，他们能研发一套科学的危机报警系统和管理系统来预测、发现、处理和管理危机；在倒金字塔形管理文化体系(老板→总经理→经理→服务员→顾客)中，最高层管理者成了团队最前端的服务部门。

在团队的努力下，他们成功了。后来，昆明小天鹅饮食有限公司改组为云南新龙门实业有限公司，并斥巨资打造了云南餐饮业极具品位的新龙门餐厅，被誉为"云南人的会客厅"。虽然之后这个影响云贵餐饮市场的优秀团队中的核心成员相继退出并另辟江山，但这个黄埔军校式的团队将继续被当作餐饮市场的榜样。

(资料来源：根据相关资料整理。)

分析题：

(1) 案例中的核心成员是如何打造他们的餐饮团队的？
(2) 他们成功的关键点在哪里？

第四章

领导技能

教学目标

◆ 了解领导影响力的运用,基本掌握有效运用权力的技能;
◆ 熟悉领导风格,选择适合自己的领导风格;
◆ 掌握提高领导素质的方法和途径。

学习内容

学习领导影响力的运用。酒店的领导者在管理过程中要想充分发挥其影响力,应该具有什么样的素质?如何运用自己的影响力?应形成什么样的领导风格?要掌握哪些领导艺术?怎样才能不断提高自己的领导和管理能力?

第一节 领导影响力的运用

　　管理、督导和领导三者并不完全相同。管理通过对人力、物力等资源的调配来完成组织目标,督导实质上是基层管理或一线管理。管理和督导都包括计划、控制、组织、协调和领导等一系列活动,而领导是指引和影响他人或群体在一定条件下实现某种目标的行为过程。在理想情况下,所有的督导都应是领导者,但是许多人精于管理和督导工作,却不能被称为有效的领导者,这很大程度上是因为其领导力不足和领导艺术欠佳,不能很好地影响下属。

一、领导的影响力

　　领导的影响力是实现有效领导的必要条件,领导者的影响力是指领导者有效地影响和改变被领导者的心理和行为的能力。领导者必须具有影响力,否则领导会名存实亡。一般来说,领导者的影响力可以分为以下两类。

(一) 权力性影响力

　　权力性影响力又称强制性影响力,是合法性权力产生的效果。合法性权力可以由国家的法律法规和主管部门的决议、命令等直接规定,也可能是领导的职位本身所具有的权力。比如某人被提升为经理,他在拥有经理职位的同时,也被赋予经理对应的权力。每一个领导职位都要求它的承担者在一定的职权范围内有计划、决策、指挥和控制的基本权力,以推进它所负责的工作。没有这种权力,领导者就会缺乏强势的影响力,也就无法行使自己的领导职能。权力性影响力不是领导者的现实行为造成的,而是外界赋予的,它对人的影响带有强迫性、不可抗拒性。权力性影响力主要由以下三种因素构成。

　　1. 传统因素

　　传统因素是一种观念性因素,是一种由历史延续而来的传统观念。历史学家研究指出,领导的影响力首先来源于恐惧,其次来源于社会服从,它从恐惧到服从不断地被制度化,基于社会的阶级结构与意识形态,从而成为人类社会一种特殊的影响力量。这种传统观念常以某种形式的社会规范存在,比如一个人服从上级,就是因为对方是上级;正因为对方是上级,所以人们才会产生服从感。这种影响力存在于领导行为之前,可以说是传统观念附加给领导者的一种力量。

　　2. 职位因素

　　职位因素是一种社会因素。职位是一种社会分工,是个人在企业组织中的职务和地位。对于处于领导职位的人,社会赋予他一定的权力,他掌握了权力,就可以左右被领导者的行为、处境、前途、命运等,从而使被领导者产生一种敬畏感。一般来说,职位越高,权力越大,人们对他的敬畏感就越强,他的影响力也越大。事实上,职位因素的影响力是以法定形式为基础的,它是企业组织赋予领导者的力量。它的存在,是不以领导者本人的素质为转移的,它存在于领导者实施领导行为之前,只要一个人担任了某一个职务,他就掌握了这个职务所提供的法定权力。

基于职务的权力主要可以派生出奖赏性权力和强制性权力。奖赏性权力是指领导者可以用物质奖励（如加薪、升职、奖金、带薪休假等）、精神奖励（如表扬、认可、鼓励等）或其他奖励（如委以重任、给予机会、提供培训等）等方式激发员工的积极性；强制性权力是指通过惩戒手段（如开罚单、记过、降薪、降职、解聘等）或强制命令让员工服从或规避不良的行为。

3．资历因素

资历因素是一种历史性因素。资历是指一个人的资格和经历，它是由于领导者的社会阅历、经验及年龄等因素而产生的影响力。这种影响力与人们的传统观念有关，在现实生活中，人们常常对资历深、见识广、久经磨炼的人怀有某种敬重感。资历因素造成的影响力是一种强制性影响力，它存在于领导行为之前，只要是有较深资历的领导者，就有相当大的影响力。

（二）非权力性影响力

非权力性影响力又称自然影响力，是因领导者个人的素质和行为而产生的，与领导的职权没有必然的联系，它是一种内在的、动力性的影响力，包括领导者的道德品质、知识水平、工作才能和交往艺术等。这种影响力产生于领导者的领导活动之中，对员工的心理和行为的影响是自然而然的，是建立在信服和敬佩的基础上的。它不是靠社会权力使员工被动地服从，而是以领导者自身的思想修养、作风、才华去激励员工，从而调动员工的自觉性和积极性。这种影响力主要由以下四种因素构成。

1．品格因素

品格因素是一种本质性因素。领导者的品格是指领导者的道德品质、性格和作风，它是决定领导者影响力的根本因素。具备优秀品格的领导者具有较大的号召力、动员力和说服力，容易使被领导者产生敬重感和认同感。对一个领导者来说，无论他的资历多深、职务多高，一旦品格不好，他就会威信扫地、失去影响力。

2．才能因素

才能因素是一种实践性因素。领导者的聪明才智和工作能力是其产生影响力的重要因素。领导者的才能是他成功地完成领导工作所必需的内部条件。一个有才干的领导者会给企业带来成功，会使后进企业变为先进企业，会使员工对他产生敬佩感。比如，酒店西餐厅指派一个资深员工给实习生当师傅，如果师傅工作能力强，而且经常受到客人和主管的赞许，实习生就会非常佩服和敬重师傅，在工作中就会认真地配合师傅的培训，听取师傅的教诲。

3．知识因素

知识因素是一种科学性因素。知识是人类实践经验的概括和总结，其本身就是一种力量。一个领导者如果既精通业务知识，又通晓其他相关理论，就容易取得他人的信任，容易使他人产生信赖感。

4．情感因素

情感因素是一种精神性因素。如果领导者与被领导者之间的感情很深、关系密切，领导者对被领导者关心体贴，领导者的影响力就会很大，被领导者就会对领导者产生一种亲近感。事实上，情感因素在提高领导者的影响力上起着催化剂的作用。

领导影响力对比分析如表 4-1 所示。

表 4-1 领导影响力对比分析

类别	因素	性质	心理影响
权力性	传统	观念性	服从感
	职位	社会性	敬畏感
	资历	历史性	敬重感
非权力性	品格	本质性	敬爱感
	才能	实践性	敬佩感
	知识	科学性	信赖感
	感情	精神性	亲切感

综上所述，领导者的影响力是由权力性影响力和非权力性影响力构成的。权力性影响力是当权则有，不当权则无，对人的影响是"口服未必心服"；非权力性影响力是当权与不当权都可能具有，对人的影响是"心服口服"，它在影响力结构中占主导地位，起主导作用。权力性影响力受非权力性影响力的制约，因此，要提高领导者的影响力，关键在于提高非权力性影响力。

知识活页 领导的"五威"

二、员工对领导影响力的反应

领导者手中的职务权力和个人权力，每时每刻都对员工产生影响。但每个员工有自己的个性心理，所以员工对领导者执行权力的反应并不都是一样的，他们对命令的接受方式有很多种。同时，员工的行为也会对领导者的权力实施造成影响。按照员工执行命令的状态，可将员工的反应方式分为四类。

（一）主动服从

主动服从表现为员工愉快地接受命令，不提任何条件，能在执行过程中积极主动、高效率、高质量地完成工作。这要求员工认可领导者的命令和权力，命令合理可行，员工有很强的主动意识，明确知道自己应该做什么，甚至能在酒店经理下达命令之前做好思想准备和工作准备。酒店经理在下达命令的时候，可让员工提出意见、建议和修正措施，这样更易于让员工主动服从。

（二）服从

员工没有反抗情绪，在接受酒店经理的命令之后，按照一般的流程执行，在执行的过程中既不提出改良意见，也不表示反对，这样的接受方式属于服从。

（三）被动服从

当员工对酒店经理或命令本身有意见时，他们往往不愿意执行命令，但是，酒店经理对员工的态度强硬，要求必须执行，这时，员工可能会迫于压力而执行命令，但他并非心甘情愿地执行命令，这样的方式属于被动服从。

（四）抗拒

如果员工对命令持强烈的反对意见，并且不执行，这种接受权力的方式被称为抗拒。抗拒属于权力实施过程中的逆转行为，往往是在利益冲突比较激烈或矛盾激化后才发生的。

考察领导者影响力的大小与员工对影响力的反应时，我们会发现，随着权力性影响力与非权力性影响力逐渐扩大，员工的反应也会有所不同。当权力性影响力运用得好的时候，员工可能是服从的，但这时他的心里可能是不服的，所以他是被动服从。当非权力性影响力运用得特别好时，员工会从心里服从。当权力性影响力与非权力性影响力都发挥得特别好时，员工就会心甘情愿地工作，就会主动服从。当权力性影响力和非权力性影响力都运用得不好时，员工会抗拒权力。领导影响力与员工反应的关系如图4-1所示。

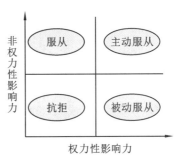

图4-1 领导影响力与员工反应的关系

三、影响力的有效运用

有人说，一位君主的成功并不在于他是否已经取得权力，而在于他如何巧妙地运用和维护自己的影响力，从而开拓疆域、战胜对手。对酒店经理而言，管理的成功一方面源于职责明确、有权有责，另一方面源于经理的权力性影响力和非权力性影响力的合理、有效运用。

（一）有效运用影响力的条件

领导者、被领导者、客观环境是领导影响力运用的三个基本条件，当然也是影响运用效果的主要因素，另外还有其他一些相关因素。有效运用影响力，需要满足以下条件。

1. 职权清晰

领导者的职权必须清晰，而且要有实权，领导地位明确。如果授权不明，权限不清，领导者就没有主动性，要么互相争权，要么推诿不管，无法开展工作，这会影响权力运用效果。

2. 系统优化

组织系统要优化，管理层次要明晰，上下级的沟通渠道要畅通。如果没有一个精干、高效的组织系统，领导影响力的运用将大大受限。

3. 人际关系良好

人际关系好的领导者往往能一呼百应,能充分发挥权力的作用,进而使实际权力增大;人际关系不好,权力运用就会遇到阻力、挑战。人际关系好,领导者在运用权力时,有时即使欠妥,也往往会被谅解,会被员工从积极方面去理解,仍然能发挥好的效果;人际关系不好,即使权力运用得当也难以发挥应有的效果。

4. 工作目标明确且切实可行

当领导给员工布置工作任务时,工作目标的明确程度和可行程度关系到员工的执行程度。目标错了,也就谈不上取得好的权力运用效果。

5. 具备较好的领导技能

领导影响力的发挥受领导者自身能力的限制,一个成功的领导者,能很好地判断情境和员工的状况,采用适宜的领导方式,并适时调整领导风格。另外,如社会心理、领导方式、领导者素质、传统习惯、社会思潮、理想信念等,都会对领导影响力运用的效果产生一定的影响。

(二)权力性影响力的运用

1. 谨慎使用权力,避免滥用权力

权力宁可备而不用,也不要轻易炫耀,更不可滥用。酒店经理在运用权力时,要做到"三戒":一戒以权谋私,二戒以权徇私,三戒意气用权。

权力滥用的现象主要有:①仅仅因为拥有一定的权力,就凭主观意识和个人好恶采取某些如任用、辞退、晋升、奖励的行为;②为了个人用途私自动用组织资源;③以授权的名义将个人职责推给下属;④在做工作决策时,不让他人参与,不征求下属建议就武断采取措施;⑤主要依据权力(惩罚或奖赏),而不是运用个人影响力去改变下属的行为;⑥给予自己关系好的下属额外的好处,给予自己关系不好的下属额外的惩罚;⑦运用权力"统一"下属的思想和行为等。

2. 用权不可与法律法规相冲突

经理在运用权力时,一定要熟知相关法纪,强化法纪观念和法治观念。经理如果置法纪于不顾,以权代法,以权代纪,就会失去自己的尊严,失掉自己的威信,最终失去自己的领导权力。

3. 慎用强制性权力

必须依据前后一致、公平公开的规则做出惩罚决定,而且在万不得已时才运用强制性权力,并让下属明白,为什么要这样行使权力。一般来说,强制性权力发挥效能的最好时机不一定在实际行使之时,而往往是在强制性权力行使之前。因此,经理在运用强制性权力时要采取事前诱导、宣传教育或事先警告等手段,促进员工自觉行动。但在原则问题上或遇到紧急情况时,经理使用权力必须果断、坚决。

4. 对下级尽量以发问代替命令

以发问的方式布置工作,以商量的口吻交代任务,往往比简单地下命令有效得多。它可以激发下级提供一些不寻常的创意和有价值的建议,而且能使下级在平等友好的气氛中愉快、自愿地接受指令,并竭尽全力地完成任务。

5. 恰当地运用奖励权

经理要恰当地使用奖励权去激励员工的进取心和创造精神,使下级认识到,如果能够服从经理的意愿并做出相应的贡献,就会受到奖励。针对贡献大小,奖励要拉开档次,对做出重大贡献者给予重奖。奖励最好采取公开的形式,还要防止随意乱奖,奖励一定要适当。

6. 讲求实事求是

在行使权力时,要实事求是,认真做决策。因为只有求实,领导者才会得到被领导者的信任和拥护。不顾及客观可能性,盲目提高指标、加快速度,会打击员工的工作积极性。

(三)非权力性影响力的运用

一个好的领导者应具有十足的个人魅力,即使将来有一天他离开了领导岗位,也始终会有人惦记他,不会人走茶凉;反之,只运用强权的人,则会人走权失茶也凉。

领导者应该通过自身良好的品格、能力、知识和情感等综合素质,建立领导威信,从情感上影响下属,使下属团结在自己周围。这种影响力对人的影响是内在的、长远的,不会随着职务的消失而消失。

1. 以高尚的品格赢得尊重

一个领导者如果品德高尚、正直公道、言行一致、以身作则、关心他人、团结同事、严于律己、平易近人,就会使人产生一种敬爱感,就能吸引他人,得到他人的认同,形成一种无形的、巨大的道德力量,具有很强的感染力和可靠的威信。领导者要用正直建立信用,用自尊和尊重他人赢得尊重,用大度聚集人心,用人品感召人群。

2. 以广博的知识和才干赢得信任

一个具备丰富知识的领导者,容易赢得人们的尊重,也容易取得人们的信任,能使人们对其产生一种信赖感,能增强号召力。酒店行业要求经理们不仅是专才,还必须是通才,经理的知识面越广,发现问题、解决问题的能力和领导水平也就越高。在当今酒店行业,管理者往往经验丰富、技能突出,但文化知识不足,在这种现状下,酒店经理更应该加强学习,用知识征服他人,在下属面前树立自己的威信,使下属产生一种敬佩感。经理们要转变传统的观念和思维方式,在实践中不断钻研,改善工作思路和方法,不断地完善自己的知识结构,努力提高知识水平,努力把自己培养成为知识型、创新型的职业经理人。

3. 以真切的感情赢得拥护

领导者要与群众之间建立良好的感情关系,一是要以真诚换真情,二是要关心他人并帮难解困,三是要主动加强沟通并听取下属意见,四是要努力缩短彼此间的心理距离。

酒店经理的个人条件的确是领导影响力运用条件中最重要、最主要的方面,但在实际工作中,往往会出现这种情况,同一职业经理人,在甲酒店工作很出色(权力运用效果很好),到乙酒店却一筹莫展,权力运用效果甚微。这说明客观环境对权力运用效果是有影响的。因此,在运用领导影响力时,管理者不论采取哪种形式,无论强制权、奖惩权,还是个人影响力,都要充分考虑被管理者的文化背景、心理特点以及客观环境等因素,按照实际可能性,因事、因地变通,巧妙地掌权、用权。

经理运用影响力的时候,可以使用的技巧包括讨论、说服、"胡萝卜""大棒"、利益诱惑、直接命令和借权等。经理在运用领导影响力时不止有一种方式,可以有很多的选择,也可以用一个组合的战略。领导影响力的具体应用如表4-2所示。

表 4-2 领导影响力的具体应用

应用方式	释 义	具 体 做 法
讨论	让相关的人员参与决策,执行讨论结果,让员工更愿意执行自己所认可的行动	组织专题会议; 征询当事员工的意见
说服	通过讲事实和摆道理来说服他人,达到影响和引导他人的目的	与当事人进行交流; 进行沟通,以理服人
"胡萝卜"	鼓励、赞赏、支持,唤起员工的价值观或情感因素,调动他的工作积极性	强调当事员工的能力和重要地位; 进行感情攻势,以情动人,让人不能拒绝
"大棒"	恐吓、威胁,用施压来达到目的	告知严重后果; 采用批评、处罚等方式
利益诱惑	奖赏或者用其他好处来诱惑他人以达到所期望的行为	给予好处,如奖金、荣誉、优先权等
直接命令	直接动用权力,强制执行	当前面的手段都不管用的时候采用; 强调领导的职权和威严,表情要严肃,言辞要坚决
借权	借权也叫狐假虎威,即利用高层的威严	当领导力弱、他人不服时采用; 不说是自己的要求,出示"令牌"; 用高层领导来威胁当事员工,如"要不要我跟老板汇报一下"

第二节 形成自己的领导风格

领导风格是领导作风和领导方式的总称。领导作风是指领导者在思想上和工作上所表现出来的态度和行为;领导方式是指领导者在管理人事过程中所采取的方法和形式。前者是后者的基础和行为根源,后者是前者的结果和表现形式。在领导工作中,领导者的领导风格源于领导者的个性,不同的领导者有不同的个性,不同个性的领导者也可能会有不同的领导艺术。在酒店管理活动中,领导者的领导风格对员工工作积极性的调动具有极其重要的作用。

一、领导风格类型

领导风格可以从两个方向来考虑:一是个人决策程度,二是员工参与程度。个人决策是指做决策的时候,领导者不征求他人的意见,直接下命令让员工去遵守和执行决策。员工参与是指员工可以参与决策,共同讨论并做出决定。基于个人决策程度和员工参与程度,我们可以将领导风格分为专制式、官僚式、放任式和民主式，如图 4-2 所示。

（一）专制式

专制式领导也被称为独裁型领导，是指一切决策权完全集中在领导者一人手中，领导者用权威来推行工作，下属处于被动地位，此种领导者往往对下属严厉且要求高。专制式领导基本不考虑员工的参与问题，只讲个人决策，简单地下命令，然后让员工去执行。随着时代的发展，员工的参与意识提高了，劳动力的素质也发生了很大的变化，专制式领导风格易导致较高的员工流动率。

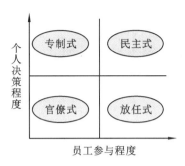

图 4-2　领导风格图

但是，这种风格在特定的情况下还是非常有效的，比如在紧急情况下，或者对没有经过培训的新员工，领导者可以使用这种风格。此外，对于一个管理不善的部门，这种领导风格是首选。当员工对其他的领导方式无动于衷或领导者的权力受到下属挑战时，领导者可以采用专制式领导风格来给下属增加压力。但是在某些情况下，领导者不能采用专制式领导风格，例如，当员工希望经理听取他们的意见的时候，当员工士气比较低落的时候，当员工流动率和缺勤率都比较高的时候等。

（二）官僚式

实行官僚式领导风格时，领导者的参与不是特别多，员工的参与也比较少，工作主要是按规章制度、工作流程去实施。这种风格适用于酒店中规范性很强的领域，例如，工程部、保安部等需要按程序开展工作的环节。另外，对于一些操作简单、重复劳动、技术含量不高、毫无创造性的工作，领导者也可采用官僚式领导风格。但是如果长期采用官僚式的领导风格，就容易导致员工只做分内之事。这是因为员工只按照规定的内容和步骤去执行任务，各司其职，往往对规定以外的任务不予考虑。此外，当工作流程已经有所变动，而员工此时还在沿袭以前固有的习惯时，领导者切忌采用官僚式领导风格。

知识活页　　　　中餐菜谱标准化

（三）放任式

放任式领导风格是指领导者不把持权力，几乎把所有权力都让渡给团队，领导者几乎不给出指令，让员工自由决策。在放任式领导风格下，成熟、专业的员工可以充分发挥自己的主观能动性，有充分的自由去考虑问题。例如，领导者在酒店市场营销方面常常可以采用放任式领导风格,只定出价格底线和上限,在这种情况下,员工可以较为自由地和客人洽谈价格。

放任式领导风格适用于以下情况:员工拥有熟练的技术以及丰富的经验和知识;员工有责任心,有工作自豪感,有成功完成工作任务的愿望;员工忠诚可靠,可以信赖。而当员工的品质和态度存在一些问题,或者不具备完成工作的能力时,领导者就不能采用放任自流的领导风格。

(四)民主式

民主式是指领导者鼓励员工参与决策,极力主张团队合作的一种领导风格。民主式风格的领导者会花费很多时间去听取员工的意见和建议,从而建立起上下级之间的信任关系;会让员工参与涉及组织目标、个人利益及工作方式等方面的决策,从而提升组织的灵活性和员工的责任感;倾听员工关心的问题,从而使团队保持高昂的士气。在民主式领导风格下,员工能够长期保质保量地完成工作任务。

当领导者不清楚应该怎么做,并需要有能力的员工的指导和建议时;当一个比较复杂且重要的问题需要集思广益时;当拥有一批技术高超且经验丰富的员工时;当涉及员工利益时,就应该采用民主式领导风格。但是在时间紧迫时,可以不必采用民主式领导风格。

以上四种领导风格的比较如表 4-3 所示。

表 4-3 领导风格的比较

形 式	优 点	不 足
专制式	紧急情况时有效; 适合管理没有经验的员工; 决策效率高	显得控制过度; 没有员工参与; 抑制员工的主动性; 缺乏对人的激励
官僚式	有统一的工作标准; 工作有条不紊; 能减少管理者干预的时间	没有员工参与; 抑制员工的创造性; 不适合优质的对客服务
放任式	能给员工充分的空间; 能调动员工的积极性; 易于建立相互信任的工作关系	做法可能过于激进; 如果缺乏控制,可能会出现放任自流的现象; 对员工的素质要求过高
民主式	能培养和开发人才; 能提高绩效; 能提高员工的主人翁意识; 易于建立相互信任的工作关系	很耗时; 容易对他人形成一定的依赖; 会在一定程度上削弱领导者的权威

同步案例 实施民主管理 促进职企双赢

京津新城凯悦酒店是由环球凯悦集团管理的一家中外合资、外方经营的五星级酒店,酒店自开业以来,实行人本管理,提供优质服务,开创了企业发展、职工受益的双赢局面,建立了职代会和多形式的民主管理制度,拓宽了职工诉求表达渠道。职代会对酒店的经营管理等重大事项具有知情建议权;对收入分配、劳动定额、劳动安全卫生、保险福利及重要规章制度等涉及职工切身利益的重大事项,拥有协商共决权;对酒店执行国家法律法规的情况具有评议监督权。

同时,为了加强职代会闭会期间日常的民主管理工作,酒店还建立了职工座谈会制度。每月召开两次由总经理和人力资源部总监参加的职工座谈会,参加座谈会的职工来自酒店的各个部门,名单由电脑随机抽取。职工可以面对面地提出问题和建议,针对职工所提意见和建议,酒店管理层要及时研究并在一周内反馈意见,反馈的内容应张贴在职工布告栏内。

酒店服务业受旅游季节的影响,淡、旺季客流量差别很大。实行哪种工时制度既关系到酒店的经营问题,又涉及职工的切身利益。总经理主动提出将这一事项提交职代会讨论,在职代会上,通过对酒店现状全面、客观的了解和分析,职工代表认为酒店在经营正常时应实行标准工时,而在经营非正常状态下可实行弹性工时,总体上将实施以年为周期的综合工时制。这样既能保证酒店经营任务的完成,又能保障职工的利益,同时还合理调整了职工加班和倒休的时间。这一议案在职代会上顺利通过。

(资料来源:根据企业实践案例整理。)

二、领导风格的选择

由于酒店管理组织机构的变化、管理权限的变化、管理功能的变化和管理者多重职责的变化,传统的领导方式已经不再适用于现代酒店的管理,许多新的领导方式由此诞生。酒店经理要从中选择最适合自己的领导方式,并能在不同的时间针对不同的对象有所改变。

(一)形成合适的领导风格

影响酒店经理领导风格的因素主要有:①酒店经理的个人背景,如个性、知识面、价值观、道德观、以往的经历、曾使用过的领导风格的经验和教训等;②员工的情况,如员工心理特征差异、城乡差异、民族差异、年龄差异、文化差异等;③酒店的实际情况,如酒店和部门所处的阶段,酒店企业的习惯、价值观、经营理念和团队氛围等。

在形成自己的领导风格前,领导者首先不妨试试所有的领导风格,选用最适合员工、企业文化的领导风格;其次,选择一种能发挥自我优势的领导风格;最后,在不同的情况下,对不同的员工采用不同的领导风格。领导者要切记:没有一种领导风格是没有缺点的,不要总是使用自己偏爱的那种领导风格,不要拘泥于一种领导风格,有了经验后,可以试试新的领导风格。

（二）采用多样的领导方式

对下属来讲,每个领导者都呈现出两种行为:一种是指挥行为,是指通过指挥的行为使下属去做事情;另一种是支持行为,是指不通过指挥命令,而是通过提建议、反馈、劝告等方法,以支持的行为来领导下属。基于指挥行为和支持行为的程度,我们可以划分出四种领导方式,如图 4-3 所示。

图 4-3　领导方式图

1. 指挥型的领导方式

指挥型的领导方式即通过下达命令或者指示的方式让下属按照领导者的指令去办事,最后实现领导者要求的工作目标,这是很多经理最可能采用的方式。

指挥型的领导方式的特点:从行为来看,领导者指挥得多、支持得少,总是能明确地告诉下属做什么、怎么做;从决定权来看,命令多半是由领导者自己做出的;从沟通来看,领导者多半采用的是单向的沟通方式,也就是领导者说、下属听;从监督来看,领导者过问和检查的频率比较高;从解决问题的角度来看,指挥型的领导者通常能帮助团队成员解决大量的问题。

2. 教练型的领导方式

领导者对下属的指挥行为和支持行为都比较强,这是现代企业倡导的领导方式。一个管理者首先应该扮演教练的角色,每一位下属70%的工作技巧实际上是领导者在工作中教给他的。领导者如果不能做一个好教练,下属就成长不起来。教练要通过支持性行为和指挥性行为来引导下属。

教练型的领导方式的特点:从行为来看,领导者高指挥、高支持;从决策权来看,领导者是在征求意见以后再做决定的;从沟通来看,领导者采用的是一种双向的交流方式,并且提供反馈;从监督来看,监督频率比第一阶段低。

同步案例　　小刘速成领班

新人小刘负责前台接待工作才一个星期。一天,他给客人安排的房间是间住客房,于是他遭到了客人的投诉。小刘刚上岗不久,对房态不是很了解,因此造成了失误。小刘很紧张,也很害怕。他觉得唯一可做的就是等待经理的批评。不久,经理到小刘这里来了解情况,小刘一五一十地把原委告诉了经理,经理说了一句话:"如果是我的话,我现在会去给客人送水果,并致以最诚挚的歉意!"小刘照着经理的话去做了。后来经理路过时,看了小刘一眼,走到他身边,轻轻地拍了小刘的肩膀,道:"如果是我的话,我现在最主要的工作是熟悉房态。"半年之后,小刘努力成为前台领班。

(资料来源:根据相关资料整理。)

3. 支持型的领导方式

支持型的领导方式是指领导者对下属主要采取支持性的行为,而不采取指挥性的行为,尽量地去激励员工完成工作任务,而不是告诉他们如何去做。这是非常好的领导方式,员工的参与度高,领导者和下属能在比较轻松的气氛中共同做出决定。

支持型的领导方式的特点:从行为来看,领导者低指挥、高支持;从决策权来看,决定权已经慢慢地向团队成员过渡;从沟通来看,领导者多问少说,并且经常反馈,征求大家的意见;从监督来看,监督的频率很低;从解决问题的角度来看,当员工遇到困难时,领导者才会帮忙。

支持型领导的典型行为包括:愿意向下属解释自己的行为和计划;不拒绝下属有关变更计划的建议;对于下属的要求不超过下属的能力范围;虽然发现下属的做法有点冒险或者与众不同,但仍然给予支持;不坚持要求下属按照自己的方式去做事情;在下属完成工作时给予赞赏和表扬,及时奖励;下属的工作中只要有好的方面就予以表扬;不在他人面前批评下属,不因为下属的笨拙而指责下属;站在离下属最近的地方。

4. 授权型的领导方式

授权型的领导方式是一种支持行为和指挥行为都比较少的领导方式。领导者给下属明确的授权,希望他在授权之后达成一个目标,在做事情的过程当中,让下属完全发挥主动性和积极性,在授权范围内完成任务。

授权型的领导方式的特点:从行为来看,领导者低指挥、低支持;从决定权来看,领导者下放权力,但任何时候目标的最终决定权仍在领导者手里;从沟通来看,领导者采用的是一种双向的交流方式,并及时提供反馈;从监督来看,领导者过问和检查的频率非常低;从解决问题的角度来看,领导者鼓励团队成员自己解决问题,不到万不得已,不会进行协助。

在酒店管理工作中,经理往往会采用多种领导风格来应对不同的情况和不同的员工。

员工的差异性主要表现为工作能力和工作意愿有强有弱,而且员工的意愿是不断变化的。根据员工进入酒店后能力与意愿的变化,可将其成长历程分为四个阶段,在每个阶段,领导者要采用不同的领导方式。在员工不同发展阶段的领导方式如表4-4所示。

表4-4 在员工不同发展阶段的领导方式

阶　　段	员工特征	适用的领导方式	不适用的领导方式
第一个阶段	能力弱 意愿强	指挥型 教练型	支持型 授权型
第二个阶段	有些能力 有变动的意愿	教练型 支持型	指挥型 授权型
第三个阶段	能力较强 有变动的意愿	支持型 授权型	指挥型 教练型
第四个阶段	能力强 意愿强	授权型	指挥型 教练型 支持型

在第一个阶段,下属的工作积极性和热情都很高,但能力很弱,容易听从指挥,而且他对公司情况不了解,最容易信任的人就是领导者,因此,领导者对他下达的命令非常容易得到其认同。这个时候,领导者采取指挥型的领导方式是最好的。这可以把下属的高意愿充分地利用起来,弥补他工作能力的不足。所以指挥型的领导方式最适合处于第一个阶段的员工。

在第二个阶段,领导者可以通过做下属的教练,帮助下属尽快地提高工作能力。新员工刚进入公司,工作意愿很强,充满激情。过了一段时间,当他发现这个公司不像他想象中那么好时,他就会感觉到沮丧。当他的激情消退和工作意愿下降时,领导者要不断地激励他,使他的工作意愿快速回升。

在第三个阶段,下属的工作能力已经比较强了,而且有变动的意愿,这时领导者就要转换为一个支持者,让员工自己解决工作中的问题,充分激发他的积极性,使他的工作状态保持在一个较高的水平上。所以此时支持型的领导方式最适合。

在第四个阶段,员工的能力强、意愿强,很显然,指挥型、支持型、教练型的领导方式都不适合这个阶段。这时候领导者应该信任他,给予他充分的授权。

员工的阶段性表现也不是绝对的,有时新来的员工属于能力强、意愿强的人,这要求领导者针对具体对象采用不同的领导方式。例如,对高学历但实际能力稍差的人采用指挥型的领导方式,对能力强但工作意愿不高的人采用授权型的领导方式。

另外,基于团队的不同发展阶段,我们也可以采用四种不同的领导方式。指挥型的领导方式适用于团队发展的第一个阶段(创立期),第一个阶段的特征是生产力比较低,但士气非常高。教练型的领导方式恰好对应团队发展的第二个阶段(动荡期),因为第二个阶段冲突不断,建议监督的频率应维持在一定的范围内,不宜过低。支持型的领导方式适用于团队发展的第三个阶段(规范期),此时生产力较高,而士气处于波动的状态。当团队发展到第四个阶段(执行期)时,领导者就可以用授权型的领导方式了。

第三节 提高领导素质

领导者的素质是指领导者必备的素养、品质和能力的综合,包括思想素质、知识素质、专业技能、身体素质和心理素质等。酒店管理人员是酒店的中坚力量,他们的素质是直接影响酒店企业生存和发展的重要因素。

一、领导素质不高的典型表现

国外的一项调查显示,酒店业的绝大部分员工认为他们酒店的经理素质不够高。在中国没有这样的调查,但是经理、主管素质不高的情况也是存在的。领导者素质不高往往有以下典型表现:①拒绝承担个人的责任,常把错误归结于下属;②不能有效地进行人力资源配置,不能给员工一个很好的职业发展机会;③好像每天都在忙,但不知道如何合理地调配时间;④总是在要求自己的下属,自己却不能以身作则;⑤牢牢把握权力,所有事情都亲自过问;⑥不能兑现自己的承诺;⑦对员工不公平,当众批评员工;⑧有意识或无意识地和一些部门形成对立;⑨不允许有不同的声音,打压那些与自己对着干的下属;⑩有时把人性化管理当成"人情管理";⑪说下流话;⑫对下属约束太多,激励不够;⑬总是用"标准化"的方式对待所有的员工,不考虑员工的个性差异;⑭滥用手中的权力等。

知识活页　　不受员工欢迎的十类领班

二、领导者的素质要求

我国对领导者的素质要求一般包括政治思想、文化知识、领导能力、思想作风、年龄体质五个方面。基于不同的文化背景,不同国家和地区对领导者的素质要求的侧重点有所不同。比如,日本企业界对领导者的思想素质要求较高,他们认为优秀的领导者应该具备使命感、责任心,忠诚老实,有进取心,有忍耐性,具备公平、热情、勇气等品质。一般来说,卓越的领导者应具备的素质包括:有坚定方向、有时代意识、长于合作、智于决策、巧于组织、敢于授权、善于应变、勇于负责、敢于创新、敢担风险、尊重他人、品德高尚等。

在酒店企业中,领导者尤其要具备的素质包括:自知、自信、自强,有责任感,诚信,成就动机强,乐观宽容,开放,丰富的专业知识,突出的专业能力(如分析能力、判断能力、沟通能力、创新能力等),身心健康、充满活力。

（一）自知、自信、自强

领导者首先要能发现自我（我的信念、我的才能、我的自信心），正确地认识自我，对自己充满信心，不断地发展自我，建立个人愿景，保持创造性张力，改变性格障碍，不断学习，坚定信念，从每天的工作中获得成功的喜悦。

（二）有责任感

员工喜欢有责任感的领导者，不喜欢把功劳归结于自己、把错误归结于下属的领导者。聪明的领导者要勇于承认错误，勇于承担责任，这样才能够得到员工的尊敬。

同步案例　　承担火灾责任

有一位厨师离开厨房去用餐时没有熄火，等他回来时，值班经理、大堂副理、总经理、行政总厨等人全都来了，挤满了厨房。原来，有火情出现，响起了火警，整个酒店铃声大作。由于火情不严重，火很快就被扑灭了。这时，大家都在问怎么回事。这位厨师站在众人的面前说自己忘了关火，可是他的声音非常小，没有人听得到。这时候，他的主管站了出来，说火灾是因为自己走的时候忘了关火造成的，请大家都回去，自己的检讨报告会在下班之前交上去。这位厨师对主管的感激之情油然而生，于是更加勇敢地承认了自己的过错。

（资料来源：根据相关资料整理。）

思考：如果你是这位厨师，你会怎么做？

（三）诚信

领导者素质不高的一个突出表现是缺乏诚信，诚信主要源于品性和习惯。优秀的酒店领导者一定会履行自己的诺言，所以在做出承诺的时候要三思而行，不要轻易承诺，一旦做出承诺，就一定要履行。

（四）成就动机强

强烈的成功欲是完成一项工作的决定因素。领导者要用实际行动向员工表明自己有很强的成就动机，同时希望员工也有这种成功的愿望。这样才能够为自己和员工设立一个比较高的期望值，由此促使自己和员工共同奋斗。

（五）乐观宽容

领导者要能够面对客人的刁难，能够面对工作中的委屈，能够正确对待他人的不尊重行为，能够冷静、客观地看待他人的不理解，要心胸开阔、乐观向上，要能很好地控制自己的情绪和行为。

（六）开放

领导者要有开放的思想，愿意接受新事物、新观念，乐于向他人请教，能够听取上级或他人的意见,对下属实行开放政策,欢迎员工提建议。

(七)丰富的专业知识

现代企业都倡导"终身学习",优秀的领导者深知教育的价值,他们能不断地学习,不断地提高自己的文化水平及专业技能。

(八)突出的专业能力

(1)要提高分析能力。一个优秀的领导者,总是在危机发生之前就能找到很多解决问题的方法,防患于未然。酒店领导者可以将自己的工作业绩和其他部门的领导者进行比较,发现自己的优势和不足,不断地改进自己的工作方法。

(2)要提高判断能力。在各种可行的方案中选择最佳方案的能力,决定了一个人判断能力的强弱。较强的判断能力来自实践和积累,酒店领导者要不断地学习和积累经验。

(3)要提高沟通能力。优秀的领导者,无论是对客沟通还是内部交流,都能很好地处理客我关系和同事关系。酒店领导者要从改变观念、塑造性格、学习知识、掌握技能、勇于实践、运用技巧等方面来提高自己的沟通能力。

(4)要提高创新能力。创新能力是指运用新思维、发现新问题、提出新方案、使用新方法的一种综合能力。酒店领导者要在工作中细心观察、用心思考、开拓思维,提出新举措,不断地改进工作方法。

(九)身心健康,充满活力

酒店管理工作是一项工时长、压力大、任务杂、事务多的工作,对领导者的心理素质和身体条件都有较高的要求。酒店领导者要保持身体健康,注重生理保健,保证每天充满活力、精力充沛,以饱满的精神面貌迎接每天的工作。

如果酒店领导者能不断地依照以上各条来修正自己的行为,提升自己的专业素养,完善自己的行为方式,时刻要求上进,就会成为一名优秀的酒店领导者。

三、如何做一个优秀的基层领导

对于酒店业,基层领导负责大量的承上启下的工作,包括组织实施、督导检查、日常管理等。目前,传统酒店业以礼仪、服务为主的知识结构已经无法满足现代酒店业对基层领导的要求,那么如何才能做一个优秀的基层领导,进而成长为一名出色的职业经理人呢?

(一)"泡沫"和"海绵"——不断学习

有这么一个比喻,刚步入社会的年轻人,有的好比是"泡沫",有的好比是"海绵",大家的共同点就是没有丰富的阅历。但"泡沫"非常自满,认为自己很了不起,总是轻浮地漂在水面上;而"海绵"正好相反,它总是抱着虚怀若谷的心态,不停地吸取着各种养分,使自己不断地充实、沉淀。美丽的海底世界好似缤纷绚丽的人生,只有不断充实自己的"海绵"才能真正享受到那份别样的人生。

(二)"小女孩"和"领导者"——快速成熟

曾经有人说:女孩子发小脾气连上帝都会原谅。这话只能送给那些在父母庇护下的乖宝宝们。类似"小女孩"脾气的人是当不好一个基层领导的。基层领导应把自己的下属当作朋友和亲人,应当扮演大哥哥、大姐姐或小老师的角色,既关心又体贴,既严格又宽容;在工作上应该是"服务员的服务员",而不是"官员"。

(三)"夜郎自大"和"高屋建瓴"——树立大局观

现代酒店业的基层领导大多是从员工提拔上来的,他们普遍经验丰富但理论知识匮乏,岗位技能熟练但综合素质不高。他们解决问题主要凭感觉,一旦侥幸获得了成功,就会沾沾自喜,自以为水平很高而不及时分析总结。要科学地解决问题,透过表象来看问题,不能被表象所迷惑,要整体吸纳、局部分析、举一反三、融会贯通;先从全局着手,再进入内部解剖分析,最后再跳出来重新审视。

(四)"利己主义"和"助人为乐"——学会做人

"先做人,后做事",现在很多企业都以此为金科玉律。在酒店行业,与人相处是家常便饭,客我关系的融洽与否能影响服务质量,上下级关系、同事关系的和谐与否能影响工作质量。酒店要求工作人员团结一致,奉行利己主义在这样一个要求团队协作的地方没有市场,过强的自我意识在客人面前只会引发投诉。服务行业更应提倡助人为乐的传统美德,主动、周到、热情的服务能换来客人的灿烂笑容,对同事的支持和帮助能赢得大家的赞赏、认同。

(五)"你中有我"和"如果我是你"——懂得换位思考

服务行业有句话:我想怎样和客人想我怎样。随着酒店业的发展,客人的身份也从高高在上的"神"转变成"我们的亲人"。前面那句话也应改成"如果我是客人我会怎样想"。在为客人提供服务时,要设身处地地为客人着想。"己所不欲,勿施于人。"对客服务如此,对待下属也应该一样。

(六)"冰"和"火"——学会沟通

基层领导在日常工作中要不断地沟通,但沟通也是困扰他们的难题。和下属沟通,位微言轻,没人买账;和客人沟通,地位不平等,不能奢求客人的理解;和领导沟通,想法很多,但顾忌也很多。基层领导不能把自己当作一块冰,也不能把对方当作一块冰。工作中产生矛盾在所难免,关键是如何对待。如果坚持"我是领导,我不能主动找他(她)""他(她)不主动和我打招呼,我就不理他(她)",矛盾就会变成积怨,员工和领导的距离就会越拉越远,无意之间,领导就成了那块"冰"。反过来,把自己变成一团"火",关心下属,放下架子,抛开面子,用真诚去博得对方的理解和尊重。

(七)"撒手掌柜"和"老妈子"——讲究工作方法

很多基层领导在工作中都会遇到这样的问题:安排的工作下属做不好,什么事都得靠自己;卫生不合格要返工;交接班记录丢三落四……基层领导如果整天从早忙到晚,将每一个下属的工作全部检查一遍,跑前跑后,加班加点,就会活得像一个"老妈子",结果往往事与愿违。领导者要学会用制度管人,要学会调动下属的主观能动性,要学会抓大放小,把握关键,学会做"撒手掌柜"。

第四章 领导技能

核心关键词

领导者	leader
酒店领导者	hotel leader
领导者影响力	leadership influence
权力性影响力	authority influence
非权力性影响力	non-authority influence
领导风格	leadership style
领导素质	leadership quality

思考与练习

1. 领导者的影响力包括哪些方面？
2. 影响领导者的影响力的因素有哪些？
3. 如何运用领导的权力性和非权力性影响力？
4. 传统的领导风格有哪些，各自有什么特点？
5. 如何形成自己的领导风格？
6. 以自己为研究对象，分析如果你作为领导者可能存在哪些不足，将如何改进？

案例分析

欧阳已在某酒店餐饮部工作了8个月，现任领导因个人问题提出辞职，欧阳接替其职位，担任西餐厅A区的领班。该区域的员工构成如下：

(1) 欧阳的同班同学小李，比欧阳早2个月入职。
(2) 刚上岗一周的旅游专业的中专实习生小刘。
(3) 在酒店工作了近一年的小王、小赵，其中小王在欧阳刚入职时带过她。
(4) 先后从其他酒店应聘过来的小苏和小郑，已入职6个月。
(5) 从人才市场上招聘的小龙，这是他的第一份工作。
(资料来源：根据相关资料整理。)

分析题：
请你从领导者的角度出发，给欧阳一些好的建议，使他更好地开展工作。

第五章

激励技能

教学目标

◆了解激励的原理、理论及应用;
◆掌握酒店管理工作中的激励技巧。

学习内容

学习激励原理,了解马斯洛的需要层次理论和赫茨伯格的双因素理论及其在酒店管理中的运用,掌握激励的原则和方法。

第一节 激励的原理、理论及应用

一、激励的内涵与功能

（一）激励的内涵

激励是指管理者针对下属的需要，采用外部诱因进行刺激，运用各种有效手段激发人的热情，调动人的积极性、主动性，使之发挥创造精神和潜能，使其向组织所期望的目标努力的过程。激发人的积极性、主动性是一种内部心理过程，这种心理过程不能直接被观察到，只能从行为和工作绩效上进行衡量和判断。激励包括以下四个基本要素。

1. 激励方向

激励方向是指激励的针对性，即针对什么样的内容来实施激励，它对激励效果有显著影响。激励员工的因素可以是物质上的利诱，也可以是精神上的鼓励，并在实际的工作中表现为多种形式。

2. 激励时机

激励时机是指对激励对象施以刺激的时间，应根据员工的具体需要而定，在员工最需要的时候进行激励，其效果最好。

3. 激励频率

激励频率是指在一定时期内对激励对象施以刺激的次数。激励的次数要恰如其分，过多或过少都达不到应有的效果。

4. 激励程度

激励程度是指对激励对象施以刺激的程度。激励手段越符合员工的需要，刺激的程度就越深。

（二）激励的功能

激励在酒店管理中的功能主要体现在以下几个方面。

1. 调动积极性

企业的目标是靠人的行为来实现的，而人的行为是由积极性推动的，激励有助于将个人的目标导向企业目标。

2. 激发潜能

员工身上还有很大的潜力未被开发，如果我们把注意力集中在运用激励手段鼓舞员工士气上，很多看似不可逾越的困难和障碍很可能会迎刃而解。哈佛大学的威廉·詹姆斯教授曾发现，部门员工一般仅需发挥出20％～30％的个人能力，就足以保住饭碗而不被解雇；如果受到充分的激励，其工作能力能发挥出80％～90％，其中50％～60％的差距由激励的作用所致。这一定量分析的结果不得不让我们深思。

3. 提高员工素质

通过激励来控制和调节人的行为趋向，会给学习和实践带来巨大的动力，会不断提高个人素质。如对精诚敬业、业务熟练、贡献突出的员工进行奖励,对马虎应付、没有业绩、屡教不改的员工给予适当的惩罚,有助于全体员工业务素质的提高。

4. 增强组织的凝聚力

行为学家的研究表明:对一种个体行为的激励,会导致某种群体行为的产生或消除。也就是说,激励不仅直接作用于个人,还间接影响其周围的人。激励有助于营造一种竞争氛围,对整个组织都会产生至关重要的影响。

二、激励的原理

人类的行为不外乎是为了满足需要,只要有足够的诱因,便能够产生动机并引发行动。这个由需要、动机、行为、目标四个变量组成的关系模式,我们称之为简单激励模式,如图5-1所示。

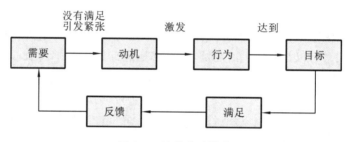

图 5-1 简单激励模式

其中,需要与动机属于机体变量。需要意味着人体内部的匮乏,它会使人感到生理失衡或心理紧张,进而使人体内部产生驱动力,这种内驱力就是行为的动机。目标是激励变量,是支配有机体的反应发生的刺激条件和因素,包括可以变化与控制的自然与社会的环境刺激。目标是行为的导向,既可以是物质性的,也可以是精神性的。行为属于反应变量,是指刺激变量与机体变量在行为上引起的变化。人的行为既有共同性,也有差异性。

这一模式的心理机制是刺激变量引起机体变量,机体变量影响反应变量。具体来说,人受到刺激就会产生需要,需要不被满足时,就会引起心理紧张,并产生寻找目标以满足需要的驱动力,由此激发了动机,产生持续不断的兴奋,从而引起积极的行为反应;当目标达到之后,经反馈又强化了刺激,如此周而复始,连续不断。

这一模式可以概括为需要引起动机,动机诱导行为,行为实现又会产生新的目标。从这个过程我们可以得出以下几个结论。

第一,每个人的需要各异。有人强调安全的需要,有人则希望获得尊重。

第二,每个人的激励诱因各不相同。例如,就受尊重的需要而言,有人希望做具有挑战性的工作,有人则希望提升自己的地位。

第三,诱因若无法满足需要,则不能产生动机。例如,实现工作目标只能获得口头嘉许而不能获得升迁,这对一个希望升迁的员工而言缺乏吸引力。

第四,满足了个人的需要并不代表组织目标能实现。例如,有些员工只求钱多、事少、离家近,满足了这类的需要并不意味着组织目标可以实现。

三、激励理论及应用

激励理论是关于如何满足人的各种需要,调动人的积极性的原则和方法的概括总结。激励的目的在于激发人的正确行为动机,调动人的积极性和创造性,充分发挥人的才智,做出最好成绩。20世纪30年代以来,国外许多管理学家、心理学家和社会学家结合现代管理的实践,提出了许多激励理论。下面主要介绍以内容型激励理论、过程型激励理论和行为改造理论等为代表的经典理论。

(一) 内容型激励理论

内容型激励理论是指针对激励的原因与起激励作用的因素的具体内容进行研究的理论。这种理论着眼于满足人们需要的内容,即人们需要什么就满足什么,从而激起人们的动机。内容型激励理论重点研究激发动机的诱因,主要包括马斯洛的需要层次理论、麦克利兰的成就激励理论和赫茨伯格的双因素理论等。

1. 马斯洛的需要层次理论

马斯洛认为,每个人都有一套复杂的需要系统,按需要的先后顺序,可将这套复杂的需要系统从低到高划分为五个层次。

第一层次,生理需要。生理需要是人们生存的最基本需要,包括衣、食、住、行、性。

第二层次,安全需要。安全需要是保护自己免受身体和情感伤害的需要,包括对人身财物安全、生活稳定、职业保障,以及免受痛苦、威胁或病痛折磨等方面的需要。

第三层次,社交需要。社交需要又称爱和归属需要,包括友情和爱情、归属和接纳两方面的需要。

第四层次,尊重需要。内部尊重包括自尊、自主和成就;外部尊重包括地位、认可和关注。

第五层次,自我实现需要。自我实现需要是指能不断成长与发展,能从事和自己能力相称的工作,能发挥自己的潜能,能成为自己想要和应该成为的那种人,这是一种追求个人能力极限的内驱动力。

马斯洛理论中的需要层次如图5-2所示。马斯洛认为:通常只有当低层次的需要得到满足后,高层次需要才能对人起激励作用;一个人在同一时期内可能同时存在几种需要,但总有一种需要占支配地位;低层次需要比较客观,是从外在的物质方面获得满足,高层次需要是从内在的精神方面寻求满足,越是高层次的需要越难得到满足。

马斯洛的需要层次理论启示管理者:在工作中要了解员工的真正需要,找出相应的激励因素,采取积极的激励措施来满足不同层次的需要,以引导员工的行为,实现组织目标。值得注意的是,人们的需要并不是一成不变的,也不是一经满足就再也不发生变化了。

2. 麦克利兰的成就激励理论

与马斯洛的需要层次理论不同,麦克利兰不讨论基本生理需要,他主要研究人在基本生理需要得到满足的前提下,还有哪些高层次需要。他研究的对象是一些层次比较高的人,这些人的生存条件和物质需要得到了相对的满足。他认为权力需要、关系需要和成就需要是人的三种高层次需要。

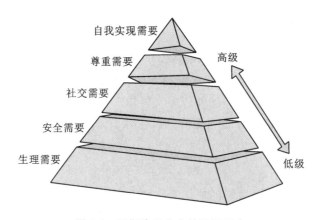

图 5-2 马斯洛理论中的需要层次

1) 权力需要

具有强烈权力需要的人,常常希望获得更多的权力。他们对施加影响和控制他人往往表现出很大的兴趣,这样的人希望担任领导者,也有一定的才干和水平。

麦克利兰将组织中管理者的权力分为两种:一种是个人权力,追求个人权力的人表现出来的特征是围绕个人需要行使权力;另一种是职位性权力,它要求管理者与组织共同发展,自觉地接受约束,从行使权力的过程中得到满足。

2) 关系需要

具有强烈关系需要的人通常能从友爱、情谊和人际交往中得到快乐和满足,并总是设法避免因被某个组织或社会团体拒之门外而带来的痛苦。

注重关系需要的管理者容易因为攀交情和讲义气而违背或不重视管理工作的原则,从而导致组织绩效的下降。但如果将关系需要强烈的人安排在需要众人合作的工作岗位上,工作效率将大大提高。

3) 成就需要

具有强烈成就需要的人,把做好工作和取得成就看作人生最大的乐趣,能从工作成就中获得极大的满足,他们追求的是成功本身而不是成功后所获的报酬。

在大量研究的基础上,麦克利兰对成就需要与工作绩效的关系进行了具有一定可信度的总结:

(1) 有高成就需要的人更喜欢具有挑战性,能够获得工作反馈和适度冒险的环境,当具备了这些条件后,高成就需要者的激励水平会很高。

(2) 有高成就需要的人不一定就是一个优秀的管理者,尤其是在一个庞大的组织中,高成就需要者感兴趣的是他们个人如何做好工作,而不是如何影响他人。

(3) 友谊需要和权力需要与管理者的成功密切相关,最优秀的管理者有高权力需要和低友谊需要。

(4) 有高成就需要的人并不完全是天生的,组织可以通过训练来激发员工的成就需要。

3. 赫茨伯格的双因素理论

双因素理论又称激励保健理论,是由美国的行为学家弗雷德里克·赫茨伯格提出来的。这一理论不像马斯洛的理论那样由纯理论性研究得来,而是通过调查研究得出的。根据调查所得的大量资料分析,他发现了影响人们积极性的两类不同的因素:一类是激励因素,另一类是保健因素。只有激励因素才能够给人们带来满意感,而保健因素只能消除人们的不满,但不会带来满意感。传统模型与双因素模型的区别如图5-3所示。

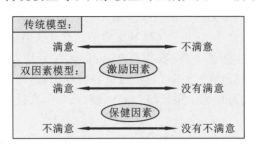

图 5-3　传统模型与双因素模型的区别

使员工感到非常满意的因素主要是工作富有成效,工作成绩得到认可,在职业上能得到发展等。这类因素一般都是由工作本身产生的,它们的改善往往能够调动员工的积极性和热情,使员工从内心深处受到鼓舞,是一种促使人上进的因素,可达到激励的效果,所以被称为"激励因素"。造成员工不满意的原因,主要是由外界的工作环境所引起的,如企业的政策、行政管理、工资水平、工作环境、劳保福利等。这些因素改善了,只能减少人们对工作不满意而造成的损失,但不能使员工变得满意,也不能激发其积极性,以及促进产量的增长,这一类因素被称为"保健因素"。

赫茨伯格认为,有保健因素,员工就不会不满意;没有保健因素,员工就会不满意。例如,酒店给员工提供了住宿条件,员工就不会不满意;如果不提供住宿条件,员工就会不满意。有激励因素,员工就会满意;没有激励因素,员工就不会满意。例如,在一个班组的员工中要提拔一名主管,被提拔的员工会感到满意,没有被提拔的员工不会满意。这里面的难点是要理解"不会满意"和"不会不满意"。赫茨伯格的观念有其独特性,它给管理者的启示有以下两点。

(1) 应提供充分的保健因素以消除不满。如果不满情绪出现,将会严重影响员工的工作积极性,降低工作效率。不要因为保健因素不能产生强烈的工作动机,就觉得其可有可无。

(2) 激励因素是非常重要的,它是调动员工积极性、主动性、创造性,使他们增强责任感的最重要、最基本的内在因素。扩大工作范围,使工作内容丰富多彩,进行职业生涯设计等,都可以起到激励作用。

(二) 过程型激励理论

过程型激励理论重点研究从动机的产生到采取行动的心理过程,主要包括弗洛姆的期望理论和亚当斯的公平理论。

1. 弗洛姆的期望理论

期望理论又被称作效价—手段—期望理论,是北美著名心理学家和行为学家维克托·弗洛姆于1964年在《工作与激励》中提出的。期望理论按照人们的期望来解释激励问题。需要本身是一种动力,但需要在未被满足之前,对需要者来说只是一种期望,可以说,需要作为一种动力是通过期望表现出来的。动力的大小与期望的大小成正比,其表达公式为:动机力量＝期望值×效价,简写为 $M=E \times V$。

其中,动机力量是指动机的强度,即调动人的积极性和激发人的内在潜力的力度,它是指为达到预先设置的目标而努力的程度。期望值是指人们对某种具体行为可能会得出某种具体结果的概率估计,其数值为0～1。这种概率值的估计是主观的,受每个人的个性、情感、动机的影响。个体认为可能性越大,积极性就越高;个体认为是根本实现不了的目标,即使价值很高,也起不了调动积极性的作用。效价也称目标价值,是指一个人对某种特定结果的偏好程度,或者说是一个人对行为结果或目标的评价,即一个人认为某种行为方案的结果对他有多大的价值。

对同一个人来说,不同的目标具有不同的价值;对同一个目标来说,不同的人具有不同的价值;同一个人在不同的环境下也具有不同的价值。一般来说,人们的普遍心理是,把目标价值看得越大,目标的吸引力就越大,行为的积极性就越高。

期望理论作为一种很有影响的激励理论,具有重要的实践意义,应用期望理论时要注意以下几个方面:第一,目标能够激励人心,要让员工认为目标是可以实现的;第二,效价兼顾组织与个人;第三,期望值估计恰当。期望值估计过高,目标难以实现,人易遭受挫折;期望值估计过低,人会因悲观而泄气。这两种情况都不利于调动人的积极性,都达不到激励效果。

期望的结果往往并不等于现实的结果。酒店督导在管理工作中应当通过环境条件的改变,调整期望与现实之间的关系,有效地调动员工的积极性。期望与现实存在以下三种关系。

(1) 期望＜现实,即实际的结果大于预期的结果,对当事人来说,这有助于提高积极性。因为现实高于期望会使员工喜出望外,容易增强动机,所以在正强化时应降低员工的期望值,同时创造条件提高现实值。

(2) 期望＝现实,即人们的期望变为现实,这种情况有利于调动人的积极性。但是,若没有进一步的激发,积极性往往只维持在原期望值的水平,甚至会逐渐消退。

(3) 期望＞现实,即实际结果小于预期结果,在正强化的条件下,它会使人因失望而产生消极情绪,导致积极性下降,即我们平常所说的期望越大,失望越大。在实际工作中,有些领导者封官许愿,随意表态,结果做不到,造成不良后果,原因就在此。但是,在负强化情况下,若期望值高于现实值,则会收到良好的效果。因为这时人们做好了最坏的准备,结果却比预期好得多。例如,员工犯了错误,本来是要被开除的,但若能主动承认错误,又能以实际行动来改正错误,酒店就会让他留店察看。这会使员工产生感激之情,自然会调动其工作积极性。

2. 亚当斯的公平理论

公平理论又称社会比较理论,由美国心理学家约翰·斯塔希·亚当斯提出,主要研究人的动机和知觉关系,该理论认为员工的激励程度来源于对自己和参照对象的报酬和投入比例的比较。

亚当斯的公平理论认为:组织中的员工都有估算自己的工作投入和获得报酬的倾向,他们不仅关心自己报酬的绝对值,也关心自己报酬的相对值。每个人都会自觉或不自觉地把自己付出的劳动和所得的报酬同他人付出的劳动和得到的报酬进行社会比较,也会把自己现在付出的劳动和所得的报酬同自己过去付出的劳动和所得的报酬进行历史比较。当他们发现自己的收支比例与他人的收支比例相等或自己现在的收支比例与过去的收支比例相等时,他们便会产生公平感,其工作动机就会增强;否则,便会感到不公平,从而影响工作积极性。

不公平感会使人紧张、委屈、气愤、心理不平衡。人们通常通过以下六种方式来重新确立公平感:①改变投入;②改变报酬;③改变对于投入或报酬的知觉;④改变他人的投入或成果;⑤改变参照人;⑥离开这种环境。

同步案例　　猎狗的思考

一条猎狗将兔子赶出了窝,并一直追赶兔子,追了很久仍没有追到。牧羊犬看到此种情景,讥笑猎狗说:"你们两个之间个头小的反而跑得快。"猎狗回答说:"你不知道,我们两个的跑是完全不同的!我仅仅为了一顿饭而跑,他却是为了性命而跑呀!"

这话被猎人听到了,猎人想:"猎狗说得对啊!我要想得到更多的猎物,得想个好法子。"于是,猎人又买来几条猎狗,并定下规矩,凡是能够在打猎中捉到兔子的,就可以得到几根骨头,捉不到的就没有饭吃。这一招果然有用,猎狗们纷纷努力去追兔子,因为谁都不愿意看着别的狗有骨头吃,而自己没有吃的。

过了一段时间,问题又出现了。大兔子非常难捉到,小兔子好捉。但捉到大兔子得到的奖赏和捉到小兔子得到的奖赏差不多,猎狗们善于观察,发现了这个窍门,于是专门去捉小兔子。慢慢地,猎人都发现了这个窍门。猎人对猎狗说:"最近你们捉的兔子越来越小了,为什么?"猎狗们说:"反正得到的骨头没有太大的区别,为什么要费那么大的劲去捉那些大兔子呢?"

(资料来源:根据相关资料整理。)

分配的公平感是一个强有力的激励因素,以下建议或许有助于建立组织中的公平感。

(1)确立组织的价值观念,统一对公平的认识。破除"大锅饭"的平均主义观念,使员工认同以绩效为基础的分配方式。

(2)建立合理的绩效评价体系,制定衡量贡献的尺度和标准。有了公平观念还不够,还要有可供操作的绩效评价方法和标准,同时使员工了解组织是如何定义和评价绩效的。对酒店来说,建立科学合理且能让员工接受的绩效评价体系是非常必要的。

(3)坚持公开的原则,分配程序要公开。及时公布考核标准和分配方案,使多得的员工理直气壮,少拿的员工也心服口服。研究表明:程序公开,员工即使对工资、晋升和个人报酬不满意,也能以积极的态度看待管理者和组织。

此外,员工对公平的感知可能有道理,也可能没有道理。但是,不管这种感知是准确的还是歪曲的,只要员工感到不公平,就会影响其在工作中的行为。因此,管理者可以通过收集数据和访谈,检测员工对他们的投入和所获报酬的评价,确认员工所选择的参照对象以及评估员工对产出的知觉,同时可以发现他们做出的错误绩效比较。一旦发现错误的感知,管理者就可以对他们进行开导,这样就可以使员工在报酬体系中重新获得公平感。

(三) 行为改造理论

行为改造理论认为激励的目的是改造和修正行为,它研究如何通过外界刺激对人的行为进行影响和控制,主要包括斯金纳的强化理论和亚当斯的挫折理论。

1. 斯金纳的强化理论

强化理论是美国心理学家和行为学家斯金纳提出的一种理论,也叫操作条件反射理论、行为修正理论。斯金纳的强化理论着重研究个体外在的行为表现,强调人的行为结果对其行为的反作用。若行为的结果有利于个体发展,这种行为便会加强并重复出现;若行为的结果不利于个体发展,这种行为便会消退和终止。

强化理论认为人的行为可分为应答性行为与操作性行为两大类。应答性行为是由环境的刺激所引起的;操作性行为是个体在内部需要的激励下产生的。人的行为主要是操作性行为,因此,操作性行为是研究的主要对象。

在酒店企业管理中运用强化理论时应注意以下五个方面。

(1) 应以正强化方式为主。

设置鼓舞人心的目标,注意将企业的整体目标与员工个人目标、最终目标和阶段目标等相结合,并对在完成个人目标或阶段目标中做出明显贡献者,给予及时的物质和精神奖励,以求充分发挥强化作用。

(2) 采用负强化(尤其是惩罚)手段要慎重。

在运用负强化时,应尊重事实,讲究方式方法,处罚依据要准确公正,这样可尽量消除其副作用。将负强化与正强化结合一般能取得更好的效果。

(3) 注意强化的时效性。

采用强化的时间对于强化的效果有较大的影响。一般来说,强化应及时。及时强化可提高安全行为的强化反应程度,但须注意,及时强化并不意味着随时都要进行强化。不定期的非预料的间断性强化,往往可取得更好的效果。

(4) 因人制宜,采用不同的强化方式。

由于人的个性特征及其需要层次不尽相同,不同的强化机制和强化物所产生的效果会因人而异。因此,在运用强化手段时,应采用有效的强化方式,并随着对象和环境的变化而做出相应调整。

(5) 利用信息反馈增强强化的效果。

信息反馈是强化人的行为的一种重要手段,定期反馈可使员工了解自己的绩效,既可使员工得到鼓励、增强信心,又有利于及时发现问题、分析原因、修正行为。

2. 亚当斯的挫折理论

挫折理论是由美国的亚当斯提出的,挫折是指人类个体在从事有目的的活动过程中,指向目标的行为受到阻碍或干扰,致使其动机不能实现,以及需要无法满足时所产生的情绪状态。挫折理论主要揭示人在动机行为受阻而未能满足需要时的心理状态,并由此而导致的行为表现,力求采取措施将消极性行为转化为积极性、建设性行为。

在酒店服务与管理活动中,员工受到挫折后,所产生的不良情绪状态及伴随的消极性行为,不仅对员工的身心健康不利,还会影响服务质量和企业运作。对此,可以采取的措施包括:①帮助员工用积极的行为适应挫折,如合理调整无法实现的行为目标;②改变受挫员工对挫折情境的认识和评价,以减轻挫折感;③通过培训提高员工工作能力和技术水平,增加个人目标实现的可能性,减少挫折的主观因素;④改变易引起员工受挫的工作环境,如改进工作中的人际关系,实行民主管理,合理安排工作和岗位,改善劳动条件等,以减少受挫的客观因素;⑤开展心理保健和咨询讲座,消除或减轻心理压力。

第二节　工作中的激励技巧

在日常工作中常常会出现这样的现象:员工每天上班总是打不起精神,缺乏工作积极性和主动性;工作期间效率不高,质量不好;员工流失率高……酒店管理者要想留住人才,提高效率,就必须有一套完备的激励机制。

一、工作中激励的原则

(一)目标一致原则

企业的目标与员工的需要应该一致。只考虑企业的目标,忽视对员工需要的满足,这样的目标没有激励作用;只考虑员工需要的满足,忽视其与企业目标的关联性,可能会产生与企业目标无关的行为,这样的激励也就失去了意义。

(二)物质与精神兼顾原则

物质需要是人类最基本的需要,人的许多精神需要也要有一定的物质基础作为支撑;但是只讲物质不讲精神,就会导致拜金主义和精神空虚。北京长城饭店的员工每天下班的第一件事就是到业绩榜前,查看代表自己的卡通头像升到了什么位置,这种低成本、高效用的激励方式不能不让人佩服。酒店可以设置荣誉奖项并给予一定的物质奖励,如创新奖、优秀员工奖、最佳服务奖、服务质量奖、突出贡献奖、客人满意奖、微笑奖等,名号和头衔可增加员工的荣誉感。

同步案例　　"001"工号牌

安徽芜湖市中心有家铁山宾馆,宾馆老总是个闲不住的人,他每天在花园似的宾馆里来回巡视多次,对广大员工和常住客人来说,"001"这个工号太熟悉了。然而到了1990年,老总胸前的工号牌变了,由原来的"001"换成了一个再也普通不过的工号"224"。这是怎么回事呢?宾馆的老员工都明白,但刚进宾馆的新员工以及新老客人就弄不懂了，"001"作为企业主要负责人的专属工号，这似乎成了一条不成文的规定，而"224"似乎应该是普通员工的工号。

事情要从那年宾馆在全馆范围内开展的一次创优质服务活动说起。活动结束后，宾馆领导发动全体员工评选"最佳服务员"，结果客房部服务员刘景洪被评上了。就在那次表彰大会上，老总亲自把自己的工号牌别到了小刘的胸前，并强调这么做的用意是在全馆真正形成"服务至上"的风气。从那一年起，铁山宾馆有了一条与众不同的不成文规定：每年获得最佳服务员称号的员工都将由老总为其佩戴"001"工号牌和大红花；在临时工转正或晋升时，最佳服务员会被优先考虑。

（资料来源：根据相关资料整理。）

（三）奖惩并用原则

奖惩的目的是一致的，只是手段不同。对于员工的正确行为给予肯定和鼓励，对有成就的员工给予奖励，这不仅能使被肯定者和受奖励者本人看到自己的努力与成绩得到酒店的肯定，同时又能使周围的人受到鞭策和鼓励。同样，对不良行为给予处罚，不仅可以使员工本人从中吸取教训，也可以使周围的人受到教育。

奖惩并用，不等于奖惩并重。酒店对员工进行激励时，除了坚持奖惩并用的原则，还应坚持以奖为主，以罚为辅的原则。原因有以下三个方面。第一，任何一位员工都是矛盾的统一体，他既有积极的、正确的一面，也有消极的、错误的一面。但是，对大多数员工来说，前者是主流，后者是支流。第二，从员工的心理趋向来看，人心趋向美好事物，每个人都希望自己的表现得到认可。酒店管理者在激励员工的时候，充分肯定其成绩，不仅会给他带来心理上的满足，而且会使他有明确的是非观念并为取得更好成绩而努力工作。第三，惩罚有时会造成不良影响，过分惩罚会使人产生挫折感，且惩罚不能让人觉悟。因此，惩罚只能作为辅助手段。

（四）按需激励原则

激励的起点是满足员工的需要，但员工的需要存在着个体差异和动态性。因此，酒店进行激励时，要因人而异，因时而异，切不可犯经验主义错误。酒店必须深入地进行调查研究，不断了解员工需要层次和需要结构的变化趋势，有针对性地采取激励措施，才能收到实效。例如，年轻员工比较重视拥有自主权及创新的工作环境，中年员工比较重视工作与生活的平衡及事业发展的机会，年龄较大的员工则比较重视工作的稳定性。女性员工相对而言对报酬更为看重，而男性员工则更看重企业和自身的发展前景。

一些酒店出现奖金越发越多，而员工出勤率越来越低的现象，这正是酒店违背按需激励原则而尝到的苦果。只有不断研究并采用有的放矢的激励方法，才能使激励产生良好的效果。

（五）"三公"原则

公平理论告诉我们，激励必须公平、公正、公开。如果忽视了这一点，就会挫伤员工的积极性。如果激励时掺入主观因素，激励非但收不到实效，还会滋生不良风气。激励要做到公平、公正、公开,管理者切忌凭主观臆断和喜恶来评价员工,必须对每位员工一视同仁、赏罚严明、不分亲疏,这样才会形成竞争向上的工作氛围。

（六）及时适度原则

首先,激励必须及时。迟来的激励可能会让员工觉得多此一举,失去激励意义,及时的激励才能起到强化作用。其次,激励要适度。过多的奖励和表扬都会使受奖励的员工心有不安,同时也会给其造成较大压力,尤其是在风气不好的企业,其他员工可能会由开始时的疑惑,发展为对他采取敌对的态度或有意地孤立他。过重的处罚会让员工认为管理者是在有意为难他,使他丧失改正缺点的信心,严重时还有可能造成双方情绪上的对立。

（七）持久性的激励机制原则

激励机制与激励事件不同,激励机制要有持久性。召开振奋人心的会议,进行热情洋溢的讲话,这些都是激励事件,有些还颇为奏效,但其不能产生像激励机制那样持久的效果。激励机制的目标是持续运作,可以维持数十年,所以理念始终都是最重要的。例如,北京长城饭店提出的"三种关爱理念——关爱生意、关爱顾客、关爱员工",在很长的时间内持续发挥激励作用。

（八）意外激励原则

在定期奖励的同时,要增加不定期奖励,以抑制员工因固定奖励模式而产生的惰性心理。酒店应建立无制度的心理契约,这样员工不知道谁会在什么时候得到意外的奖励,这会给员工带来意外的惊喜,让他们觉得工作有乐趣。

二、工作中激励的方法

（一）需要激励

需要激励的理论基础是马斯洛的需要层次理论。管理者要根据每一个员工不同层次的需要,选用适当的动力因素来进行激励。在当前物质条件还不是十分充足的情况下,物质激励还是很奏效的,但要把物质奖励与员工的工作成绩、工作表现以及努力程度结合起来,不能搞平均主义,否则会使奖励失去应有的作用。例如,有的酒店在进行年终奖励时,不是统一奖励某件物品,而是开出"菜单",让员工在菜单内按奖励额度自由选择,让员工能得到自己最需要的东西,以满足不同需要。

（二）强化激励

强化激励是指通过对某种行为给予肯定或否定的评价,并结合一定的强化物,以鼓励某种行为重复出现或使某种行为消除。奖金、晋升、培训等奖励就是通过正强化使员工的优良行为得以发扬;而批评、降级等处罚一定要以教育为主,使某种不良行为得到矫正,不要违背这个原则而随意滥用处罚手段。

（三）目标激励

目标激励是指通过设立明确的目标使员工了解努力的方向,从而自觉地表现出酒店所期望的行为。目标是行为的先导,要将企业的目标层层分解,为每个员工确定与酒店总体目标相联系的分目标,这会对员工的行为产生良好的导向和激励作用。需要指出的是,酒店目标也好,员工个人目标也罢,难度系数要恰当。

(四)情感激励

情感激励是指通过对下属的关爱,建立良好的感情纽带,从而激发员工的积极性。管理者和被管理者之间是朋友关系,是同事关系。如果管理者能经常关心下属,经常同下属谈心,建立朋友关系,在下属遇到困难时为其排忧解难,就会得到下属更多的回应。

同步案例　联络家属——让大家和小家成为一家

现在很多酒店十分重视和员工之间构建亲情的纽带。一些酒店设立专门部门为员工家属提供特别福利,比如在节日之际邀请家属参加酒店的联欢活动,赠送酒店特制的礼品,让员工和家属一起旅游,给员工的子女提供礼物和奖学金,让自己的员工在家属面前感到有面子,也让其家属感到温暖。

海底捞为了解决打工者子女上学的问题,在四川简阳修建了寄宿学校,因为海底捞三分之一的员工来自四川。海底捞不仅照顾员工的子女,还想到了员工的父母。优秀员工的一部分奖金,每月由公司直接寄给员工在家乡的父母。海底捞的人事政策让人力资源专家大跌眼镜,它鼓励夫妻同时在海底捞工作,而且为其提供有公司补贴的夫妻房。

(资料来源:根据相关资料整理。)

(五)榜样激励

榜样的力量是无穷的。榜样激励是指通过表彰标兵和先进人物,在企业中形成一种积极向上的氛围,形成一种学先进、赶先进、超先进的风气。树立榜样的过程也是学习榜样的过程,要用心去寻找榜样的闪光处和员工需要之间的结合点,让员工产生思想上的共鸣,这样才能使员工的内心深处有所触动。找不到结合点的榜样,对员工来说是毫无作用可言的。

领导是最直接、最有效的榜样。领导的一言一行都被员工看在眼里,记在心里。所以领导一定要以身作则,做出表率,起到模范和带头作用。

(六)工作激励

工作激励是指岗位职责与员工能力相匹配,把合适的人放在合适的岗位,激发员工的兴趣和热情;通过对员工提供工作条件和工作指导,尽量使工作丰富化,增加工作的内涵,减少工作的枯燥感。酒店服务工作复杂烦琐且一成不变,员工很容易产生厌倦感,积极性容易下降。客房服务员对客服务较少,工作内容单调。酒店可以适当调整工作内容,采取岗位轮换,甚至可由员工自己挑选合适的感兴趣的岗位。例如,某酒店帮助员工在工作上得到更多的发展,假如员工对自己的工作岗位不满意,则可以在酒店的职业计划表上登记,查询空缺岗位,看看这个岗位需要哪些技能,酒店可以在合适的时候开展交叉培训并为员工更换岗位。

（七）成长激励

成长激励是指为员工提供成长和发展的机会,使员工在得到物质奖励的同时,也使自己的能力得到不断的提升,自信心不断增强。成长的通道要多样化,同时还要为员工提供系统有效的培训,可以提拔行政职务,可以晋升技术职称,可以制定酒店内部员工星级制,可以送优秀员工去高等院校脱产学习,也可以组织优秀员工去更高星级的酒店带薪培训。

（八）差异激励

差异激励是指利用各种标志,让员工之间的差别明显化,如技术等级差别、员工星级差别等,给员工制造一定的压力,使压力变为动力。在不甘落后的心理作用下,员工会加倍努力来提高自己的级别,形成人人争先、奋发向上的局面。

（九）支持激励

支持激励比物质激励更有效、更持久。对于员工在工作中碰到的难题,企业要满腔热情地给予指导,为员工扫除前进道路上的障碍,使员工能够保持积极的工作态度,放开手脚大胆地工作,而不是抱怨和指责。

三、工作中常用的激励手段

（一）职业保障

职业保障是指员工在工作了一定年限后,酒店可以与其签订长期或终身合同。一般来说,人到了一定年龄,竞争力就会减弱,便倾向于选择稳定的职业。签订长期或终身合同,解除了员工临近退休前缺乏竞争力阶段的失业威胁,满足了他们的安全需要。职业保障还要求酒店按国家的规定,为员工落实劳动保护方面的各项政策措施。

（二）奖金

奖金是薪酬中比较灵活的一部分,与固定的工资相比,都是以货币形式表现出来的,但奖金具有更大的激励作用。人的行为是波动的,固定部分的薪金无法对波动的行为起作用,也就无法对行为进行激励,而奖金的作用正好相反,因此会产生很好的激励效果。

（三）送股

员工持有了企业的股份,与企业的关系就更加密切了。员工的身份发生了变化,从一个薪金的领取者转变成企业所有者的一分子,就会更加关心企业发展,会表现出更积极的态度,对待他人的行为和态度也会改变,会从以前的"好好先生"转变为铁面无私的主人翁。

（四）休假

休假是一种和奖金类似的激励措施。尤其是对于工龄较长的员工,酒店可以根据不同的工龄给予长短不一的休假时间;还可以在休假的同时,为员工提供旅游机会,使员工既得到休假,又满足其交往和尊重的需要。

（五）培训

大多数员工都有成长和发展的需要,他们渴望不断提高工作能力。不少员工在一个工作岗位上待久了,就希望调到更有挑战性的岗位,这就需要酒店为员工提供职业技能培训,让其适应新的工作岗位。

（六）提升

提升能够满足人们追求成功的欲望。身份和地位的改变能使员工在同事、亲人和朋友面前赢得尊重。新的岗位往往更有挑战性，能满足自我实现的需要。不难发现，人们总是喜欢在有提升机会的环境中工作，在这种环境中，员工会满怀信心，给自己制定明确的目标，努力为企业工作。

（七）表彰

表彰不仅可以满足尊重需要，而且可以告诉受表彰者"你已经在他们的前头，你与众不同"，为了保住这种势头，受表彰者会更努力地工作；同时，表彰等于向他人宣布什么是应该做的，这会激励其他员工。

（八）认可

对下属的工作给予认可，承认他们的独到见解，对他们的创造性活动表示赏识，这可以鼓舞下属的士气，让他们在感情上贴近领导者，从而激发其工作积极性。例如，有些资深的酒店总经理，在下属取得成绩时，就会给其写信，对其表现予以认可，这样往往可取得事半功倍之效。

同步案例　　对员工表示认可

在杭州华庭云栖度假酒店，针对工作满两周年的员工，酒店会组织一次忠诚聚餐，席间酒店管理层会为员工斟茶倒酒，感谢员工的辛苦付出。一旦哪位员工受到客人的口头或书面表扬，总经理还会亲自写表扬信感谢这位员工，以强化积极的行为。

在一次大型的接待活动中，人力资源部经理看到几位生病的员工仍坚持工作，便特别嘱咐食堂为他们准备了营养午餐。虽然做这些事情并不需要多高的成本，但能激发员工的工作积极性。

（资料来源：根据相关资料整理。）

（九）参与

创造各种机会与员工沟通，让员工发表意见，增进了解，要善于支持创造性建议，充分挖掘员工的聪明才智。不要轻易否定员工的建议，一旦被否定，员工可能再也不敢提建议了，积极性也会受挫。可以让建议者负责落实，并委以重任，如果建议有创意、有实效，还可以用其姓名来命名，如海尔的"云燕镜子""伍雷操作法"等。

（十）授权

授权给员工，不仅能激发员工的积极性，而且能够提高员工的工作能力。如果员工的知识和能力得不到重视，其就会丧失工作积极性，也会对外部强加的工作任务产生抵触情绪。领导者可以把不是非自己不可的工作授权给员工去做，也许他们会干得非常出色。

知识活页 餐饮企业激励员工的24个"胡萝卜"

核心关键词

激励	incentive
组织凝聚力	organizational cohesion
激励手段	incentive measures
激励机制	incentive system
激励频率	incentive frequency
激励原则	incentive principle

思考与练习

1. 简述激励的原理与启示。
2. 酒店企业为什么需要激励？
3. 试述马斯洛的需要层次理论及其在实践中的运用。
4. 赫茨伯格的双因素理论在酒店管理中有什么指导意义？
5. 简述激励的原则、方法和常用手段。
6. 调查一个酒店，分析其激励的不足之处，并提出改进措施。

案例分析

了解员工的特质

在酒店管理过程中,要善于挖掘每位员工的特质并加以利用。曾经有一位品牌化妆品公司的导购员来酒店工作,可能因为酒店的工作氛围和商场的工作氛围不一样,这位员工起初不能融入集体,情绪低落。酒店领导知道她精通化妆,所以专门安排她给同事们讲授了一堂美容课。通过美容课,同事们在惊讶这位员工化妆知识丰富的同时,也认可了这位员工的工作能力。在以后的工作中,同事们都愿意与她交往,她在轻松的工作状态下,很快就能独当一面了。

(资料来源:根据企业实践案例整理。)

分析题:

(1) 试分析该员工的心理需求。

(2) 酒店领导者采用了哪些激励手段?为什么会取得如此好的效果?

(3) 该酒店领导者的做法给了你怎样的启示?

第六章

管理沟通

教学目标

◆ 了解管理沟通的方式和内容,以及有效的管理沟通;
◆ 掌握酒店管理中不同方式的沟通艺术;
◆ 掌握酒店管理中不同对象的沟通艺术。

学习内容

学习管理沟通的内涵,了解沟通的技巧、管理的技巧和团队合作的技巧;了解有效管理沟通的意义与步骤;掌握常用沟通方式与沟通技巧,提高自己的沟通能力。

第一节 管理沟通概述

一、管理沟通与沟通对象

（一）管理沟通的内涵

管理沟通是指在各种管理活动和商务活动中,沟通主体(沟通者)基于一定的沟通背景,为达到一定的沟通目标,在分析沟通客体(沟通对象)的基础上,将特定的信息、思想、观点、态度传递给客体,以获得预期反应和效果的全过程。我们可以从以下几个方面理解管理沟通的内涵。

1. 管理沟通的信息包罗万象

这些信息可以是事实、情感、价值观、意见、观点等。沟通看起来很容易,实则不易。有效沟通需要双方配合,信息传递要到位,要理解对方,反馈要及时。

2. 沟通是信息的传递

如果没有传递信息,则意味着没有进行沟通。比如,销售部经理本想打电话给餐厅经理,并告知一些事情,可是餐厅经理正好不在,接电话的是某个主管,销售部经理希望他予以转达,可是该主管忘了这件事,没有及时告知餐厅经理。虽然销售部经理发出了信息,但是信息没有被传递给当事人,这意味着没有进行沟通。

3. 沟通意味着信息被理解

要使沟通成功,不仅要传递信息,还要求信息被理解。完美的沟通意味着经过传递后被接收者感知到的信息与发送者发出的信息完全一致。

4. 沟通中传递的是符号,不是信息本身

沟通是把思想、观点、情感等信息变成符号,在沟通者之间传递的只是一些符号,而不是信息本身。语言、身体动作、表情等都是符号。

5. 沟通意味着准确理解信息的意义,不是达成共识

良好的沟通常被错误地理解为沟通双方达成共识,使别人接受自己的观点。其实,有效的沟通意味着准确理解信息。即使沟通一方明白另一方的意思却不同意其看法,沟通也是有效的。

（二）管理沟通的对象

酒店督导要对客服务,处理客人投诉;要接受工作任务和汇报工作,要向上反映情况,提出建议;要下达指令,分配工作任务,要了解下级的个人情况和工作执行情况;要和同级沟通工作,传达信息,协同作业;要通过广播、电视、报纸、杂志、书籍等发布信息,要通过听广播、看电视、阅读报纸和杂志等接收信息。

由此可见,酒店督导的沟通对象有客人、上级、下级、同级和外界。其中,酒店督导与客人的沟通是否有效,直接决定了客人对服务质量的感受;与上级、下级和同级的沟通是否有效,影响工作的执行和完成情况;与外界沟通是否有效,决定了酒店经营的成败。所以酒店

督导要抓好纵向沟通,保证信息双向畅通;要做好横向沟通,加强部门之间的协作。酒店企业倡导层级沟通,即按照指挥链的上下级关系进行沟通,一定要避免沟通对象错位的问题。比如应当与上级沟通时,却与同级或下级进行沟通;应当与同级沟通时,却与上级或下级进行沟通;应当与下级沟通时,却与上级或其他人员进行沟通等。

当然,有时员工之间发生冲突,除相互之间进行直接沟通以外,还可以请上级协调解决。同样,部门之间发生冲突,双方之间既可以直接沟通,也可以找上级协调解决。

同步案例　　该和谁沟通

人力资源部的任经理对上级交代的工作感到非常为难:刚刚经过层层筛选招进来的员工,却因为公司经营政策调整要被辞退,他感到很不好受。吃午饭时,他和餐饮部的王经理谈起了此事:"公司太不负责了,这让我怎么和新员工交代?"这句话却不知怎么就传到总经理的耳朵里了。

销售部的肖经理对最近人力资源部招收的一批销售代表感到很不满意。他在一次同总经理的谈话中谈到了此事:"不知道现在人力资源部的人都在忙什么,最近给我们招来的人根本就不合适。"总经理把这件事记在了心上,在一次部门经理会议上点名批评了人力资源部。人力资源部的任经理感到非常气愤,认为销售部不应该到总经理那里告状,从此,人力资源部和销售部有了芥蒂。

销售部经理最近发现部门的小王工作不积极,常常请假,他想先向其他同事了解情况。于是中午休息时,他对部门的另一位下属小张抱怨道:"最近小王常常请假,工作不积极。"很快,小张把这件事告诉了小王,其他同事也知道了。

(资料来源:根据相关资料整理。)

思考:如果你在工作中遇到上述情况,你会和谁沟通?

二、管理沟通的过程及构成要素

沟通过程就是发送者将信息通过选定的渠道传递给接收者的过程。图6-1描绘了一个简单的双向沟通过程模式,该模式包括八个部分,即发送者、信息、编码、通道、解码、接收者、噪声、反馈。其中,较重要的三个要素是发送者、接收者和信息。

1. 发送者与接收者

信息来源于发送者,所以我们也把信息发送者称为信息源。发送者主导沟通过程,沟通的对象和沟通的目的通常也由发送者决定。一般来说,发送者的权威性和经验、可信赖性、吸引力等都会影响整个沟通过程。比如,我们通常更愿意相信有关领域的专家传递的信息,也更愿意相信具有公正品质的人所传递的信息。而且,当发送者外表具有吸引力的时候,我们也倾向于喜爱他们,从而相信他们,这就不难理解为什么那么多企业都偏好聘请名人来做广告。

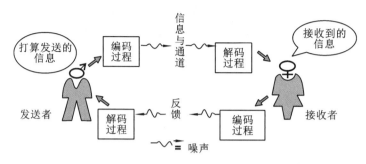

图6-1 双向沟通过程模式图

在沟通过程中,发送者和接收者都应该是积极主动的。在沟通中,发送者有两方面的问题要考虑:一是明确传递信息的目的,二是确保成功地传递信息。如果能充分考虑信息传递是否畅通、是否准确,那么沟通就有实现的可能。

2. 编码与解码

编码是发送者将自己的思想、观点、情感等信息转化成可以传递的语言、图表或其他的符号化信息。解码则是接收者将这些符号化信息翻译成可以理解的信息,使接收者在接收信息后,能将符号化信息还原为思想,并理解其意义。

编码与解码的效果好坏、正确与否,都依赖于沟通主体的沟通技能与态度。如果一位管理者缺乏编码的技术和水平,他在向下属交代任务时,将无法让下属完全理解其传达的信息,有时甚至会引起误会。

3. 信息

信息是发送者试图传递给接收者的刺激物(如思想、观点、感情、意见、建议等),但它们必须被转化为各种可以被别人觉察的信号,这些信号包括语词的和非语词的。语词信号既可以是声音的,也可以是文字的;非语词信号包括身体姿态、表情动作、语调等。发送者所传送的信息经过编码处理后,接收者收到的信息会受到解码的影响,发送的信息和接收的信息可能不是一致的。

4. 通道

通道或称渠道,是指信息从发送者传递到接收者的途径和手段,即传递信息的途径和手段。在各种沟通方式中,影响力最大的仍然是面对面的原始沟通。面对面沟通时,除言辞本身的信息外,还可以获取沟通者整体心理状态的有关信息。这些信息能使发送者和接收者产生心理上的共鸣。因此,在酒店工作中,领导者要多和员工进行面对面的交流。

5. 噪声

噪声是妨碍信息沟通的干扰因素,它存在于沟通过程的各个环节,并且有可能造成信息失真。

6. 反馈

反馈是指接收者把信息返回给发送者,并对信息是否被理解进行核实。在没有得到反馈之前,我们无法确认信息是否已经得到有效的编码、传递和解码。反馈可以检验信息传递的程度、速度和质量,但只凭借观察来获得反馈,并不能确保沟通的效果,有时还要通过向接收者提问来检验。

三、管理沟通的类型

酒店企业管理中存在着多种形式的管理沟通,不同类型的管理沟通有其突出的特点。我们可以从以下几个角度来分类,进一步深入了解管理沟通。

（一）依据组织系统划分

管理沟通从组织系统的角度可以分为正式沟通和非正式沟通。

1. 正式沟通

正式沟通是指在酒店中通过组织管理系统,按照组织制度的规定进行的信息传递和交流。正式沟通的主要形式有酒店组织间的公函来往,组织内部的文件传达,召开会议,上下级之间的定期情报交换(如报告、建议、请示等)。正式沟通按照沟通渠道表现为以下五种形式(见图6-2)。

（1）链式沟通:在平等网络中,居中的人可以分别与两端的人沟通信息。

（2）环式沟通:五级层次中五个人之间依次联络和沟通,其中,每个人都可同时与两侧的人沟通信息。

（3）轮式沟通:其中只有一个成员是各种信息的汇集点与传递中心。

（4）Y形和倒Y形沟通:表示几个层次的逐级传递,其中只有一个成员位于沟通中心,成为沟通的媒介。

（5）全渠道式沟通:每个人都可自由地进行沟通并充当中心人物。

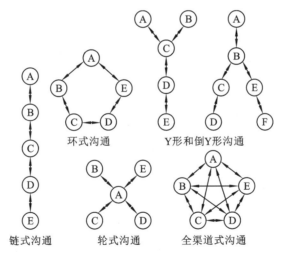

图6-2 正式沟通的五种形式

2. 非正式沟通

非正式沟通是指在正式沟通渠道之外进行的信息传递和交流。与正式沟通不同,非正式沟通的沟通对象、时间及内容等方面都不是组织制度规定的,具有明显的动态性和随机性。如闲谈,既不拘泥于形式也无明确的目的。非正式沟通的主要形式有员工之间的非正式接触,社交往来,非正式的宴会、聚餐、聚会、聊天,小道消息的传播等。非正式沟通渠道无所谓好坏,主要在于领导者如何运用。在某种程度上,非正式沟通是形成良好团队氛围的必要条件。非正式沟通的四种形式如图 6-3 所示。正式沟通与非正式沟通的比较如表 6-1 所示。

单线型沟通　　集束型沟通　　流言型沟通　　偶然型沟通

图 6-3　非正式沟通的四种形式

表 6-1　正式沟通与非正式沟通的比较

项　目	正 式 沟 通	非 正 式 沟 通
沟通渠道	正式的组织管理系统	非正式组织渠道(民间渠道)
沟通方式	公函、文件、会议、工作汇报、工作分配等	社交往来,非正式的宴会、聚餐、聚会、聊天,小道消息的传播等
优点	准确和权威,沟通效果好,约束力强,易于保密	传递速度较快,传递时具有主动性和针对性,表现形式具有多变性和动态性
缺点	依靠组织系统层层传递,比较刻板,沟通速度慢	信息不可靠,系统性程度较低
适用范围	重要信息与文件的传达,组织决策的传达	情感问题和思想问题的解决,建立情感纽带,建立人际关系

(二)依据沟通的方向划分

管理沟通依据沟通的方向可以分为自上而下的沟通、自下而上的沟通和平行沟通。自上而下、自下而上的沟通属于纵向沟通,平行沟通属于横向沟通。

1. 自上而下的沟通

自上而下的沟通主要是管理者将酒店的服务策略、管理信息、工作指令及时地传递给下级。在企业里,这一过程呈阶梯状,董事会向其直接下级(经理)下发通知,经理又把通知下发给自己的直属下级,即部门主管……以此类推,直至通知到普通员工。

2. 自下而上的沟通

自下而上的沟通形式指组织成员向领导者汇报有关信息,如果有必要,领导者再向他的上级汇报……以此类推,直到汇报至最高层。酒店管理层需要得到有关客人需求和酒店经营决策等方面的信息,而酒店的一线员工在与客人频繁而密切的接触中,最容易得到有关客人需求的信息,发现服务中存在的问题,一线员工的建议对酒店改善经营和服务方式极具价值。酒店员工的需求、建议或意见要及时反馈到管理层,酒店内部应有下情上呈的沟通渠道。

3. 平行沟通

平行沟通是指组织成员之间或组织之间的沟通。从酒店的具体工作来看,酒店的许多服务工作都需要不同部门的员工相互配合、共同协作。以餐饮宴会接待为例,宴会接待涉及餐饮部、销售部、工程部及安全部等部门,单靠餐饮部一个部门是不能很好地完成接待任务的。因此,酒店有必要加强部门之间信息的平行沟通,分享信息,协调好部门之间的工作,处理好冲突和矛盾。

(三) 依据运载沟通信息的形态划分

管理沟通依据运载沟通信息的形态可以分为言语沟通和非言语沟通。

1. 言语沟通

人们运用语言符号进行信息交流,传递思想、情感、观念和态度,达到沟通目的的过程,叫作言语沟通。言语沟通是人际沟通中最重要的一种形式,大多数的信息编码都是通过言语进行的。言语沟通分为口语沟通和书面沟通。口语沟通要简洁明了,使下级抓住重点;要清楚准确,命令一旦有两种及以上的解释,就会产生歧义。口语沟通与书面沟通的比较如表6-2所示。

表6-2 口语沟通与书面沟通的比较

项 目	口语沟通	书面沟通
接触程度	直接接触	间接接触
沟通方式	会谈、讨论、演讲、发布指令、面谈、员工之间的交流等	备忘录、信件、通告、组织内发行的期刊、公告栏、员工手册、平面广告、传真和E-mail等
优点	交流直接、及时、灵活;双方可自由交换意见;不仅可以传递信息,同时可传达情感、态度等	不受时空限制,可长期保存,可反复阅读;沟通的准确性高;沟通的效率较高;比较正规,具有权威性
缺点	沟通效果受发送人的影响较大,沟通的时效性短,权威性不强,有时会出现"口说无凭"的现象	往往缺乏信息提供者的背景资料,所以对目标的影响力不如口语沟通
适用范围	面对面的人际沟通,对于有争议的问题	间接沟通,重要问题

2. 非言语沟通

非言语沟通是指通过某些媒介而不是言语和文字来传递信息,包括表情、目光、身体语言、服饰、副语言、人际距离等。非言语沟通与言语沟通往往在效果上是互相补充的。常见的非言语沟通表现及其说明如表6-3所示。

表6-3 常见的非言语沟通表现及其说明

常见非言语沟通表现	说 明
目光交流	友好,真诚,自信,肯定
躲避目光交流	冷淡,躲闪,冷漠,不安,被动,惊恐,紧张,隐瞒

续表

常见非言语沟通表现	说　　明
微笑	满意,理解,鼓励
摇头	不同意,不理解,不相信
咬唇	紧张,恐惧,焦虑
挠头	迷惑,不相信
双手交叉于胸前	愤怒,不赞许,不同意,提防,咄咄逼人
扬眉	不相信,惊奇
搓手	紧张,焦虑,恐惧
前倾	关注,感兴趣
后仰	乏味,放松
坐在椅边	焦虑,紧张,担心
坐姿摇动	不安,乏味,紧张,担心
直立	自信,肯定
双肩前弓	不安,被动
皱眉	不同意,痛恨,愤怒,不赞成
跺脚	着急,生气
用手拍肩头	鼓励,祝贺,安慰

(1) 表情。

人们通过表情来表达自己的情感和态度,也通过表情理解和判断他人的情感和态度。酒店之所以要求服务人员在客人面前面带微笑,是因为微笑是没有国界的表示友好的语言。

(2) 目光。

俗话说,眼睛是心灵的窗户。可见,目光被认为是传递情感信息的重要方式。目光接触往往能够帮助说话的人进行更好的沟通,目光的功能主要有注意、劝说、调节和表达情感。彼此相爱的人和敌对的仇人的目光是完全不同的,前者含情脉脉,后者则充满恨意。

(3) 身体语言。

在日常生活中,我们也经常运用身体姿势或身体动作来与别人交流信息、传达情感。比如,摆手表示制止或否定,搓手或拽衣领表示紧张,拍脑袋表示自责,耸肩表示不以为意或无可奈何。

身体语言大致可分为四类:一是表示象征意义;二是作为补充说明;三是对沟通进行调节,在沟通过程中强化或弱化沟通者传达的意义、节奏和情感;四是表露情感,沟通中的坐姿、站姿、走姿等也传递了很多的信息,特别是情感信息。例如,两手叉腰或两手交叉于胸前,会给人一种傲慢的感觉,而将两手交叠置于腹部则给人一种专业、礼貌、谦恭的感觉。

(4) 服饰。

美国传播学家韦伯说过:"衣服也能说话,不管我们穿的是工作服、便服、礼服、军服,都可以说是穿着某种制服,它可以无形中透露出我们的性格和意向。"我们从服装的质地、颜色、款式、新旧上往往可以看出一个人的身份、地位、经济条件、职业类型、生活习惯、文化修养和审美品位等,这说明服饰也在为沟通者传递着信息,也可以起到交流的作用。

(5)副语言。

副语言沟通是通过非语词的声音,如重音、声调、哭、笑、停顿等来实现的。语句中重音不同,其含义也大不一样。同时声音可以反映人的个性。人们普遍认为:一个人说话声音大、速度快,往往反映出此人精力充沛、性格外向、意识开放、活动能力强;相反,一个人说话慢声细语,往往反映出这个人性格内向、行为迟缓、胆小谨慎。

曾经有这样一个故事,某著名影星在法国参加一个宴会,客人请他即兴表演一段悲剧。他当场用意大利语念了一段话,客人们虽然听不懂,但听到他悲伤的语调,看到他痛苦的表情,都不禁流下眼泪。席间有位意大利人却借故跑出餐厅,偷偷地笑起来,原来该影星朗诵的是宴会的菜谱。这个故事揭示了副语言的重要作用。

(6)人际距离。

一般而言,交往双方的人际关系以及所处情境决定着双方之间的距离和空间。通常,亲密的人之间具有较近的人际距离,正所谓亲密无间;疏远的人之间具有较远的人际距离。人际距离传达的意义也具有文化特色,受环境的限制,有的民族要求双方保持近距离,有的民族则与之相反。

(四)按主客体的交互作用划分

管理沟通按主客体的交互作用可以分为双向沟通和单向沟通。

双向沟通是指有反馈的信息沟通,如讨论、面谈等。在双向沟通中,沟通者可以了解接收者是如何理解信息的,也可以使接收者明白其所理解的信息是否正确,并可以要求沟通者进一步传递信息。

单向沟通是指没有反馈的信息沟通,例如,电话通知、书面指示等。

严格说来,当面沟通信息是双向沟通,虽然沟通者有时没有收到接收者的语言反馈,但可以从接收者的面部表情、聆听态度等方面获得部分反馈信息。双向沟通较之于单向沟通,对改善人际关系和加强双方紧密合作有更重要的作用,它更能激发员工参与管理的热情,有利于酒店企业的发展,因此,现代酒店企业的管理沟通方式也越来越多地从单向沟通转变为双向沟通。双向沟通与单向沟通的比较如表6-4所示。

表6-4 双向沟通与单向沟通的比较

项　　目	单　向　沟　通	双　向　沟　通
适应范围	问题简单,时间紧;下属易于接受的方案;下属不能提供信息	时间充裕,问题棘手;比较复杂和重要的方案;下属可能提供信息和建议
时间	较短	较长
理解程度	不高	很高
置信程度	可能有疑问	相信自己对信息的理解
优点	沟通速度快,能保证信息发送者的权威	准确性高,信息接收者有反馈的机会,信息接收者有参与感和光荣感

续表

项　目	单向沟通	双向沟通
缺点	准确性低,难辨是非,接收者未必理解,接收者易产生抗拒心理	信息传递速度慢,易受干扰,缺乏条理性,可能导致沟通混乱、无秩序

第二节　有效的管理沟通

沟通是一项十分重要的工作,也可以说是一门艺术。有效的管理沟通能促进组织内成员之间的相互了解,增强组织凝聚力,保障组织目标顺利实现;能交换思想,激发创意,利用集体智慧提高组织决策水平,加快问题的解决速度。在工作中,我们要思考沟通不畅的原因,遵循有效沟通的原则,讲求沟通的艺术。

一、消除沟通的障碍

不良的沟通给我们带来的伤害或损失是非常大的。如果在工作中欠缺沟通技巧,我们就无法顺利地完成工作任务,同时也会影响职业生涯的发展;在家庭中,不良的沟通会造成家庭不和睦;在社交场合,不良的沟通会严重影响人际交往,甚至会惹上麻烦。

(一)沟通的障碍

我们在日常的工作和生活中会有这样的体会:当我们情绪不佳时,沟通经常陷入僵局;当我们只注重表达而没有倾听时,沟通往往难以实现双向的交流;当我们不考虑他人的感受、不理解他人的需求时,沟通往往会失败;当沟通的时机选择不当时,我们可能会碰一鼻子的灰;当沟通的时间十分短暂时,沟通往往是浅尝辄止的;当我们沟通的方式过于突兀、沟通的语言不当时,彼此的距离会被进一步拉大。

总的来说,从沟通的过程与构成要素来看,造成沟通失败的原因大概有以下几方面:发送者存在的问题,接收者存在的问题,沟通的时机不当,沟通的渠道和方式不合理,缺乏沟通技巧,沟通的环境不合适等。

(二)沟通的障碍分析及消除策略

1. 发送者

发送者的沟通行为会受到自身的教育程度、经历、个性、态度、能力等因素的影响。有些发送者对沟通缺乏正确的认识,存在一些认知误区,如认为沟通是为了解决问题,是为了寻求统一的意见,是为了让别人听从自己,结果导致沟通偏离了正确的轨道。发送者表达能力欠佳,表达方式不当,如咬文嚼字、过于啰嗦、不善言辞、口齿不清等,这些都会严重影响沟通的效果。另外,发送者的沟通心态也会影响沟通效果,如情绪过激、自以为是、不听建言、拒绝接受批评、喜欢逞口舌之快、喜欢强词夺理、爱炫耀自己、总是摆出威严状等。

作为沟通的发送者,首先要正确地看待沟通,调整好心态,控制好情绪,营造互信气氛;其次要明确信息传递给谁,为什么要沟通,沟通的内容,以及最合适的时间、地点和沟通方式等问题;最后在沟通时要考虑对方的情绪状态,准确且简明扼要地进行沟通,并不断检验对方的理解程度。

2. 接收者

与发送者一样,接收者的个人因素也会影响沟通的成败。接收者对发送者有成见、有抵触情绪、态度不好,或反应不灵敏、理解能力不强,这些都会使沟通出现问题。

接收者应该保持积极沟通的态度,消除成见,减少认知事物的误区和偏差,与发送者保持联系,认真聆听,不断地反馈和交换意见。及时且频繁的反馈能为沟通扫除很多障碍。

3. 沟通的时机

孔子说:言未及之而言谓之躁,言及之而不言谓之隐,未见颜色而言谓之瞽。意思是说:话还没说到那儿,你就出来发表意见了,这叫毛毛躁躁;话已经说到这了,你本来应该自然而然地往下说,可你却吞吞吐吐、遮遮掩掩,这叫有话不说;不看别人的脸色,上来就说话,这叫不看场合。不能把握沟通时机,是指不能在对的时间、对的地点、对的对象、对的主题、对的心情、对的气氛下进行沟通,如在领导情绪不佳时请示工作和反映问题。

沟通的合适时机是指已经具备沟通的客观环境条件,且双方都愿意进行对话的时候。我们不能以自己的观点去衡量,主要应考虑对方的感受。双方都愿意沟通,这当然好。倘若沟通条件未成熟,勉强进行沟通只会让情况更糟,这时不妨告诉自己"明天再说"。只要不在心里生闷气,暂时把误会搁置起来,未尝不是一种好的做法。

4. 沟通的渠道和方式

前面我们已经详细地介绍了沟通的不同类型,每一种沟通渠道和沟通方式都有优点和缺点,都有其适用的范围。如果不注重这些问题,在管理沟通中随意地选择渠道和方式,就可能出现无效或低效的沟通。因此,我们要选择有效的信息发送方式,选择正确的渠道(本章第三节将重点讲述不同管理沟通方式的应用),另外在信息的传递过程中,还要防止信息的误传。

同步案例   不能忽视面谈

一家著名的公司为了增进员工之间的信任和情感交流,规定在公司内部200米之内不允许用电话进行沟通,只允许面对面地沟通,结果产生了非常好的效果,公司所有员工相处非常融洽。同时,我们也可以看到,很多IT公司有非常好的沟通渠道,如E-mail、电话等,但它们常常忽视了最好的沟通方式——面谈。在电子化沟通方式日益普及的今天,不论作为一个沟通者还是作为一个管理者,我们都不能忽视面谈这种沟通方式。

(资料来源:根据相关资料整理。)

5. 沟通的技巧

沟通需要良好的心态,也需要充足的知识和智慧,更需要技巧。沟通是一门技术,更是

一门艺术。在不同场合如何说话,对不同的人如何说话,如何指挥若定,如何叩人心扉,如何答疑解惑,如何消除误会,如何处理异议,如何化解冲突……这些都要求酒店管理者有很好的沟通能力,并掌握良好的沟通技巧。如果欠缺技巧,就可能出现"好话说尽惹人烦,好事做尽惹人厌"的尴尬局面。在本章的第三节中,我们将重点探讨沟通的技巧。

6. 沟通的环境

沟通的环境包括物理环境(如光线、温度、噪声、整洁度、隐蔽性等)和社会环境(如周围的气氛、人际关系、沟通的距离等)。舒适、安静、整洁的环境往往有利于沟通;反之,喧嚣吵闹、人多、私密性不好的环境会对沟通造成很多干扰。良好的人际关系、融洽的氛围、适当的交往距离等,会促进沟通的顺利进行,反之将妨碍沟通。另外,酒店的组织结构也会影响沟通,过于复杂且中间层次太多的组织结构会极大地影响沟通的效率。

二、管理沟通的原则

(一) 管理沟通要有明确性

管理沟通的明确性是指必须将沟通的各项事宜,如渠道的结构以及沟通的时间要求、地点要求、内容要求、频率要求等,进行明确、清晰的告示,要尽量避免含糊不清。其目的在于使全体成员准确理解企业所期望的管理沟通要求,明白他们在沟通中所担任的角色,即他们应当履行的沟通职责和义务。

明确性原则要求沟通的信息要明确,信息的沟通要尽量做到言简意赅,不说模棱两可的话。比如领导讲话,切忌夸夸其谈、空洞冗长、言之无物,或者说东道西、没有重点、缺乏条理。又比如对领导反映情况或对下属下达工作指令时,不可重复啰嗦,而应简单扼要、明了清晰。显然,如果管理沟通违反了明确性原则,沟通的效果就不能令人满意。

(二) 进行有针对性的管理沟通

管理沟通的针对性主要表现在以下三个方面。

第一,沟通的内容和事宜要有针对性。所有涉及管理沟通的活动与过程设计,都是为了解决企业管理中的某些具体问题,确保企业正常、高效运行。

第二,沟通对象要有针对性。人们对信息的接收程度受个人喜好的影响,对不熟悉或具有威胁性的信息往往会排斥。有针对性的沟通指在传递信息时,要根据不同对象的不同需要,采取不同的沟通方式。

第三,沟通模式和机制要有针对性。不同企业的管理沟通具备的内外部条件是不同的,这就要求我们在设置企业管理沟通模式时,必须充分考虑企业的实际情况。沟通渠道、方式、内容等方面的设计,必须具有明确的针对性,即必须考虑企业设计沟通渠道和沟通内容是为了完成企业管理中的哪项工作,想要达到什么目的。

(三) 对沟通信息要有所控制

第一,对信息要进行筛选。由于信息量非常大,受众没有必要获取所有的信息,因此,沟通时应提供有价值的重要信息。

第二,在传递信息时,要适当控制范围。既要防止信息过分保密,也要防止信息随意扩散。

第三,保证沟通信息的质量。传递信息要快,即信息传递要迅速、及时;信息要好,即要消除信息传递过程中的种种干扰,保持信息的真实性;信息要有效益,即在较短的时间内,花费较少的费用,传递尽可能多的信息。

(四)及时沟通,及时反馈

及时沟通容易得到各方的理解和支持,同时可以迅速了解对方的思想和态度。在沟通中,信息只有得到及时反馈才有价值,要形成一种上下级之间、同级之间、客我之间的信息双向环流。一般来说,对于没有实际价值或暂时用不上的信息也必须及时答复,加以反馈。

(五)讲求管理沟通的效率

管理沟通的效率体现在沟通的各个要素与环节上,比如沟通过程的编码效率。有的人具有很强的综合分析能力、语言组织能力和表达能力,只需要三五分钟就可以将复杂的问题说清楚,但有的人编码能力太差,不仅沟通费时,还未必能说清楚。

管理沟通应当追求效率。以远程正式书面沟通渠道为例,远程正式书面沟通在现代至少可以采用以下几种渠道:一是业务信件,二是业务传真,三是电子邮件。在一般情况下,电子邮件沟通效率最高,业务传真次之,业务信件较差。业务信件又可以分成快件与平信,快件一至两天可到,平信则需要更长时间才能被拆阅。

(六)注意管理沟通的连续性

酒店中的大多数管理沟通是一个连续的过程,并非一次沟通就能完成工作任务。连续性是酒店管理工作本身所具有的客观属性,管理沟通自然也具有这一客观属性。连续性原则要求酒店企业在进行管理沟通时注意以下三个方面:一是管理沟通在时间上的连续性,二是管理沟通模式(方式、方法、渠道)的连续性,三是沟通内容的连续性。

(七)限制越级沟通

在开展纵向沟通(包括向下沟通和向上沟通)时,应尽量遵循逐级原则。越级沟通是指抛开管理信息系统,使沟通双方直接对话。在管理中,不能过多采用这种方式,但在某些特殊情况下可以限制使用。

(八)控制非正式沟通

对于非正式沟通,要进行有效控制。虽然在一些情况下,非正式沟通往往能够达到正式沟通难以达到的效果,但是它也可能成为散布谣言和小道消息的渠道,会产生不好的影响,所以要控制非正式沟通。

三、有效管理沟通的步骤

在工作中我们要完成一次有效的管理沟通,可以依照以下六个步骤进行(见图6-4):第一步是事前准备;第二步是聆听与确认,通过聆听,确认对方的需求,明确双方的目的是否一致;第三步是阐述观点,即如何发送信息、表达信息;第四步是处理异议,沟通中出现异议意味着没有达成共识,对方不同意你的观点,或者你不同意对方的观点,此时应及时处理;第五步是达成共识,是指完成了沟通的过程并达成了协议,在实际沟通中,达成协议并不是工作的结束而是沟通的结束,意味着下一项工作的开始;第六步是共同实施。

```
                    步骤1
                   事前准备

    步骤6                          步骤2
   共同实施                       聆听与确认

    步骤5                          步骤3
   达成共识                        阐述观点

                    步骤4
                   处理异议
```

图 6-4　有效管理沟通"六步法"

（一）事前准备

在酒店管理工作中，我们为了提高沟通的效率，要做好事前准备。首先要明确沟通的目标，也就是希望通过这次沟通达到什么样的效果；其次要了解沟通的事宜和沟通的对象，预测可能引发的争议；最后制订计划，明确沟通的地点、时间、方式、渠道等。事前准备内容如表 6-5 所示。

表 6-5　事前准备内容

项　　目	内容（释义）
沟通目的	要解决什么问题，要达成什么共识，想了解什么情况
时间和地点	针对沟通内容和对象的差异，选择合适的时间和地点
渠道和方式	采用正式的还是非正式的渠道沟通，用哪种方式沟通更好
问题和异议	对方可能会提出哪些异议和问题
顾虑	对方会有哪些顾虑
对策	如何突破对方的心防，使其愿意真诚地沟通

（二）聆听与确认

在做好准备后，我们将付诸实践，切忌贸然突进。首先应当好听众，进一步了解对方，进而确认其需求。确认需求的三个步骤：第一步是提问，第二步是认真聆听，第三步是及时确认。

1. 提问的方法

沟通过程中有三种行为，即说、听、问。提问是非常重要的一种沟通行为，因为提问可以帮助我们了解更多、更准确、更深入的信息。要了解别人的需求和目标、意图和底线，就必须提问。一般来说，所提的问题有两类，即封闭式问题和开放式问题。封闭式问题只能得到限定的回答，很多情况只有"是"和"否"两种答案；面对开放式的问题，对方可以尽情地阐述。比如，当一位员工情绪状态不好时，主管想了解一下情况。封闭式问题：你心情不好，是吗？遇到困难了吗？开放式问题：最近遇到什么不开心的事情了？封闭式问题与开放式问题的比较如表 6-6 所示。

表 6-6　封闭式问题与开放式问题的比较

项　　目	封闭式问题	开放式问题
典型语句	是吗？是不是？对不对？是……还是……好不好？行不行	为什么？怎么样？如何？你觉得呢
应答内容	限定的回答	开放的回答
优点	节省时间，能较好地控制谈话内容	收集信息全面，谈话氛围愉快
缺点	收集信息不全，谈话气氛紧张	浪费时间，谈话内容不容易控制

在开始沟通时，要营造一种轻松的氛围，所以在开始谈话的时候可以问一个开放式问题；当发现话题跑偏时，可问一个封闭式问题；当发现对方比较紧张时，可问开放式问题，使气氛轻松。提问在沟通中用得非常多，还能够帮我们控制沟通的方向和谈话的内容。提问时要注意以下几个不利于收集信息的方面。

第一，少问为什么。在沟通过程中，我们一定要尽可能少问为什么，可以用其他的话来代替。比如，你能不能再说得更详细一些，你能不能再解释得更清楚一些？这样给对方的感觉会好一些。

第二，少问带有压制性的问题。比如，难道你不认为这是不对的吗？这样的问题不利于收集信息，会给对方留下不好的印象。

第三，不要问多重问题，也就是连环炮式地发问。面对多个问题，对方往往不知道如何回答，也会感到有压力，这不利于收集信息。

2. 如何聆听

首先要换位思考，正确理解对方的意图。其次听到不同的意见时，不要急于表达自己的观点，应在说话者说完之后再发表看法。具体的倾听技巧有以下几个方面。

(1) 保持目光接触。

倾听态度必须诚恳，要保持目光接触。因为你在用耳朵倾听，对方却是通过眼睛来判断你是否在倾听，与说话者进行目光接触可以使你集中精力，减少分心的可能性，也可鼓励说话的人。

(2) 用肢体手势表示倾听。

非语言信号，如赞许地点头、恰当的面部表情、积极的目光接触等，可向说话者表明你在认真聆听。

(3) 不做过多的举动或手势。

避免一些不恰当的举动，如看表、心不在焉地翻阅文件、拿着笔乱写乱画等，会使说话者感觉到你很不耐烦或者不感兴趣；另外，这也表明了你没有集中精力，你可能会遗漏一些说话者想传递的信息。

(4) 适时复述。

适时复述是指用自己的话重复说话者所讲的内容。高效的倾听者经常使用这样的语句，如"你的意思是……"或者"我听你说的是……"重复已经说过的话可以检验自己理解的正确性，让对方知道你在认真听，同时也可以控制沟通范围和内容。

(5) 及时提问。

倾听者可提出问题,这表明沟通是双向的,可检验理解的程度,也表明你在倾听。尤其是当你没有听清楚的时候,一定要及时提问。

(6) 不主观臆断。

在做出反应之前应当让说话者讲完自己的想法,在别人说话的时候不要猜测对方的想法,并打断别人的话。聆听并鼓励他人说话的典型例句如表 6-7 所示。

表 6-7　聆听并鼓励他人说话的典型例句

类　型	内　　涵	例　　句
表示同情	表示愿意听取并理解对方的感受	我理解您的感受…… 您能做到这点不容易…… 我明白,我也有同样的感受
表示认可	表现感兴趣,鼓励对方说下去	我也这样认为! 不错!非常好! 真的啊!原来是这样! 再说详细点! 让我先把这个记下来
澄清问题	澄清或确认某信息	您是说……是这样吧? 您说具体点…… 比如说呢? 真的是这样吗
重述对方的话	重复并确认一些信息	你觉得我的做法过于苛刻吗? 你是说……是吗
总结性核实	概括要点,以确认自己是否理解	您刚才说的就是这些吧? 我理解的要点有三条…… 如果我没听错的话,您想

(三) 阐述观点

准确清晰地表达思想是进行有效沟通的前提,而这种技能的形成是建立在信息的有效组织上的,因此掌握信息的组织技巧对沟通很重要。作为督导,要想准确表达观点,先要想清楚希望表达些什么,明确沟通的内容,重要的事情可以提前做记录;然后从一些能够引起听者兴趣的话题聊起,什么最吸引他们的注意力就从什么说起;在与员工沟通时,要根据他们的偏好、特征以及文化水平选择表达的方式;表达观点时要简明扼要,先给出笼统的说明,然后再通过相关的例子进行阐述,或者给出一些更详细、具体的解释;沟通过程中可适度重复重点;适时检验员工的理解程度,提出一些问题,如"我想确定我是不是说清楚了,大家是否有问题"。

（四）处理异议

由于立场、利益、观念、思维等不同，沟通中经常会出现异议。在沟通中遇到异议时，不要忽视不同的意见，也不要想方设法立刻展开反驳的攻势。首先要询问对方的想法，认真聆听，找准对方的真实意图。我们可以采用一种类似于借力打力的方法——柔道法，不是强行说服对方，而是用对方的观点来说服对方。当对方说出了一个对你有利的观点的时候，你再用这个观点去说服对方。此外，我们还应尽一切可能去寻找双方共同关心的问题，寻找观点中的共同点，求同存异。

处理异议时，要表现出同理心。解决人际关系问题中最具威力的三个字是"我理解"。在沟通过程中，应营造一种让对方可以畅所欲言地表达意见的环境，尊重对方的情绪及意见，让他觉得与你交谈是件轻松愉快的事。

（五）达成共识

沟通后最好的结果是双方就所有问题达成共识，起码也应该达成部分共识，切忌在细枝末节上纠缠，先确定双方都认可的方面，其他的再商量。在达成共识的时候，要做到以下几方面：表扬对方，感谢对方的理解和支持，表达希望与之共同分享工作成果的意愿，给予其相应的回报，预约下一次会谈等。

（六）共同实施

达成共识是沟通的一种结果。但是在工作中，一次沟通的结束意味着下一项工作的开始，我们要按照约定去实施。如果你没有按照约定的计划去实施，那么对方会觉得你不守信用，就会失去对你的信任。我们一定要注意，信任是沟通的基础，如果你失去了对方的信任，那么下一次沟通就会变得非常困难。因此，作为一名酒店职业经理人，经过沟通达成共识后，一定要努力兑现自己的承诺。沟通计划表如表6-8所示。

表6-8 沟通计划表

时间： 年 月 日

沟通的目的		
参与沟通者		
地点		
时间		
开场白要点		
沟通项目及 自己表达的重点	项目1	
	项目2	
	项目3	
结果	达成共识点	
	实施方案	
	差异点	
下次的沟通计划		

第三节 常用的沟通方式与沟通技巧

酒店管理沟通从不同的角度可以划分为多种形式,有单向沟通和双向沟通,有正式渠道的沟通和非正式渠道的沟通,有上下沟通、平行沟通和对外沟通,有言语沟通和非言语沟通。常见的酒店管理沟通方式有书面沟通、面谈沟通、电话沟通、会议沟通等。

一、书面沟通

在管理沟通过程中,人们通常以言语沟通为主,以非言语沟通为辅。言语沟通又分为口头沟通和书面沟通两种,其中口头沟通的运用更为广泛。目前,书面沟通发展迅猛,它从单一的文件发展成多种多样的方式。在酒店企业内部,常用的书面沟通方式主要有报告、通告、公告栏、工作说明、员工手册、备忘录、内部刊物和 E-mail 等;对外常用的书面沟通方式主要有商务信函、报告、建议书、传真、合同、广告、产品目录、新闻发布会等。每一种方式都有自己的文体和相关要求,具体可以参见有关应用文写作的书籍。在这里,我们只简要介绍书面沟通的一些原则,以及书面沟通方式的运用思路和基本用法。

(一) 书面沟通的原则

1. 内容和目的明确

书面材料要传递什么信息,将信息传递给谁以及希望获得怎样的结果,这些基本要件一定要明确。

2. 信息传递要正确、完整

要正确传递想要传递的信息,完整地表达想要表达的思想观点,完整地描述事实,杜绝模棱两可的表达。

3. 内容表达简洁

书面沟通中,在准确传递信息的同时,应力求简洁。"简洁"与"完整"似乎是一对矛盾体,这其实是一个度的把握问题。"完整"是为了表达想要沟通的重要方面,但这并不意味着要把所有的事实、观点都罗列在纸上。我们可以通过排序,把不太重要的事项删除掉,也可以进行总结,对琐碎的、没有价值的文字进行精简,使书面表达言简意赅。

4. 书写格式规范,内容清晰

在正确表达的基础上,应该力求清晰。清晰的书面表达能引起读者的兴趣,更能使读者正确领会作者的意图。要做到清晰,除了要选用符合书面表达的样式,还应注意书面表达的整体布局,包括标题、大小写、字体、页边距等。如果是手写的,字迹不能潦草,因为这不仅影响阅读速度,还影响读者的理解。

(二) 书面沟通方式的运用

1. 确定是否选择书面沟通方式

首先要有一个全面的考量,要通过分析研究来确定是否使用书面沟通方式。书面沟通方式的适用范围如表 6-9 所示。

表 6-9　书面沟通方式的适用范围

项　目	适合的情况	不适合的情况
书面沟通	你希望用一种正式和权威的方式进行沟通； 你希望每个人得到完全相同的信息； 你传达的信息非常复杂，书面材料能够帮助对方更好地理解这些信息； 信息必须通过非常正规的方式传达； 你希望每个人都知道，某条信息已经记录在案了。例如，对某位员工取得的优异成绩表示祝贺	对方会提出问题，或者需要你澄清一些事实； 在确定事实真相之前，需要进行更多的讨论； 你希望营造一种友好、非正式的氛围； 你要传达的信息高度机密，如果任何一份文件被泄漏，就有可能造成重大损失

2. 选择合适的书面沟通方式

在确定书面沟通为最佳方式之后，还应该选择所要采取的具体方式。你是应该将该信息写成备忘录，还是给每位员工发一封信？内部常用的书面沟通方式如表 6-10 所示。

表 6-10　内部常用的书面沟通方式

项　目	用　途	注 意 事 项
备忘录	备忘录是不正式的布告，员工可相互传阅	不要用备忘录传达希望保留的信息； 不应该用备忘录来发布坏消息
布告栏	专门用来发布公告等内部信息的平台	最好交给员工自己管理； 不适合传达工作方面的指令
给员工写信	用于与个别员工进行私密性的信息沟通（如处罚通知，涉及个人财务等需要保密的信息等）	若不是私人信息，最好散发备忘录； 如果是拒绝他人或做否定反馈，应先进行口头交流，再通过信函确认
电子邮件	私人的、两人之间的沟通方式	私人性的电子邮件才会产生好的沟通效果
传　真	传真可以作为永久记录但不具有保密性	不适用于发布人们闻所未闻的消息，或者发布令人失望的消息
内部通信	酒店自办的内部刊物，是宣扬好消息的极佳方式	不应该用内部通信来发布坏消息； 不要将内部通信变成企业领导发表长篇大论的地方； 要按既定周期坚持制作

二、面谈沟通

面谈沟通是指有计划的和受控制的，在两个人或多人之间进行的，参与者中至少有一人是带有目的的，并且在进行过程中能互动的谈话。为了传递信息，探求与发现新信息，寻求双方信念或行为的转变,解决实际问题和寻找对策,我们往往会优先采用面谈的方式。作为酒店督导,往往要做好以下几件事情:上传下达,了解一线工作开展情况和一线员工的心理动态,查明某些事故、内部纠纷或客人投诉的原因,纠正一些员工错误的做法和想法,留住想离职的员工等。酒店督导为了完成这些工作任务,往往会采用面谈的沟通方式。

第一,要做好面谈的准备,要明确面谈目的及相关事宜,可以概括为"5W1H",即面谈目的(why)、面谈对象(who)、面谈时间(when)、面谈地点(where)、面谈内容(what)和面谈方式和安排(how)。其中,重点是确定面谈问题(封闭式问题和开放式问题)以及提问的先后顺序。所提问题可以从具体到一般,也可以从一般到具体。例如,某酒店实行新的绩效工资制度后,主管组织员工面谈,第一种提问顺序如下:这个月你的收入提升了吗?你对改革满意吗?你对新的绩效工资制度有什么看法?第二种提问顺序如下:你对新的绩效工资制度有什么看法?你对改革满意吗?这个月你的收入提升了吗?准备面谈时要弄清楚的问题如表6-11所示。

表6-11 准备面谈时要弄清楚的问题

项　　目	开放式问题
为什么(why)	你希望实现什么目标? 你在寻求或传递信息吗?如果是,该信息属于哪种类型? 此面谈寻求信念和行为的转变吗? 要解决什么问题?
与谁面谈(who)	他们最可能的反应/弱点是什么? 他们有能力进行你所需要的讨论吗?
何时何地(when&where)	面谈在何地进行? 面谈可能被打断吗? 面谈在何时进行? 面谈前可能发生什么?
谈什么(what)	面谈的主题是什么? 要提哪些问题?
怎样谈(how)	如何才能实现你的目标? 你应如何表现? 以友好的方式开始和直接切入主题,哪种方式更好? 必须小心处理,多听少说吗? 是先谈一般性问题再谈具体问题,还是先谈具体问题再谈一般性问题? 如何避免被打扰?

第二,面谈要从建立和睦的关系开始,做到开诚布公,努力营造和维持一种支持交流的氛围,多聆听少说教,双向沟通,注意措辞和说话的语气,多用轻松、友好的语调和对方交流,发挥身体语言的积极作用,并控制好自己的情绪。面谈结束时要试着总结你得到的信息,检查刚刚得到的信息的准确性,要让被访者知道下一次将干什么,还要准备下一步的沟通计

划。酒店常见的面谈流程如表 6-12 所示。

表 6-12 酒店常见的面谈流程

项 目	基 本 流 程
选聘面谈	(1) 准备。回顾简历及其他背景信息;同时准备问题,准备场所。 (2) 建立关系。使求职者感到舒适,表达真诚。 (3) 获取信息。提问,深究,仔细倾听,观察对方。 (4) 提供信息。描绘工作机会,宣传公司,回答求职者的问题。 (5) 结尾。提供加入机会,说明接下来需要做什么事。 (6) 评价。评价能力和工作要求的匹配度和个性素质,进行推荐
考评面谈	(1) 预先通知接受考评的员工,使其有时间整理思路。 (2) 尽量鼓励接受考评的员工参与各个方面的讨论。 (3) 将薪酬与工作表现的讨论分开。 (4) 与接受考评的员工达成一致。 (5) 为员工设定短期目标并讨论实现目标的方法。 (6) 面谈结束以前做总结
纠正面谈	(1) 事先获得相关事实的资料,并尽可能加以证实。 (2) 在第三方听不到的地点进行面谈。 (3) 讨论应侧重于相关员工的行为,而不应攻击其人格。 (4) 鼓励员工陈述不当行为发生的原因及其看法。 (5) 讨论管理者与员工认识的分歧,并最终达成一致。 (6) 讨论可行的纠正行动。 (7) 面谈结束以前做总结
咨询面谈	(1) 努力获得员工的信任,保证不向第三方泄露面谈内容。 (2) 营造和谐的气氛,令员工可以毫无顾忌地倾诉。 (3) 避免控制面谈,让员工决定谈话的主题。 (4) 不会对员工的陈述做任何评价

三、电话沟通

在酒店日常的管理沟通活动中,电话沟通是一种常用方式。电话沟通的技巧常常会影响沟通的效果,对外的电话沟通甚至会直接影响企业的形象。

(一) 接听和拨打电话的基本技巧

1. 电话机旁应配备记事本和铅笔

在电话机旁放置记事本和铅笔,当他人打来电话时,可立刻记录主要事项。

2. 先整理要讲的内容,后拨电话

给别人打电话时,应事先把想讲的事逐条地整理并记录下来,然后再拨电话,边讲边看记录,随时检查是否有遗漏。

3. 态度真诚友好

言为心声,真诚友好的态度都饱含于说话声中,所以打电话时要求微笑着讲话,如果道歉则要低下头。

4. 注意自己的语速和语调

打电话时,适当地提高声调会让人显得富有朝气,语速应适中,语调应柔和。

5. 当场复述

为了防止听错电话内容,一定要当场复述,特别是同音不同义的词语,以及日期、时间、电话号码等数字内容。务必养成听后立刻复述并予以确认的良好习惯。当说到日期时,不妨说明是星期几,以保证准确无误。

(二)接听和拨打电话的程序

1. 电话铃响两次后,取下听筒

在电话铃声响2次后接听,假如在电话铃声响3次以后才接听电话,必须向别人道歉:"上午好/下午好/晚上好,对不起,让您久等了。"

2. 自报姓名的技巧

声音优美动听会令打电话或接电话的人感到身心愉快。打电话或接电话时,第一句话应说:"您好!这里是××酒店。"应将第一句话的声音和语调调整到最佳状态。

3. 轻轻挂断电话

通常是打电话一方先挂断电话,但对酒店员工来说,如果对方是领导或客人,就应让对方先挂断电话。待对方说完"再见"后,等待2~3秒钟再轻轻挂断电话。

(三)转达电话内容的技巧

常有这种情况:对方要找的人不在,而你知道他去哪里了,何时回来。你可以询问对方:"要我转达什么事情吗?"对方可能会让你转告,也可能会稍后再打电话。当他不便告知具体事项时,你可以要求他留下姓名、电话、公司的名称。若客人委托你转告,你应边听边复述,并按"5W1H"的要求,认真记录。

通话结束时应道别:"我叫××,如果他回来,定会立刻转告。"自报姓名的目的是让对方感到自己很有责任感,办事踏实可靠,使对方放心。接打电话常见问题的处理方法如表6-13所示。

表6-13 接打电话常见问题的处理方法

项　　目	处　理　方　法
听不清对方的话语	应有礼貌地反问:"对不起,我刚才没有听清楚,请再说一遍好吗?"
接到打错了的电话	不能冷冷地说"打错了",应询问对方:"这是××酒店,你找哪位?"如果知道对方所找公司的电话号码,不妨告诉他
遇到自己不知道的事	可以说"您好,我帮你咨询一下",或告诉对方:"我不清楚,只有负责人才知道,请稍等,我让负责人来接电话。"

续表

项　　目	处 理 方 法
接到领导亲友的电话	应热情礼貌地对待,他们可能会影响领导对你的评价
接到投诉索赔电话	应控制情绪、洗耳恭听、切勿申辩、表示理解,自己不能解决时,应将索赔内容准确及时地告诉负责人,请他出面处理。最后道别时,应加上一句:"谢谢您打电话来,我们今后一定加倍注意。"

四、会议沟通

很多人认为会议会产生巨大的人力、物力、时间等资源的消耗,但人们也不得不承认,会议是一种很有效的沟通手段,因为面对面地交流可以传递更多的信息,尤其是需要各部门协作的时候。

(一)做好会议的准备工作

会议沟通前要做好准备工作,包括确定会议主题和目标,制订会议活动计划,制定会议议程,选定会场,发放会议举办通知,安排会场布置等。

(二)成功地开始会议

做好会议的准备工作,说好开场白,给整个会议带来一个完美的开始。首先要准时开会,并向每个人表示欢迎,确定会议的基本规则,安排记录员和计时员。会议的基本规则是会议效率和成效的保障,具体包括:不允许跑题,聆听每一个人的发言,每人的发言时间不能超过5分钟,等等。要向与会者询问"你们都同意这些规定吗",要得到每一个人的肯定答复。

(三)出色地主持会议

优秀的会议主持人最常用的引导方式是提问。针对目前所讨论的问题进行引导性的提问,能使与会者的思想迅速集中,从而提高会议的效率。我们常提出的问题大致可以分为两类:开放式问题和封闭式问题。作为一名有经验的会议主持人,要善于运用各种提问方式。会议主持人常用的提问方式如表6-14所示。

表6-14　会议主持人常用的提问方式

问题类型	用法说明	应用举例
棱镜型问题	将别人向你提出的问题反问所有与会者	例如,与会者问:"我们应该怎么做呢?"你可以说:"好吧,大家都来谈谈我们应该怎么做。"
环形问题	向全体与会者提出问题,然后每人轮流回答	例如,你可以说:"先来听听大家的意见,小杨,由你开始。"
广播型问题	向全体与会者提出问题,然后等待一个人回答	例如,你可以说:"这个月的业绩持续下滑,问题究竟出在哪里?"这是鼓励性的提问方式,没有指定人回答,与会者不会有压力

续表

问题类型	用法说明	应用举例
定向型问题	向全体与会者提出问题,然后指定一人回答	例如,你可以说:"这个月的业绩持续下滑,问题究竟出在哪里?小杨,你说说看。"这种提问方式可以让被问及的对象有一定的准备时间

(四)圆满地结束会议

无论是哪种类型的会议,在结束的时候,都要重新回顾会议的目标和会议的议程,总结取得的成果和已经达成的共识,以及需要执行的行动,并且给每一位与会者时间说最后一句话,还要就下次会议的内容、时间和地点达成一致意见,最后要对每一位与会者表示感谢。

(五)灵活地应对会议的困境

开会时出现状况是不可避免的,问题有时因人而产生,有时因会议流程而产生。在任何情形下,主持人都有责任来组织热烈的讨论,确保与会者都参与讨论,并确保讨论方向正确。主持会议常见的问题及处理措施如表6-15所示。

表6-15 主持会议常见的问题及处理措施

问题类型	基本表现	处理措施
有人试图支配讨论的局面	出现"一言堂"的局面,其他人通常只是坐着听	主持人应该提一些直接的问题,将与会者调动起来;如果不能奏效,不妨尝试在休息时间与那个试图支配讨论局面的人私下谈一谈
有人喜欢争论	有人自称无所不知,喜欢吹毛求疵,喜欢插话、打断主持人及他人	可以通过提问引出这个人牵强的解释。通常这个人会意识到情况不对,然后不再提问;如果这个人不敏感,就必须直截了当地向他指出,然后立即向另一个人提问
有人喜欢和身边的人开小会	会议中有人开小会,扰乱会议秩序	一个办法是请这个人告诉大家他刚才所讲的内容;另一个办法是保持沉默,然后看着这个破坏秩序的人
有人习惯性地跑题	在会议进程中多次偏离主题	运用FAST法,其中F(face)是指面对造成问题的人;A(appreciate)是指感谢他/她的良好意图;S(suggest)是指建议其更换一种新的行为方式;T(try)是指多尝试,逐步改变或提高你的要求

第六章 管理沟通

核心关键词

管理沟通	management communication
有效沟通	effective communication
沟通形式	communication forms
沟通障碍	communication barriers
沟通技巧	communication skills
沟通艺术	communication arts

思考与练习

1. 简述管理沟通的过程及构成要素。
2. 酒店企业中管理沟通的类型有哪些？
3. 试比较非正式沟通和正式沟通，单向沟通和双向沟通，书面沟通和口头沟通，论述它们的优缺点和适用范围。
4. 简述有效的管理沟通的基本步骤和注意事项。
5. 你认为你现在所在团队的管理沟通存在哪些问题，试分析阻碍因素并谈谈应如何改进。
6. 选取书面沟通、面谈沟通、电话沟通和会议沟通中的一种，来谈谈沟通的艺术。

案例分析

跳出"会海"

几年前，××酒店领导忙于组织、主持和出席各种会议，致使工作效率低，无暇认真思考一些重大问题，员工也反映领导对他们的关心不够。因此，如何精简会议，使各级管理人员集中精力管理事务，成了××酒店深化企业改革的一个重大课题。

总经理办公室把所有会议整理成表，一一筛选，剔除和合并其中大部分会议，最后把酒店各类会议归纳为7类，分别为一周工作指令会、晨会、总经理办公会、月工作计划和小结会、员工大会、年度预算会和工作协调会。这7类会议中，仅工作协调会是根据实际情况不定期召开的，其他6类会议都是例会。

根据会议安排,总经理每周只主持和出席2次会议,分别在周一与周六,出席会议最多的是运营副总经理,他每周出席4次会议,其中3次分别是每周一、三、五的晨会,每次仅需15分钟。每月1号召开月工作计划和小结会,由总经理主持,时间为2小时,这个会议既可小结上月的工作,又可安排本月工作。每月2号召开全体员工大会,时间为一个半小时。每年一次的年度预算会于11月下旬举行,由总经理主持。

为提高会议效率,总经理办公室对每类会议的主持者、组织者、时间、地点和议题都做了详细明确的规定。以每周3次的晨会为例,要在15分钟时间里解决3个主要议程,它们分别是检查和通报前两天的经营与管理情况,包括营收、开房率、客人表扬与投诉等;布置后两天的重要接待任务;奖惩裁定。

会议共分10个环节,由运转副总经理简要通报前次晨会布置工作的执行情况和安排新的工作。每次晨会都要求:不得迟到早退,发言简明扼要,每人限时1分钟发言;不做协调,若遇需要协调的问题,会后处理;做好会议记录。

该酒店自公布并执行例会制度后,管理人员终于从"会海"中挣脱出来了。

(资料来源:蒋一骊《酒店管理180例》,东方出版中心,1997年版。)

分析题:
(1) 有效的会议沟通应该具备哪些特点?
(2) 请简要评价该酒店的会议改革。
(3) 该酒店现行的会议沟通制度有哪些亮点?能给企业管理带来哪些启示?

第七章

时间管理

教学目标

◆ 认识时间管理的重要性；
◆ 掌握时间分析的方法；
◆ 掌握时间管理的技巧。

学习内容

学习时间的特性、时间管理的内涵与时间管理的作用；学会分析工作的重要性和紧急性；掌握时间分析法和常用的时间管理技巧，分析日常工作中时间管理的相关问题，进而学会运用有效的时间管理来提高工作效率，学会正确分配时间并充分、有效地利用时间。

第一节 时间管理概述

一、时间的内涵和特征

（一）时间的内涵？

假设你银行的账户每天清晨进账 86400 元，这笔钱任你支配，只是必须当天用完；即使没用完，过了 24:00 它也不再属于你。无论是把当天的钱全部用完，还是分文未动，次日清晨，你的银行账户照常会进账 86400 元。每天你想怎样使用这笔钱呢？

其实，这笔钱就是每天的时间，86400 秒。今天的 86400 秒过去了，明天的 86400 秒又来了。人们用心管理自己的金钱，计划每一笔钱的用途，对于一去不复返的时间却没有那么在意。酒店经理应该像管理金钱一样管理自己的时间。

时间究竟是什么？每个人都有自己的理解，一般来说，我们可以这样理解时间：时间就是金钱，时间就是生命，时间是一种资源，浪费时间是罪恶的。

（二）时间的特性

要想真正地了解时间并且管理时间，就必须对时间的本质有深刻的认识。时间有以下四个基本特性。

1. 供给毫无弹性

时间的供给量是固定不变的，在任何情况下都不会增加，也不会减少，每天只有 24 个小时，所以无法开源。

2. 无法蓄积

时间不像人力、财力、物力和技术那样能被积蓄或储藏。不论愿不愿意，每个人每天都必须消耗时间，所以无法节流。

3. 无法取代

任何一项活动都必须依赖时间，也就是说，时间是任何活动不可缺少的基本资源。因此，时间是无法取代的。

4. 一去不复返

时间无法像失物一样失而复得。它一旦失去，就会永远失去。金钱消耗了，尚可赚回，但倘若挥霍了时间，任何人都无力挽回。

二、时间问题的分析

在日常生活和工作中，总会有很多人抱怨"真的太忙了""总有那么多的事情要做""我的时间总是不够用""临时的工作太多了，一下打乱了我的计划""琐碎的事情太多了"……

经理们的时间为什么不够用？仔细分析后，我们或许会发现：很多人的工作没有计划或计划不周全；很多人做事情不分主次；很多人事必躬亲，不对下属授权；很多人办事拖拉，总将事情堆积在一起；很多人不会拒绝，将大事小事都揽起来；很多人存在消极思想，做事情不尽心尽力……总的来说，这些现象有些是由企业本身造成的，有些是由客观情况造成的。例如，人手不足，工作量过大；工作流程和组织制度有问题；上级的工作安排没有计划性；会议冗长，占用了时间；不速之客闯入；电话干扰；下属能力不足，不能独当一面等。但是真正追究起来，浪费时间的根本原因在于自己不善于管理时间。

三、时间管理的内涵与演进

对时间问题进行分析后，我们会思考：怎样才能在有限的时间内有成效地完成更多的工作任务，使工作效果更好呢？一位酒店督导只有掌握管理时间的技巧，才能应对繁重的工作和迎接更大的挑战。时间管理就是用技巧、技术和工具帮助人们完成工作，实现目标。时间管理并不是要把所有事情做完，而是要更有效地运用时间。时间管理不是为了完全地掌控，而是为了降低变动性。时间管理最重要的功能是将事先的规划作为一种提醒与指引。

时间管理理论有四个发展阶段。第一阶段着重利用便条与备忘录，强调在忙碌中调配时间与精力。第二阶段强调行事历与日程表，这反映出时间管理已注意到规划未来的重要性。第三阶段是讲求优先顺序的观念，也就是依据轻重缓急设定短、中、长期目标，再逐日拟订实现目标的计划，将有限的时间和精力加以分配，争取提高效率。这种做法有可取的地方，但也有人发现，过分强调效率会产生反效果，会使人失去增进感情、满足个人需要以及享受意外之喜的机会。于是许多人放弃了这种过于死板的时间管理法，恢复到前两阶段的做法，以保证生活的品质。第四阶段与以往截然不同的是，它否定了"时间管理"这个名词，主张管理的关键不在于时间，而在于个人。

的确，时间本身不是问题，因为每个人每天所拥有的时间都是一样多的。所以时间管理的关键不在于时间，而在于每个人如何分配自己的时间。时间管理即自我管理，自我管理即改变习惯，不断提高自己的能力和绩效。

四、时间管理的目的和作用

（一）减少时间的浪费

通过时间管理，能合理地规划工作，整合时间，减少时间的浪费。那些没有很好地管理时间的人，就像无头苍蝇一样，没有方向地到处乱飞，往往会白白浪费很多宝贵的时间。那些能很好地进行时间管理的人，能够很好地掌控他们的工作和生活，能够确切地知道一定时间内要做的事情，并能在一定时间内完成工作任务，他们往往过得十分充实。

（二）减轻工作压力

有效的时间管理可减轻工作压力。因为掌握有效的时间管理策略就能够合理地分配和使用时间，不至于总是感觉时间紧迫，能避免时间紧迫所带来的压力，不会造成紧张与不安。

（三）塑造积极向上的形象

对个人而言，浪费时间会让别人认为你没有工作能力，甚至会给别人留下不思进取的印象。进行时间管理的能力，会影响组织中其他人对你的看法。杰出的时间管理能力是把那些天赋和能力不相上下的人区分开来的重要因素，是某些人在事业上比其他人更有可能成功的基石。

（四）提高组织效能

有效的时间管理可使管理者在既定的时间内获得更多的时间来完成重要的事务，进而提高组织效能。

（五）促进目标达成

有效的时间管理为工作任务设计了日程表，能控制工作的进程，可以让组织成员有效率地完成组织的工作任务，能让组织的目标更快地实现。

第二节 时间分析的方法

现在很多酒店都要求经理每天填写工作日志，如果对其中罗列的各项工作任务进行分析，你会发现时间管理中的"80/20 现象"。在酒店经理繁忙的一天中，处理重要事情的时间往往只占 20%，处理次要事情的时间占 80%，这就是"80/20 现象"。重要的事情耗时少，次要的事情耗时多，这是一个普遍现象。酒店管理者要学会分析工作任务，区分轻重缓急，合理地安排工作时间，做好要事。

一、时间价值的分析

时间价值的分析主要是指用算术方法衡量时间的价值，也就是单位时间（小时、天）值多少钱。进行时间价值的计算，可以帮助我们理解时间的价值。我们可以进行成本价值法的计算，即年薪（或年度人工成本总额）与工作时间之比。比如，假设每年有 242 个工作日，每个工作日的工作时长为 7 小时，合 1694 个小时，若年薪是 35000 元，每天的价值约 144.63 元，每小时的价值约 20.66 元，每分钟的价值约 0.34 元。我们也可以进行收入价值法的计算，即创造的价值（年销售额或年利润额）与工作时间之比。比如，某人一年完成了 1000 万元的销售额（假设一年工作 242 天，每天工作 7 小时），那么他每天创造的价值约 4.13 万元，每小时创造的价值约 0.59 万元，每分钟创造的价值约 0.01 万元。

时间价值计算法的启示：每个人的每一天、每一小时、每一分钟都有价值，钱是一分一分挣来的，浪费时间等于浪费金钱。用上面的两种方法计算时间价值，我们就知道浪费了多少时间，浪费了多少金钱。我们要学会规划时间，使宝贵的有限时间用在可以产生最大收益的活动上。

二、工作紧急性分析

工作紧急性分析是指分析每天（每周、每月）的工作紧急程度，根据紧急程度安排工作的先后顺序。在实际工作中，我们可以使用工作紧急性分析表（见表 7-1）。此表使用的基本思路如下：首先将工作事项的紧急性分为四档，即非常紧急，马上要做；紧急，短时间内要做（一般是指当天要做）；不是很紧急，可从长计议（可以纳入计划）；不紧急，无时间要求。其次统计频次，即不同紧急程度的工作事项各有多少（每天、每周或每月）。最后统计时间，即完成不同紧急程度的工作事项所占用的时间。

工作紧急性分析法的启示：
(1) 统计每天、每周、每月非常紧急的三项工作。
(2) 非常紧急的工作事项如果频繁出现，应考虑采用授权式的管理方法。
(3) 紧急事项越多，时间管理问题越大。
(4) 紧急、非常紧急和不紧急事项，所占时间比重越大，时间管理问题越大。
(5) 除非常紧急之外，要分析紧急事项是否真的那么紧急。

表 7-1　工作紧急性分析表

姓名：　　　　　　　　　　　　　　　　　　　　　　　日期：　　年　月　日

工作事项	非常紧急 （马上要做）	紧急 （短时间内要做）	不是很紧急 （可从长计议）	不紧急 （无时间要求）
频次				
时间				

注：在紧急性的四格中打"√"即可。

三、工作重要性分析

工作重要性分析是指分析每天（每周、每月）的工作重要程度，根据重要程度安排工作的用时。在实际工作中，我们可以使用工作重要性分析表（见表 7-2）。此表使用的基本思路如下：首先将工作事项的重要性分为四档，即非常重要，必须做（其他事情都可以不做）；重要，应该做（不做就会出问题）；不是很重要，可做可不做（做比不做好一点）；不重要，可不做（做也不见得好）。其次统计频次，即不同重要程度的工作事项各有多少（每天、每周或每月）。最后统计时间，即完成不同重要程度的工作事项所占用的时间。

工作重要性分析法的启示：
(1) 统计每天、每周、每月非常重要的三项工作。
(2) 非常重要的工作，如果很紧急，则与时间管理无关。
(3) 重要的工作事项所占时间越多，时间管理就越合理。
(4) 一定要消除不重要的工作事项，可通过授权压缩不是很重要的工作事项。
(5) 要对重要的工作事项进行分析。

表 7-2 工作重要性分析表

姓名：　　　　　　　　　　　　　　　　　　　　　　　　　　　　日期：　年　月　日

工作事项	非常重要 （必须做）	重要 （应该做）	不是很重要 （可做可不做）	不重要 （可不做）
频次				
时间				

注：在重要性的四格中打"√"即可。

四、要事分析法

基于重要性和紧急性的分析方法的综合使用，酒店经理能在每天的工作中，明确事情的轻重缓急并确定哪些事是要事，从而合理安排事情的完成顺序，如图 7-1 所示。

图 7-1 要事分析图

要事分析法的基本思路如下：

首先要区分工作的紧急程度，有些工作特别紧急，要马上处理，按照优先顺序的原则，紧急的事排在前面，不太紧急或不紧急的事排在后面。

其次要区分工作的重要性程度，重要的工作要花费较多的时间和精力，不太重要或不重要的工作只需花费较少时间。按照优先顺序原则就是重要的排在前面，不重要的排在后面。

最后将二者结合起来分析，在图 7-1 中找到所属的象限。从图中可看出，那些重要性和紧急性都偏低的工作任务是次要事，不急于完成。那些重要性和紧急性都很高的工作任务是要事，也是值得投入的事，这些要事必须完成。重要性很高，但紧急性偏低的工作任务是大事，事情虽然重要，但不急，可以稍后完成。然而如果没有在规定时间内完成，它就会变成第一象限的工作，其实第二象限的工作是最有价值的，需要未雨绸缪。紧急性很高，而重要性偏低的工作任务是急事,虽然不是很重要,但要尽快完成。这样的事情往往会消耗我们的时间,可考虑授权。事情类型的界定及举例说明如表 7-3 所示。

表 7-3 事情类型的界定及举例说明

事情类型	特 征	说 明	举 例	处 理
要事	重要 紧急	必须马上做,对公司、部门或者个人有重大影响	危机; VIP 客人投诉; 有限期的任务; 重要会议的准备	立即做
大事	重要 不紧急	对公司和部门的影响很大,但是不需要马上完成	准备及预防工作; 做工作计划; 关系的建立; 培训工作	稍后做
急事	不重要 紧急	这类事情需要马上做,但是对公司和部门的影响不大	干扰电话,参加某些会议; 某些紧急的琐事,如灯泡报修	授权做
次要事	不重要 不紧急	既不紧急又不重要的事	烦琐、重复的工作; 浪费时间的闲聊; 回复无关紧要的信件; 看太多的电视剧	不做

要事分析法可以帮助酒店经理更有效地完成工作任务。一旦确定是要事,就必须完成。每天的工作要从要事开始,从那些既重要又紧急的工作开始,并且尽量使自己在处理要事时不受干扰。可把当天或第二天的要事排列出来逐项完成,做完一项再做一项,直到完成为止。做完要事后,可重新检查工作任务的重要性和紧急性,重新进行要事排列,再从完成要事开始。有些急事,虽然不重要,但有时间要求,也要优先处理。

五、干扰因素分析法

酒店经理的工作有时不能按计划进行,会受到很多因素的干扰。干扰因素分析法即分析哪些因素干扰了正常的时间安排,以便寻求治理的措施。我们可以运用干扰因素分析表来对照分析(见表 7-4)。

该表使用的基本思路如下:首先找到工作中的干扰因素,依次填入表格。其次对干扰因素进行排序,通过排序,找出排在前三位的干扰因素并加以排除,也可只找出排在第一位的干扰因素并加以排除。注意每次不求多,但求找出干扰最大的因素。再次列出干扰者和干扰所带来的后果。最后寻求排除干扰因素的对策。

表 7-4　干扰因素分析表

干扰因素	干扰者	排序	后果	对策
缺乏自律				
文件杂陈				
拖延				
不会拒绝				
职责混淆				
突然约见				
当下想干的事太多				
经常"救火"				
条理不清				
计划不周全				
无效会议				
不速之客				
电话干扰				

第三节　时间管理的技巧

一些成功的酒店职业经理人往往能有条不紊地工作和学习,也能将生活和娱乐活动安排得井井有条。有的经理在分享心得的时候会说,"我有一本工作效率手册""要让授权成为一种工作风格和管理方式""我每天花 30 分钟做计划""关键是要有抗干扰的方法""不要接烫手的山芋"等。的确,酒店管理者要避免浪费时间,唯一的途径便是掌握时间管理的技巧。

一、做好规划,要事第一

做事情不能"兵来将挡,水来土掩",更不能"脚踩西瓜皮,滑到哪里算哪里"。酒店督导每天的工作十分琐碎,每周、每月还有周期性工作,所以一定要预先规划时间,制订每天、每周、每月、每年的工作计划。还要掌握时间分析方法,分清轻重缓急,抓住重点。比如,可提前制订工作计划,为重要的事留出充足的时间。

二、克服办事拖拉的习惯,当日事当日毕

办事拖拉或行动缓慢是非常坏的习惯。导致管理者办事拖拉的原因如下:遇到不愉快的事情,没有心情做事;遇到困难的事,不愿意去面对;遇到重大决策,不敢轻易做决定。应对拖延的方法主要包括:制定工作完成期限;建立反馈制度,进行阶段性检查;安排人监督工作;把工作分为几个小部分,逐个击破。

三、追求零缺点,第一次就把事情做好

在工作中,如果第一次没有把事情做好,后续补救工作所耗费的时间和人力更多。比如某道菜没有做好,遭到了客人的投诉,这就等于浪费了时间且没做好事情,酒店要重新给客

人做菜。第二次把事情做好要浪费更多的时间和成本,所以最好第一次就把事情做好。第一次就把事情做好是著名管理学家克劳士比"零缺陷"理论的精髓。

很多人在工作中都发生过越忙越出问题的状况,往往解决了旧问题,又产生了新问题,结果自己不得不手忙脚乱地改错,浪费大量的时间和精力。所以,盲目的忙毫无价值,必须被终止。即使再忙,我们也应在必要的时候停下来思考,不能盲目地应付差事。第一次就把事情做好,把该做的工作做到位,这正是解决"忙症"的要诀。

四、保持文件和物品的整齐有序

杂乱的办公桌,随意堆积的文件和物品,无疑会影响管理者的工作效率。因为堆积的文件将妨碍注意力的集中,导致情绪紧张,增加查阅的时间。造成物品杂乱的原因或许是半途而废的工作习惯;或是为了避免文件被遗忘,而将它们摆在办公桌上,以便随时查看;或是不授权给下属,结果许多本来可以由下属处理的文件都要交到管理者那里;或是无法当机立断,文件越积越多。

文件的堆积可以被看作是"无条理,犹豫不决,办事顺序混乱,效率不高,事必躬亲"的象征。要解决这个问题,就要保持物品的整齐有序,把同类物品放在一起,编号并贴上标签;创立一套高效处理文件的方法,做事应尽量简化;及时清理每天的资料或文件,每天下班之前将办公桌整理就绪。

五、排除工作中的干扰因素

电话、来访、突然约见等,会干扰我们的正常工作,很多酒店经理对此进行抱怨,但也无可奈何。对待干扰的方法有很多,有人消极地应对,也有人对其视而不见。比较好的策略是将被干扰的时间缩短,将其负面影响减至最小,如表7-5所示。

表7-5 常见的应对干扰因素的策略

干扰因素	干扰者	策略
不速之客的干扰	下属,同一级别的同事	由秘书全权安排约会事宜; 采取有条件的门户开放政策; 规定接见下属的时间; 限时面谈; 移樽就教; 站立会客
电话干扰	同事,家人,客户,朋友	控制通话时间,不偏离主题; 安排他人接听电话; 用稍后回电的方式,使手上更重要的工作不被打断; 避免接听可以由他人(秘书或助理)直接处理的电话; 设定不必接听的电话

续表

干扰因素	干扰者	策　略
突然约见	上级	有些事情可交由他人代办； 立刻过去,控制会谈时间,适时离开； 商量延迟会见的时间； 建议用其他方式沟通,如电话、网络等
冗长的会议	会议	弄清会议主题及要求； 如果不必出席,可派人去参加； 若是单向沟通会议,建议运用备忘录或其他方式准时开会,控制会议时间； 个人发言时要言简意赅

六、用好零碎的时间

在日常生活和工作中,我们往往会有很多零碎的时间,这些时间虽不连续,但是累加起来也不少。有效利用零散时间的基本方法如下。每天乘车时,可以学习外语,看一些相关文件(如公司报表),或听广播接触新的商情,也可以计划一天的行程与工作内容。在午餐时间,和同事们一起吃饭、喝茶,联络感情,互相交流。在休息时间,如果不疲倦,可以做一些闲事,如打电话、看书、看报等。在等待的时候,可以看口袋书,或思考一些需要长时间思考的问题。

七、巧妙授权

管理学的授权是指管理者根据工作的需要,将自己拥有的部分权力授予下属去行使,使下属在一定的制约机制下放手工作的一种领导方法和艺术。授权不但可以合理分配酒店经理的工作时间,将工作分配给适合的个人和团队,帮助个人和团队培养技能,而且可以满足下级的归属感,发挥团队自我管理的作用。授权的基本原则如下：

(1) 大权独揽,小权分散,领导者要将小权授予下属,从烦琐的事务中脱身。
(2) 分工明确,权责相称,有职有权,授权指令要具备完整、明确、可行三个要素。
(3) 合理分工,责任落实,能分派给一个人完成的工作任务,决不分派给两个人;分给集体的工作要明确负责人。
(4) 授权给下属的工作要有一定难度,使其有紧迫感,且完成后有成就感。
(5) 管理者应鼎力支持被授权者制定的措施,并为其承担必要的责任。
(6) 应由简到繁,循序渐进地进行授权。
(7) 当被授权者有困难时,管理者不应只告诉他解决方法,还应帮他寻找解决方法。
(8) 管理者在授权后应对被授权者进行追踪。
(9) 对待不同的下属,授权与控权要有所不同,有的可完全授权,有的可部分授权。

酒店经理授权时可以遵循以下思路：先明确授权任务,确定哪些工作可以授权(见图

7-2),确定完成任务的预期目标、所需资源、所需支持、完成期限等;然后确定授权人选,选择有能力完成此项工作任务的员工;接着交代工作任务,交代任务时要表达对员工的信任,申明授权工作任务的重要性,并鼓励员工提问,听取员工的建议;接下来要明确授权的方式,是进行完全授权还是部分授权;还要给予持续支持,在工作过程中,要检查工作的进展情况,肯定员工的成绩,给予鼓励并进行指导;最后授权任务完成后,要对员工的贡献加以认可。

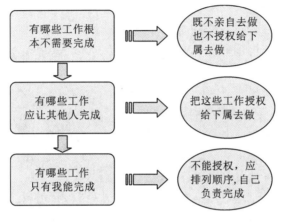

图 7-2　工作分析与授权

  核心关键词

时间管理	time management
时间价值分析	time value analysis
时间管理技巧	time management skills

  思考与练习

1. 简述时间的特性及时间给你的启示。
2. 时间管理的内涵是什么?
3. 时间管理有什么作用?
4. 如何进行工作的重要性和紧急性分析?
5. 如何确定要事?
6. 常用的时间管理技巧有哪些?
7. 结合你的生活、学习或工作,谈谈如何进行有效的时间管理。

案例分析

王经理的一天

8:30,总经理打电话让王经理去谈话,主要是关于公司人力资源规划的问题,其间,总经理接了一个电话,有客人来访,他们的谈话一直持续到10:00。

10:00,王经理准备布置工作,又有人打电话来咨询有关新入职人员薪资的问题。

10:20,王经理开始给下属布置招聘工作,中间不断有其他下属进来请示工作,布置工作一直持续到11:00。

11:00,王经理对秘书上报的文件进行批示、处理,阅读文件、各类报告、建议书等,到12:00,还有一部分没有看完。

12:00,王经理匆匆吃完饭,看了一会儿报纸,与同事聊了一会儿天,突然想起总经理交代的关于人力资源的规划报告还没有完成,于是赶紧冲进办公室。

14:00,王经理与销售经理约好讨论招聘营销人员的事宜。由于对招聘主管的工作不放心,本应是下属的职责,他却又全揽了下来,招聘计划、招聘人员资格的具体要求等都由他自己确定,此项工作花费了2小时。

16:00,王经理刚开始写人力资源规划报告(第二天要提交给总经理),一个下属进来请示和审批,同时他们聊了一会儿个人的私事和公司最近的传闻。

16:30,王经理召集下属开会,因为下属反映部门内部不团结,他必须就此事进行强调。但会议不仅没有达到预期目的,还拖延了时间,会议一直持续到17:00。

17:00,下属走后,王经理一看已经过了下班时间,已经没有时间写报告,只好带着自己未写完的报告和要处理的文件回家,看样子他今晚又得加班到午夜了。

(资料来源:根据相关资料整理。)

分析题:

(1)请分析王经理的时间为什么不够用。
(2)王经理应该如何排除干扰因素?
(3)请给王经理一些时间管理方面的建议。

第八章

前厅部督导管理

教学目标

◆ 了解酒店前厅部督导岗位的工作职责与工作内容;
◆ 熟悉前厅部各岗位的督导工作检查标准及常用的各种业务表单;
◆ 掌握前厅部督导工作程序规范;
◆ 掌握前厅部督导在日常工作中经常遇到的疑难问题的解决技巧。

学习内容

了解前厅部督导工作职责和内容,熟悉前厅部督导工作程序规范、工作检查标准及常用的各种业务表单,分析处理前厅部常见问题;对前厅部员工进行有效的督导,建立良好的宾客关系。

第一节 前厅部督导工作职责和内容

一、前厅部的工作任务

前厅部是酒店的首席业务部门,主要任务是客房预订、前厅接待、信息咨询、委托代办、客人行李运送、转接电话和商务中心服务,使客人顺利抵店、离店,并在住店过程中享受高效、优质的服务。

(一) 销售客房

销售客房是前厅部的首要任务,在高星级酒店的整体营业收入中,客房销售一般可占60%以上。前厅部推销客房数量的多与少、达成价格的高与低,不仅直接影响着酒店的客房收入,也间接地影响着酒店餐厅、酒吧的收入。客房商品具有价值不可储存的特点,所以前厅部员工必须尽力寻找客源,推销客房商品,提高客房出租率,以实现客房的价值。

前厅部在参与酒店的市场调研和市场预测、参与客房定价及促销计划制订的基础上,配合销售部进行宣传促销,主要负责开展客房预订业务,掌握并控制客房出租状况,为客人办理登记入住手续,安排住房,在酒店总体销售计划的指导和管理下,具体完成未预订客房的销售和已预订散客的实际销售。

(二) 联络和协调对客服务

前厅部是酒店与客人沟通的桥梁,它根据客人的要求,使客人与酒店各部门之间保持有效联系,密切配合,及时传输有关客务信息,协调涉及多个部门的宾客事务,保证对客服务的准确、高效,为酒店树立良好形象。

前厅部要向有关部门下达各项业务指令,然后协调各部门解决执行指令过程中遇到的新问题,联络各部门为客人提供优质服务。

(三) 管理客账

前厅部是酒店业务运行过程中的财务处理中心,要做好客人账单的管理工作。一般来说,前厅部需为住店客人分别建立账户,根据各营业部门传来的客账资料,及时记录客人在住店期间的各项用款,且进行每日核计、累加,保证账目的准确,以便在客人离店前为其顺利地办理结账事宜。

(四) 提供各类综合服务

前厅部是对客服务的集中点,承担着对客服务的各项工作,如门厅迎送服务、问询服务、投诉处理,以及为客人提供行李搬运服务、出租车服务、邮电服务等。

(五) 处理相关信息资料

前厅是客人活动的中心,也是各类信息的集散地,包括外部市场和内部管理等各类信息,大到旅游业发展状况、世界经济信息,小到开房率,以及客人的住店、离店、预订情况等,因此,前厅部不仅要收集这类信息,而且要对其进行加工、整理,并送传到相应的经营、管理部门。

二、前厅部的督导岗位设置

前厅部的督导岗位常常根据酒店的规模、星级等实际情况而设置。就一般酒店而言,按前厅部向客人提供服务功能的特点,可对前厅部基层督导岗位进行如下分类。

(1) 大堂副理。
(2) 前台主管、总机主管、礼宾部主管、商务中心主管。
(3) 前台领班、总机领班、礼宾部领班、商务中心领班。

三、岗位职责

(一) 大堂副理

1. 岗位概要

大堂副理是酒店总经理的代表,对外负责处理客人的投诉和意见,平衡协调酒店各部门与客人的关系;对内负责维护酒店正常的秩序及安全,对各部门的工作起监督作用。

大堂副理的主要工作职责是代表酒店接待每一位在酒店遇到困难而需要帮助的客人,包括回答客人的疑问、解决客人的疑难、处理客人投诉等,在必要的时候,可调动酒店的资源以应对客人的紧急需要。因此,大堂副理是酒店和客人沟通的桥梁,能为酒店建立良好的宾客关系。

酒店的前厅设有大堂副理接待客人的办公桌、座椅,大堂副理24小时都要值班,必须熟悉酒店经营情况,各个部门的职责、业务范围、服务项目等。

2. 岗位职责

(1) 热情友好地接待客人。永远给客人留下友好、文雅、整洁和训练有素的职业形象。

(2) 帮助客人解决疑难问题。当客人不知道餐厅、娱乐场所、健身房、商店、美容中心等位置时,要为他指明方向或带他去目的地;对于其他疑难问题,也要尽力帮客人解决。

(3) 帮助客人查询。若是在店内或市内的,要尽可能帮客人查询,并将查询结果告诉客人。要对客人的遗失物品做详细记录,如姓名、房号、遗失物品的类别、数量、遗失的地点、时间,客人的住址等,记录好后转告保安部和有关部门,请他们协助查找。在客人住店期间如果能查到,要及时告知客人;如果查不到,也要答复客人。

(4) 处理投诉。投诉是客人针对酒店的服务质量而提出的意见。投诉可以是书面的,也可以是面对面的。客人投诉可以表达不满,也可提建议。受理投诉时,不论是什么内容,或出于什么理由,都要以热情、友好的态度对待客人,都要向客人道谢。对客人投诉的内容要做详细记录,并与被投诉的单位领导或个人进行核实,并将核实的情况和处理结果以口头或书面形式答复客人,使客人感到处理是实事求是的,是负责任的。

(5) 维持大堂的秩序,确保客人的安全。若秩序混乱或有不安全的隐患,要及时进行处理,也可指示保安人员进行处理。

(6) VIP客人抵店和离店时,大堂副理应陪同总经理和部门经理在门前迎送客人。

(7) 对于大堂发生的一切事情或处理不了的问题,要及时向部门经理或总经理汇报;每隔一段时间,要将积累的数据及处理的有关事项整理成文件,通报管理层,以便引起各级领导的关注和重视。

3. 工作内容

(1) 检查前厅部各岗位工作人员的仪表和工作效率,并将所发生的事情向前厅部经理报告。

(2) 使管理者和客人之间保持和谐的关系,对客人的投诉要尽快处理,同时要尽量满足客人的要求。

(3) 做好重要客人的预订、登记和入房接待工作,保证团队顺利入住并尽可能迎候每一位抵店的客人。

(4) 检查为重要客人安排的房间,并告知客房部需要清理的物品,确保被批准的赠品申请单上所列各项要求的落实。

(5) 按照规定工作程序放置水果、鲜花和礼品。

(6) 酒店客满时,要根据情况向那些已预订而未能入住的客人介绍其他的同类酒店,并提供交通工具。

(7) 检查房间销售日报表、折扣房价表及其他报表;根据酒店的制度和政策以及客人数量,给予权限内的优惠。

(8) 检查酒店的大厅及公共区域的情况,并将发现的问题及时告知有关各部门。

(9) 协助保安部人员调查异常事件,谢绝不受欢迎的客人;对异常情况和不受欢迎的客人进行适度的检查,将情况记入值班日记。

(10) 每天坚持记录酒店的经营情况并上报前厅部经理,负责记录酒店内发生的事故,以及上报有关客人的财产损失和人身伤害的情况。

(11) 如遇紧急情况和重要事件要及时向总经理汇报;必要时,要依据紧急情况处理程序进行处理。

(12) 夜间值班要注意以下事项:

①掌握夜间来访者的进出情况,检查晚间进店的重要客人的房间。

②检查无人认领的电传、失物及招领单。

③确保所有叫醒电话落实到位。

(二) 前台主管

1. 岗位概要

前台也称总服务台,它设在酒店大堂的醒目位置,其主要功能是为客人提供预订、入住接待、收银、咨询等服务。前台主管直接对前厅部经理负责,协助前厅部经理做好日常管理和客人接待工作。

2. 岗位职责

(1) 主持前台工作,根据业务要求和工作程序,监督预订、接待、收银、咨询等各项业务的运行。

(2) 负责编制员工工作表,合理安排员工的工作,管理和调配本部门使用的各项消耗品,严格控制成本,及时传达上级的指示。

(3) 负责检查每日的工作,主持召开班前例会,布置并检查当日重要的接待工作。

(4) 掌握预订情况和当天客情,根据当天到达及离店房客名单,最大限度地销售即时客房。

(5) 参与接待工作,有效地解决客人投诉和本部门的相关问题,积极与相关部门进行协调及联系。

(6) 检查并负责本部门的安全和消防工作,负责安排重要客人的接待工作,检查重要留言的落实情况。

(7) 制订并组织实施培训计划;帮助下属解决工作中遇到的难题,处理工作中的差错和事故。

(8) 正确地评估员工的工作,负责部属员工的考核工作。

(9) 及时了解员工的思想动态并报告部门经理,检查本部门员工的仪容仪表、礼貌用语的使用情况及工作效率。

(10) 负责接待处设备的保管、维护、保养。

(11) 制定每月营业分类报表。

(三) 前台领班

1. 岗位概要

前台领班要协助前台主管督促前台员工按照工作程序和标准为客人提供优质服务。

2. 岗位职责

(1) 主持召开分管班组的班会,负责工作指令的上传下达。

(2) 负责安排分管班组员工的具体工作(排班、考勤、评估),检查分管班组员工的服务质量及仪表仪容,确保员工按工作要求及标准为客人提供服务。

(3) 掌握客情及预订资料,检查并落实当日抵店的团队及重要客人的接待工作。若遇特殊情况,比如客人没有按时抵达、延长住房日期、提前离店或发生其他紧急事件,如果处理不了,要及时上报主管。

(4) 确保入住登记单详细、准确、清晰,符合有关部门的规定。

(5) 每天检查并准确了解客房状态,告知有关部门关于换房、VIP房和特殊安排房的情况。

(6) 及时处理客人的投诉,若遇不能解决的问题要及时报告主管。

(7) 督促分管班组员工履行卫生值日工作,确保环境整洁。

(8) 检查分管班组的交班本,详细记录交接班事项,如重要事项或需下一班继续完成的事项都应详细记录,并在交班时签上自己的名字。

(9) 发送信件、存放邮包和记录留言。

(10) 收集并分析客人需求,向前厅部经理提出建议,并不断修订资料。

(11) 统计分管班组每月营业收入和预算,报前厅部经理审阅,控制班组月度费用。

(12) 做好与其他班组的横向沟通及分管班组的内部沟通。

(四) 礼宾部主管

礼宾部是前厅部的一个分部门,它代表酒店迎送每一位客人,为客人搬运行李及寄存行李,此外,还负责为客人安排车辆和整理邮件,负责整个酒店的报纸和邮件的派送。

1. 岗位概要

礼宾部主管在前厅部经理的指导和管理下,全面负责礼宾部的管理工作,检查礼宾部的工作程序和服务标准,带领全体行李员为客人提供优质的服务,为酒店树立良好的形象。

2. 岗位职责

(1) 落实并执行前厅部经理的指令,全面负责礼宾部的工作。

(2) 向领班布置每日的具体工作任务,在酒店接待特殊客人时指挥门前的服务工作,保证贵宾满意。

(3) 对抵店和离店客人分别表示欢迎和欢送,安排人员准确运送团体和散客行李。

(4) 指导、监督并考核本部门员工遵守纪律和执行工作程序的情况。负责本部门的排班及考勤工作,检查员工的仪容仪表和工作表现。培训员工,使他们了解酒店的规章制度并按规章制度做好自己的本职工作。进行定期评估,根据员工的工作表现执行奖罚制度。

(5) 向接待处查询当日预抵和预离客人名单,向前台收银处查询客人结账情况,以便安排工作。

(6) 为预抵团体做好必要的准备工作。

(7) 分配本部门员工的工作,及时递送各种表单、报纸、信件、传真、留言及包裹等。

(8) 每天检查行李部设备,确保其工作状态良好;做好行李部设备的保管、清洁和保养工作。

(9) 留意大厅内其他布告,保持其正常放置及布告内容的时效性;关注大厅出现的异常情况,及时向大堂副理、保安部、前厅部经理汇报。

(10) 按规范检查和填写交接班本。

(11) 负责各项委托代办业务。

(12) 协调本部门与相关部门的关系,保证礼宾部的正常运作。

(五)礼宾部领班

1. 岗位概要

礼宾部领班在礼宾部主管的指导和管理下,具体负责酒店的行李运送服务、迎宾服务及大厅环境卫生的清洁工作。

2. 岗位职责

(1) 合理调配当班服务人员,准确、及时地运送团队和散客的行李,为进出酒店的客人提供规范服务。

(2) 按规定要求检查员工的礼节、仪表、着装、劳动纪律和工作效率。

(3) 督促员工按操作标准进行工作,协助主管培训新员工,对老员工进行在职培训。

(4) 处理客人对本班组的投诉。

(5) 定期检查行李房行李保管情况,确保其完好无损。

(6) 监督行李运送服务工作,负责处理行李运送过程中出现的差错及责任事故,确保客人的行李安全无误。

(7) 协助总台确认结账离店客人。

(8) 填写交接班表及工作日记,保证所有报表的准确性并及时送出。

(9) 加强与其他各部门的联系,协调各项工作。

(六) 商务中心主管

1. 岗位概要

商务中心主管主要为客人提供电话、传真、复印、打字等服务。商务中心主管是酒店商务中心的负责人,向前厅部经理汇报工作,负责商务中心的管理工作,确保商务中心的工作能按酒店有关要求正常地进行。

2. 岗位职责

(1) 督促下属领班和服务员履行各自的职责,并指导他们的工作,根据下属的工作表现进行奖惩。

(2) 负责商务中心员工的班次安排,监督员工的出勤情况,随时检查员工的礼貌服务、工作态度以及执行工作规程、员工守则的情况。

(3) 了解员工的工作情况及思想动态,帮助员工解决工作中的难题,并督促员工履行职责。

(4) 有效处理客人的投诉。

(5) 负责制作本部门的各种报表。

(6) 负责员工的培训工作,包括业务培训、外语学习及操作技巧培训,并进行定期考核与不定期抽查。

(7) 检查当班工作记录,妥善完成上级交办的其他任务。

(8) 负责工作设备的保养及清洁工作,确保各种设备的正常运行。

(9) 与酒店有关部门保持密切联系,确保各项业务的顺利进行。

(七) 商务中心领班

1. 岗位概要

商务中心领班直接对商务中心主管负责,全面负责商务中心各项服务工作。

2. 岗位职责

(1) 熟悉本班的各种程序和业务,对员工的工作态度、服务质量以及工作进程进行细致的管理。

(2) 负责检查员工的仪容仪表,了解员工的思想动态和工作情况,督促员工按规范程序工作,定期或不定期地向主管汇报。

(3) 当班期间,协调商务中心的一切营业性服务工作,安排组织员工的具体工作,负责对电脑单据底稿进行细致核对。

(4) 负责检查员工的工作质量,负责制作各种报表,确保工作设备和环境的整洁。

(5) 做好当天当班的工作记录。

(6) 负责有关传真等业务的服务质量把关,负责业务通知、来函致电的收发等情况。

(7) 负责机器设备的使用及故障维修。

(八) 总机主管

1. 岗位概要

总机主管负责电话机房的全面管理工作,向前厅部经理汇报工作。负责计划、监督和指导总机的运营管理,组织话务员顺利有效地完成电话接通、电话叫醒、国际和国内长途拨打、电话业务查询等服务项目。严格检查和监督通信保密制度的实施,维护客人利益。

2. 岗位职责

(1) 合理调配员工,负责组织制定电话机房的规章制度和员工值班表。

(2) 负责酒店电话号码单的编辑和制作,并及时提供给各部门使用,有变化的电话号码要及时更改。

(3) 确保在客人打完长话后,及时制单并送至前台收银处,以免造成走单。负责每月末向财务部报长话费用月总额表和内部长话转账单。

(4) 有重要客人接待任务时,要提醒当班人员予以重视,并及时检查。

(5) 监督接线员,要求其严格遵守电子计算机操作程序及注意事项,发现问题要及时处理,并上报领导。

(6) 处理客人有关电话服务的投诉。

(7) 针对酒店发生的失火、盗窃、客人患病等突发事件,要迅速通知有关部门妥善处理。

(8) 负责组织培训,提高员工的专业技能。负责评估、考核和监督员工的工作,按照制度实施奖惩。

(9) 提醒员工要爱护机器设备,定期与工程部联系,检查电话线路和有关设备的工作情况,及时保养和维修设备,并保存记录,确保电脑终端运转正常。

(10) 协调总机班组与酒店其他部门之间的关系,与各部门保持良好的沟通。

(九) 总机领班

1. 岗位概要

总机领班在总机主管的指导下负责总机房的管理工作,负责监督员工顺利有效地完成电话转接、电话叫醒、代拨电话、留言、保密电话等相关的业务咨询。

2. 岗位职责

(1) 随时留意特别的电话,清楚电话的来源及其重要性。

(2) 要求每个员工按工作流程及规范操作。根据情况需要,亲自接听重要客人和酒店负责人的电话,提供最好的服务。

(3) 时刻检查客人的"叫醒服务登记本",检查员工是否已经准确地将叫醒时间输入系统。

(4) 督促员工随时做好电话留言的记录,并将留言内容记录在留言本上,再转告相关的客人。

(5) 时刻检查电话计费系统屏幕,如发现系统出现故障,应立即通知电脑部。

(6) 每天定期核对房态表。更新各种资讯和资料,为员工提供有关服务信息。

(7) 负责评估、考核和监督员工的工作。向总机主管提出培训建议,不断提高员工的专业技能。

(8) 记录所有的传呼电话和传呼系统故障情况,若发现故障,立即报告上级领导。

(9) 对于酒店内的突发事件(失火、盗窃、客人患病),应保持冷静,及时通知相关部门妥善处理。

(10) 做好交班记录,确保各种报表准确无误。

第二节　前厅督导管理程序与规范

一、大堂副理督导工作程序规范

(一) 参加酒店会议

1. 应前厅部经理的临时委托,代其参加酒店晨会

(1) 记录会议精神及酒店对部门的要求。
(2) 传达信息,落实本部门的工作要求。
(3) 将信息反馈给大堂副理。

2. 协调酒店的相关事宜

(1) 通报及协调相关事宜,提出建议。
(2) 记录并跟进其他部门的协调要求。

3. 每日参加由前厅部经理主持的晨会

(1) 通报部门特殊客人(VIP、投诉的客人)的信息。
(2) 汇报今日工作重点。
(3) 记录会议要求。

4. 参加前厅部经理主持召开的一周部门例会

(1) 记录会议内容和部门对工作的要求。
(2) 通报上周工作及布置任务的完成情况。
(3) 汇报本周工作计划及需其他部门协助的事项。

(二) 召开部门会议

1. 检查仪表仪容

要求员工着装整洁,发型标准,皮鞋光亮,袜子无抽丝,化好淡妆,不留长指甲,并逐个检查。

2. 布置当日任务

讲解当日任务和标准,以及怎样做,用何种工具。

3. 提供培训

(1) 培训英语或其他语种,要求发音标准,声音洪亮。
(2) 先讲解要点,再对员工进行抽查。

4. 报夜班提供的夜间进店、离店房号

(1) 记录相关信息,确保准确无误。

(2)重点强调当日进店的贵宾和团队,以及有特殊要求的客人及其房号。

(三)现场督导巡查

1．检查服务工作和卫生状况

(1)经常进行走动式检查,若发现员工在工作中出现问题,或发现不符合酒店要求的行为时,要及时指出,予以纠正。

(2)对楼层公共区域卫生状况进行检查,如发现维修项目要及时报修。

(3)检查物料消耗情况,如发现漏洞要提出调整方案并予以落实。

2．确保房间质量

(1)每日抽查领班检查过的房间。

(2)房间清洁卫生符合酒店要求,物品配备齐全。

(3)检查待修房的卫生和维修项目,维修好后马上恢复使用。

3．负责VIP的接待工作

(1)检查VIP房间的准备工作,根据接待要求,对VIP客房的卫生、设备进行检查,确保其按酒店要求布置。

(2)检查酒店VIP的服务规范,确保其符合酒店要求,务必使客人满意。

4．管理楼层钥匙

(1)万能钥匙的领用和归还记录要完整、清晰。

(2)钥匙使用符合要求。

5．检查工作记录

(1)检查领班的工作日志,确保记录完整。

(2)抽查服务员、清扫员的工作日志,要求服务时间准确,交班内容无遗漏。

6．检查消防器材

检查所辖区域内摆放的消防器材,确保其摆放位置正确,确保无空瓶、无灰尘,在保质期内。

7．召开班会,培训员工

(1)指出存在的问题和解决方法。

(2)布置工作任务,提出要求及目标。

(3)根据制订的培训计划开展培训。

(4)员工受训后,要了解培训内容,掌握操作规范,使自己的行为符合要求。

(四)处理突发事件

1．了解事件发生的过程

(1)听取汇报。

(2)亲自了解。

2．提出解决建议

(1)客观分析。

(2)维护酒店正常接待秩序。

3. 实施解决方案

（1）让客人接受解决方案。

（2）维护酒店利益。

4. 备案

（1）对事件进行跟踪处理。

（2）重视客人对处理结果的信息反馈。

（3）在部门内部开展专题培训。

（五）处理客人投诉

1. 倾听

（1）认真倾听，保持目光接触，准确了解每一个细节，不要打断客人。

（2）礼貌地向客人道歉。

（3）询问客人的姓名和房号。

2. 解决问题

（1）详细了解情况，做出具体分析。

（2）找出解决问题的方法并征询客人的意见。

（3）热诚帮助客人解决问题，不能推诿拒绝。

（4）无论投诉性质如何，均不得表现出对客人的不信任。

（5）如不能马上答复客人，应立即请示上级。

（6）首先向客人道歉，然后在道歉的过程中委婉解释。

（7）如有必要，可以向投诉的客人赠送礼品以表示歉意。

二、前台主管工作程序规范

（一）常规工作程序

1. 检查前一天的工作情况

（1）查看交班记录，了解未完成的工作事项。

（2）检查夜审报表情况，检查各种报表的分送登记情况，查看夜班钥匙清点记录和有无过夜的留言和信件。

（3）分析客房误差产生的原因，查阅有无超越权限的房价签字等。

2. 了解并处理当天的主要工作

（1）了解贵宾抵离情况和宴会活动内容。

（2）了解当天进店团队和散客的情况，当天离店团队和散客的情况。

（3）了解当天客房销售情况。

3. 布置工作任务

（1）向领班布置当天的主要工作。

（2）落实贵宾抵离和宴会活动的工作及注意事项。

（3）布置上级下达的临时任务。

4. 检查日常工作

(1) 检查内宾登记表和外宾登记表。

(2) 检查订单保存、会客登记及邮件发送的情况。

(3) 检查员工仪容仪表。

(4) 检查权限的执行情况,设施设备的维修情况,以及阅览架的卫生情况。

(5) 检查资料是否存档。

5. 主持例会

(1) 评价当天工作,布置工作任务,公布新的规定,通报有关情况。

(2) 传达有关通知。

6. 检查工作完成情况

(1) 次日离店表、延时离店表和客房误差表。

(2) 检查工作的完成情况及其他情况。

7. 思考及了解

(1) 安排当天未完成的工作,制订第二天的工作计划。

(2) 处理问题,与有关部门进行协调。

(3) 了解第二天客人的抵离情况,以及客房销售情况。

8. 下班交接

交接内容主要是未完成事项和工作要求。

9. 注意事项

(1) 及时向相关部门通报前台信息,包括客房销售情况,未预订客人的到店情况,客人向前台反映的投诉情况,与其他部门未能协调的情况,大厅发生的重要事件。

(2) 协调好相关关系,主要应协调好与客房服务中心、财务部、销售部、前厅部、餐饮部、总机、商务中心等部门和班组的关系。

(二) 早班主管与夜班主管交接工作事项

(1) 了解头一天发生的事情,以及处理结果和未了事宜。

(2) 了解头一天的开房情况,当天的退房和客房预订情况,可开房数及客房状况。

(3) 了解当天客情,如重要客人(VIP)、团队客人、特别客人、一般客人等有多少人。

(4) 了解当天接待工作必须注意的事项。

(5) 重点强调需要特别说明的事情。

三、礼宾部主管工作程序规范

礼宾部主管每日工作程序规范如下。

(1) 召开每日班前会,及时传达部门及酒店的要求,检查当班人员的仪表仪容和行为举止,以及对客服务用品的准备情况。

(2) 定时检查当班员工的站岗、值台和对客服务用语,使其符合部门的要求。

(3) 每日查看礼宾部交班记录本及相关事宜的落实情况。

(4) 定时检查留言、信件、传真的递送及相关表格的填写。

(5) 定时检查雨伞、行李数量及相关表格的填写。
(6) 每日检查所管区域内的卫生和员工的离岗情况。
(7) 分配好当班员工的工作任务,并进行人员调配。
(8) 协助行李员做好抵店和离店团队行李的收发和运送工作,并做记录。
(9) 每日检查行李房行李存放数量和摆放位置,以及对客服务用品的保养情况。
(10) 检查每日开灯和关灯工作的落实情况。
(11) 在前台接待经理休息时顶替其工作。
(12) 认真填写每日巡查记录,若发现违纪行为要立即指正。

四、前厅部督导工作检查标准

(一) 大堂副理巡视检查范围

当班的大堂副理每天要巡视检查所管区域各班组和各岗位的工作至少两次,检查重点是各班组的工作纪律、劳动态度、服务程序、操作规范、服务质量、清洁卫生和安全等方面的实际状况,以及布置工作的完成进度和质量。若发现问题,要迅速处理,确保前厅服务的制度化、程序化、规范化。

(二) 大堂气氛检查项目

1. 酒店入口处

(1) 酒店的入口处是否有吸引力。
(2) 酒店的入口处是否有迎接客人的气氛。
(3) 客人带着行李是否容易进店。

2. 酒店的气氛

(1) 室内外是否有噪声,大堂的隔音效果是否良好。
(2) 背景音乐的音量是否适中。
(3) 灯光是否优雅柔和,各种灯具是否完好。
(4) 从外面进来的人是否会嗅到难闻的气味。
(5) 湿度和温度是否适中。
(6) 地面、墙面、顶面是否完好。

3. 大堂的环境

(1) 大堂的各种设备是否完好,各种服务设施的挂牌是否白天和黑夜都能被看到。
(2) 装饰品是否过多,花草布置是否恰当。
(3) 大堂的各种设备和用具的摆放位置是否适宜。
(4) 大堂是否有供客人用的告示牌。
(5) 大堂的时差钟是否准确。
(6) 大堂的清洁卫生是否无可挑剔。
(7) 大堂所有员工的服装、表情、举止是否恰当。
(8) 大堂的客人是否有破坏大堂气氛的行为。

(三)前厅部服务质量检查项目

1. 前厅预订

(1) 设备维护保养良好,完好率不低于98%,无人为故障。

(2) 预订单、预订卡等各种预订资料摆放整齐,可随时满足预订业务需要。

(3) 预订服务中,无人为差错或责任事故。

(4) 订房核对一般不少于两次,分别在客人到店前七天和到店前一天进行。

2. 前台接待

(1) 将入住登记信息输入电脑,极少发生差错,无客人投诉。

(2) 为常客和VIP办理入住登记手续的时间不超过3分钟;无预订客人接待登记时间不超过5分钟;大团入住登记时间不超过30分钟,小团入住登记时间不超过10分钟。

(3) 预订客人与无预订客人的房间分配无冲突和差错。

(4) 各种报表填写规范、内容清楚、分送及时。

(5) 能够与餐饮和客房等部门保持衔接,互相支持,无脱节现象。

(6) 坚持微笑服务、敬语服务、站立服务,在形体和语言方面无不符合规范的行为和现象。

3. 行李服务

(1) 坚守工作岗位,无串岗和脱岗现象。

(2) 业务熟练,工作主动——主动帮助客人提行李并引导客人进入前厅,陪送客人时主动介绍酒店服务项目。

(3) 行李无丢失、损坏。

(4) 发送邮件、购买车票等无客人投诉。

4. 总机服务

(1) 总机房无私人物品带入,各项物品摆放整齐有序。

(2) 设备维护完好,无人为故障。

(3) 无夜班打瞌睡现象。

(4) 叫醒服务记录表单详细明确,叫醒准确及时,无客人投诉。

(5) 无错接、漏接、误转、误按等问题。

(6) 各项账单准确,无差错。

(7) 留言转告及时,无误转和晚转。

5. 商务中心

(1) 纸张、服务登记簿、账单、服务指南等用品准备齐全。

(2) 设备维护完好,无人为故障。

(3) 服务主动,热情礼貌,工作效率高,无客人投诉。

(4) 无上班吃东西、聊天等现象。

(5) 打印错字率不超过0.4%。

(6) 各项报表按规定填写,准确无差错。

(7) 客人自带软盘在电脑上处理文字时,要按酒店规定采取预防措施,保证计算机设备无病毒感染。

(8) 跨部门调阅文件和拷贝文件时,要按酒店规定办理,无机密文件泄露事故。

(9) 传真递送及时,无误送和晚送现象。

6. 前台收银

(1) 设备维护良好,无人为故障。

(2) 配备的账单、登记簿等用品齐全,可随时为客人服务。

(3) 员工熟悉业务工作内容和操作程序,无客人投诉。

(4) 各类费用转总准确及时,无误转和晚转。

(5) 各类客人结账手续完善,无跑账、漏账、错收、误算现象。

(6) 各类收入报表和现金清点,以及挂账核算正确无误,交接手续齐全。

7. 贵重物品与钥匙保管

(1) 物品保管和领取过程中,手续齐全,制度完善,无差错。

(2) 各部门钥匙收发记录齐全,手续完备,无差错。

8. 商场服务

(1) 柜台玻璃干净、明亮,无破损、划痕、污渍。

(2) 柜台货架商品陈列整齐、美观,且定期整理、除尘。

(3) 员工仪容仪表和个人卫生达到酒店服务质量等级通用标准要求。

(4) 坚持站立服务、微笑服务、敬语服务,无脱岗、看报等现象发生。

(5) 交接班账款相符,无差错。

9. 大堂副理

(1) 值班日志每日按时间段记录,清楚明确,交接事项提示清楚。

(2) 每日巡视各岗位(卫生、设备状况、工作纪律等)不少于两次,发现问题要及时处理。

(3) 每日不少于两次与VIP联系,征求意见,沟通信息。

(4) 将每日投诉分类整理,及时报告总经理及相关部门。

(四)前厅服务效率标准

前厅服务效率标准如表8-1所示。

表8-1 前厅服务效率标准

项　　目	标准值/分钟	说　　明
预订时间(电话)	2.0	
预订时间(传真)	3.0	
客人查询信息时间	2.0	
入住登记时间(回头客、VIP)	2.0	
入住登记时间(预订的客人)	2.5	
入住登记时间(新客人)	3.0	
入住登记时间(团队)	6.0	以10人登记时间为准
离店结账时间(散客)	3.0	
离店结账时间(团队)	10.0	以10人结账时间为准

续表

项　目	标准值/分钟	说　明
行李送进客房	10.0	入住登记结束后开始计算
电话转到无人房间后提回	0.5	
散客叫醒时间和正确时间之间的误差	5.0	
团队叫醒时间和正确时间之间的误差	10.0	
代客复印服务时间	3.0	以复印2页为准
代客洗衣接待服务时间	3.0	
代客洗衣完成服务时间	36.0	以完成1件西装为准
提供商品服务时间	2.0	以3件食品或物品为准

备注：
(1) 退房要求在40分钟内完成(仅限1人)，无特殊原因不得影响客房出租；
(2) 入住必须在30分钟内完成(仅限1人)。

第三节　前厅督导管理案例分析

案例之一：大堂出现神志不清的客人

某日，一赤身男子出现在酒店大堂后厅电梯口处，该男子看起来神志不清，口中还念叨着"我要升天"之类的话语，幸好当时大堂客人较少，并未造成太大的影响。正在办公桌前办公的大堂副理见状立即行动起来。

问题：酒店相关人员该如何处理此事？

【评析】

(1) 保安员看到监控后在第一时间赶到了大堂后厅。大堂副理立即吩咐保安员至大堂一角的西餐厅拿取一块旧台布将该男子的身体包裹起来，随后撤离大堂并将其送至保安部值班室。

(2) 该男子在保安部值班室拳打脚踢且口中仍一直念叨"我要升天"之类的话语。大堂副理立即将情况通报给酒店领导及相关部门，经领导同意后报警处理。大堂副理请保安员稳住该男子勿让其离开保安部，等待警务人员前来处理，同时交代酒店大堂各岗位员工切勿对此事进行议论，若有客人问及则对其解释为"该客人醉酒，酒店已将其送回客房休息"。

(3) 大堂副理利用等待警务人员到店的时间，试着同该男子沟通，该男子似乎逐渐清醒，在胡言乱语中说出自己住在902房间，经查902房间的客人名叫王××，于昨天清晨5:05入住。大堂副理立即同昨夜总台接待员联系，请总台接待员回忆昨夜给902房间的客人开房的情形，接待员认为该客人开房时精神状况很正常。大堂副理又请接待员描述了902房间客人的相貌和体形。接待员描述的902房间客人的相貌和体形与此时在保安部的这位男子的情况较吻合,为了进一步证实,大堂副理请保安部经理调出昨夜902房间客人入住时的监控录像,通过查看监控证实了该男子就是902房间的客人王××先生。

(4) 警务人员到店,大堂副理将刚才所了解到的信息一一向警务人员讲述,警务人员听后要求去902房间调查。

(5) 在保安部经理和客房部经理的陪同下,警务人员至902房间查看。902房间的办公桌上有一小袋粉末状物品及吸管等器具(很明显为吸毒用具)。据警务人员透露,该客人可能因吸毒过量而导致精神异常。警务人员离开902房间后,交代任何人不得进入该房间。

(6) 警务人员告知大堂副理、保安部经理、客房部经理,要求将该男子带至公安局再做调查,并感谢酒店能在如此短的时间内提供重要信息,帮助其抓获吸毒犯罪分子。

(7) 大堂副理表示酒店将全力配合警务人员对此展开调查,并对他们及时赶到现场处理此事表示谢意。

(8) 待警务人员将该男子带离酒店后,大堂副理立即通知客房服务中心,保持现场,任何人不得进入该房间,同时挂失该房门锁。

(9) 大堂副理至总台将客人吸毒等信息录入客史并将其列入黑名单,再交代总台若902房间有访客至,则告知该房已退,并请其做好交班。

(10) 处理此事件的不足之处在于,保安监控岗位人员及楼层服务员发现不够及时,大堂副理应在电梯内观察到异常时就采取行动,制止赤身男子出现在大堂,之后再将此情况分别反馈给保安部经理和客房部经理。

案例之二:预订客人没享受到网络订房价

某日21:30,一位客人到店说已预订,要求办理入住手续。前台接待员查询电脑后,说没有查到预订信息。客人很不高兴,说:"我已通过网络公司预订。"前台再次查询仍然没有查到相关信息,便请客人先按门市优惠价入住,待次日与网络公司联系后再更改房价。客人入住后投诉网络公司未能预订,随后网络公司投诉酒店未及时给客人预订。经查,网络公司于当日20:36将传真发至酒店预订部,此时预订员已下班,而前台接待员在电脑里没查到预订通知,也没有到预订部去看有无传真,便告诉客人没有预订,造成客人投诉网络公司,网络公司投诉酒店。

问题:酒店该如何处理此事?

【评析】

(1) 凡提前预订的客人都希望酒店能够尽快按约办理入住手续,而接待员应立即核对预订资料为客人办理入住手续。当电脑中没有客人预订资料时,接待员的处理方式能反映其是否有工作责任心。

(2) 上述案例中的接待员在电脑中没有查找出预订资料时,应该到预订部再进行详细查找,看有无传真;同时,遇到这种情况时接待员应及时向领班或主管汇报,不能简单地告诉客人没有预订。上述做法说明接待员缺乏工作责任心,导致客人投诉网络公司,网络公司投诉酒店。

(3) 前台接待员告诉客人没有接到网络公司的预订,因此,客人对网络公司的预订服务提出投诉,使网络公司的服务形象受到严重影响。

(4) 网络公司被客人投诉后,经查明不是自身的问题,便质疑酒店的预订和接待服务,使酒店的服务形象受到严重影响。

(5) 领班和主管应加强对员工的培训,应进行现场督导和检查,以便发现问题并及时解决问题。

案例之三:罗伯特先生无房了

某日,一位外籍客人罗伯特先生经本地代订公司在某酒店订了一个标准间,预住两天。但在总台办理入住手续时,接待员告诉罗伯特先生,他只预订了一天,现在又正值旅游旺季,第二天的标准间难以安排。罗伯特先生听后大怒,强调代订公司为他订了两天房,订房出现差错的责任肯定在酒店。由此,接待员与客人在总台僵持不下。

问题:接待员该如何妥善处理此事?

【评析】

(1) 无论责任在哪方,接待员都应向客人表示歉意,稳定客人的情绪。在听取客人意见后,可耐心做出解释,提醒客人追究责任并不是当前的主要任务,尽快解决实际问题才是当务之急。因正值旅游旺季,在同类客房无法安排的情况下,可建议客人次日换住一间套房,并给予适当的优惠。如果罗伯特先生发现套房的价格只比标准间的价格略高,也会比较满意。这种做法成功率较高,不妨一试。

(2) 尽快查明原因。若责任在代订公司,接待员可以按原则办理,只提供一天住房,次日的住房请客人自选或建议其入住其他酒店。此种做法会让客人感到酒店人情味淡薄,很难使客人成为回头客,所以不到万不得已,酒店不应这样做。

(3) 如果责任在代订公司,而该代订公司与酒店属关系良好的协议单位,接待员在无法调整同类房的情况下,应请示上级,同意给予房间升级,从而保证酒店与该公司之间进行长期友好的协作。有时代订公司也会主动承担责任,这便于今后的长期合作。

(4) 若查明责任在酒店一方,接待员更应该想方设法调整房间为客人解决难题。如果实在无法安排同类房,可给予房间升级。这样做既维护了客人的利益,又挽回了酒店的声誉,一举两得。但事后酒店应查明事故出现的环节,并予以处理。毕竟在维护了客人利益的同时,酒店也蒙受了一定的损失,酒店应尽量避免同类事情再次发生。

对酒店管理者的启示:

(1) 在订房时,由于种种原因会出现一些差错,接待员应尽快解决客人的问题,而不应与客人争论不休。

(2) 应重视客人的意见,因为客人坚信出现这种情况的原因是酒店或接待单位有问题。接待员要坚持"客人总是对的"这一原则,从酒店自身的工作方面去找原因,从而打下解决问题的基础。

(3) 应迅速提出双方均可接受的合理建议,切不可在总台僵持不下,否则会不利于问题的解决,也会造成不良影响。

(4) 应把握客人心理,对客人进行安抚,可建议客人入住套房,并给予折扣和优惠,可给予房间升级,也可以酌情送上鲜花或水果,让客人有被尊重的感觉。

(5) 无论责任在何方,从酒店的长远和整体利益出发,都应该尽力留住客人,争取更多的回头客。

案例之四：老总的朋友要打折

某日22:00左右,某酒店前厅接待处有一位客人正在大声地和服务员小陈争论着什么,小陈好像在坚持着什么。经了解,原来客人自称是总经理的朋友,要求小陈给他一间特价房,小陈却说没有接到总经理的任何通知,只能给予常客优惠价。对此,客人很不满意,于是大声地吵起来,还说要到总经理处投诉她。

问题：小陈该如何答复并处理此问题？

【评析】

(1) 告知客人,她会马上打电话给总经理,如果总经理答应了,她就照办;或者让客人自己打电话给总经理,让总经理给予她一个明确指示。这种方法一般不可行,除非是很重要的事,员工一般不直接与总经理联系。

(2) 告知客人,作为一名服务员,自己只能照章办事,在没有接到任何通知的情况下,只有给予常客优惠价的权利。如果要向总经理投诉也请便,反正自己做得没错。此方法是不可行的,会对酒店的形象造成不良影响。如果客人的确是总经理很好的朋友,只是一时找不到总经理或总经理忘了通知前厅部,这样做无疑会给自己增添很大的麻烦。

(3) 让客人先登记入住,告知客人总经理可能通知了别人,而他们也许忘了留言给自己,然后在第二天一早问问上级或总经理。如果的确是总经理忘了通知,这样做既为总经理弥补了过失,也没有得罪客人。反之,如果此人与总经理并不相识,无非是想争取一个优惠价或在朋友面前有面子,那么在第二天结账时,给他一个普通的常客优惠价,客人一般会同意。故此法可行。

对酒店管理者的启示：

(1) 酒店应该有一个健全的管理体制,应对房价和优惠条件进行明确规定,价格不能太灵活,否则会造成管理的混乱。总经理必须带头做好此项工作,当然特殊情况也应该特殊处理。

(2) 酒店应加强对员工的培训,使员工尽量发挥主观能动性,独立处理每一个问题。员工不能做一个传话筒,什么事都找上级。没有独立思考能力的员工是不称职的员工。

案例之五：腰包不见了

一美籍华人旅行团到达某酒店的第二天上午8:00左右,该团中的张女士急匆匆地跑到大堂副理处投诉,说她的腰包不见了,内有600多美元。她非常肯定地说:"我已经找遍了房间所有的地方和行李箱,都没有。我很清楚地记得它是放在房间桌子上的,刚才我还看到有客房服务员进我的房间。"该团8:20要出发去各个景点,陪同在一旁的客人也非常着急,因为整车的客人都在等着她们。

问题：大堂副理小陈该如何处理呢？

【评析】

(1) 立即拨打"110"报警,由当地公安机关来调查处理此事。拨打"110"报警,是一种处理办法,但酒店会让客人失去安全感。若警车开到酒店门口,身穿制服的公安人员在酒店出

入,住店客人看到后肯定会觉得该酒店发生了重大案件,客人的安全感会大大下降,这会给酒店带来间接的损失。故此法不妥。

(2) 向客人承诺一定会查处那位服务员,追回失窃款。失窃现象在酒店难免会发生,有内盗,也有外盗。面对如此急躁又武断的张女士,大堂副理一定要有主见,千万不要当场轻易同意她的判断,在事情没有水落石出之前不要给客人任何承诺。如果在客房衣橱里的小件行李包中找到了腰包,那么因受怀疑而被盘查的服务员就会受到很大的伤害。故这样做不利于酒店内部管理。

(3) 安抚客人,并尽力查找。让张女士仔细回忆她最后一次看到腰包的时间和地点,询问她是否去过别的地方,请其同伴留下联系电话,告诉她一旦有结果会立即通知她。客人走后立即通知酒店保安部和客房部,进行查找。

(4) 可将事情的详情向保安部汇报,通过酒店自身的设备和能力解决问题,所以我们提倡第三种解决办法。小陈当时让张女士的同伴留下联系电话,而不是等张女士回酒店后再告知结果。若事情很快有了结果可立即通知张女士,使她不至于在整日的行程中全无兴致,从而影响团队客人的心情。

对酒店管理者的启示:

(1) 酒店应该加强安全防卫工作,要杜绝失窃现象。

(2) 要对服务员进行素质培训,使之具备酒店从业人员最基本的素质,同时要制定一系列严格的规章制度及处罚制度。

(3) 一旦发生失窃,酒店管理者要沉着冷静。酒店管理者应懂得最基本的失窃处理常识,如保护现场,及时请保安部查找或请公安机关破案等。

核心关键词

酒店前厅	front office in hotel
酒店大堂	hotel lobby
酒店前厅督导	front office supervision in hotel

思考与练习

1. 怎样对前厅部主要服务项目的质量进行有效控制?
2. 前厅主管的常规工作程序有哪些?
3. 如何培养接待员销售客房的能力?
4. 如何制定前厅服务效率标准?
5. 简述处理突发事件的基本程序和方法。
6. 谈谈你对酒店前厅部发展趋势的预测。

第九章

客房部督导管理

教学目标

◆ 了解酒店客房部督导岗位的工作职责与工作内容；
◆ 熟悉客房部各岗位的督导工作检查标准及各种常用的业务表单；
◆ 掌握客房部督导工作程序规范；
◆ 掌握客房部督导在日常工作中经常遇到的疑难问题的解决技巧。

学习内容

作为酒店客房部的督导，首先要了解客房部的督导岗位设置，明确管理职责和日常的工作任务，明确客房部督导工作检查标准，能正确理解及使用客房督导常用的管理表格，能合理正确地解决疑难问题。由于客房部的客用品和消耗品较多、水电费较高，客房部督导要善于进行精细化管理，控制好客房部的各项成本和费用，为酒店赢得更多的利润。

第一节 客房部督导管理职责和内容

一、客房的种类及客房部的督导岗位设置

(一)客房的种类

酒店客房一般有单间房和套间房两种。

1. 单间房

单间房一般是一间面积为 $16\sim20\ m^2$ 的房间,内有卫生间和其他附属设备。房内设一张单人床的为单人间,这样的房间适合商务出行及旅游的单人住用。房内设两张单人床的为双人间,设有一张双人床的为大床房,这样的房间适合两位客人或夫妻同住,适合旅游团入住。

2. 套间房

套间房是由两间或两间以上的房间(内有卫生间和其他附属设施)组成,又可分为双套间、组合套间、多套间、高级套间和立体套间等。

(1)双套间:一般是连通的两个房间,一间是会客室,另一间是卧室。卧室内设两张单人床或一张双人床。这样的房间适合夫妻或旅游团入住。

(2)组合套间:一种根据需要专门设计的房间,每个房间都有卫生间。有的由两个对门的房组成;有的由中间有门有锁的隔壁两个房间组成;也有的由相邻的各有卫生间的三个房间组成。

(3)多套间:由三至五间或更多房间组成,有两个卧室各带卫生间,还有会客室、餐厅、办公室及厨房等,卧室内设特大号双人床。

(4)高级套间:由七至八间房组成,走廊有小酒吧。两个卧室分开,男女卫生间分开,设有客厅、书房、会议室、随员室、警卫室、餐厅、厨房设施,有的还有室内花园。

(5)立体套间:由楼上、楼下两层组成,楼上为卧室,面积较小,设有两张单人床或一张双人床;楼下设有卫生间和会客室,室内有活动沙发,可以拉开当床。

(二)客房部的督导岗位设置

客房部的督导岗位因酒店类型和酒店规模不同,可以设置主管和领班岗位。其中,主管分为楼层主管、公共区域(PA)主管、布草房主管、洗衣房主管;领班分为楼层领班、夜班领班、客房服务中心领班等。

二、客房部的基本任务

客房部作为酒店营运的一个重要部门,其主要的工作任务是为客人提供一个舒适、安静、优雅、安全的住宿环境,并针对客人的习惯和特点提供细致、便捷、周到、热诚的服务。根据其特殊的工作环境与工作方式,客房部的工作重点一般有以下几个方面。

（一）做好酒店的清洁卫生，为客人提供舒适的环境

酒店的卫生直接影响客房的出售与客人的满意程度。酒店卫生分为环境卫生和房间卫生。

1. 环境卫生

环境卫生包括楼面卫生和公共区域卫生，它是客人到达楼层感受到的第一印象。要保证楼面和公共区域一尘不染。

2. 房间卫生

房间卫生是客用房间的整体卫生情况。房间清扫员要对房间进行细致的清扫。在日常工作中，客房的各级管理人员要严格按照查房程序逐级检查房间，保证房间干净整洁，并在工作中不断提高房间卫生质量。

（二）做好客房接待服务

在保证房间卫生质量的情况下，对客服务是客房接待服务的又一项工作重点。它包括擦鞋服务、会客服务、托婴服务、洗衣服务、夜床服务、叫醒服务、送餐服务等。

入住酒店的客人多种多样，每个人的习惯和爱好也不一样，因此，客房部提供的服务要有针对性。

（三）确保入住环境安静和安全

要求严格按照客房部所规定的安全操作制度、防火制度、钥匙卡管理制度、来客访问制度、开房门制度等进行工作。从多种渠道防止不安全因素的产生，确保客人的人身安全和财产安全，从而保证酒店的正常运营，提高酒店效益。

（四）降低客房费用，确保客房正常运转

客房中的物品繁多，需求量较大。客房物品及其他费用开支将直接影响客房部和酒店的经济效益。所以要在满足客人需求的前提下，控制物品消耗，减少浪费；加强设施设备的维护保养，延长其使用寿命。

（五）配合前台销售，提高客人利用率

客房商品具有不可储存性，其价值实现的机会如果在规定的时间内消失，便会一去不复返。因此，客房部必须确定科学的客房清扫程序和规范，加速客房的周转，以便及时为前厅部销售提供合格的产品。同时，客房部还必须密切配合前厅部做好客房的房态控制，为前厅部排房提供准确的信息，从而提高客房出租率。

三、岗位职责

（一）楼层主管

1. 岗位概要

楼层主管要协助客房部经理负责酒店客房部的经营与管理工作。

2. 岗位职责

1）日常巡视管理

(1) 巡视检查酒店客房和公共区域的设备设施及清洁卫生。

（2）检查和规范部门员工的仪容仪表，协助考核员工的工作表现及态度。

（3）巡视检查客房部员工的工作情况，在工作上给予指导和帮助，协助员工完成服务工作。

（4）检查VIP房间的礼品摆放、设施设备及清洁卫生情况，并主要负责VIP抵达时的接待工作。

（5）负责使用和管理客房总钥匙。

2）宾客关系维护

（1）征询、听取客人意见，解答客人的疑难问题，保持和发展与宾客之间的良好关系。

（2）经常拜访长住客人和过生日的客人，代表酒店对他们表示问候并赠送小礼品。

3）突发情况及投诉处理

（1）根据酒店规章制度处理停电、停水、电梯故障、火灾、客人醉酒等突发情况。

（2）及时处理客人投诉，在处理过程中给予客人最大限度的帮助。

（3）处理和报告客人消费中有关账务的纠纷和争执。

4）沟通协助

（1）熟悉酒店内的各种服务项目和营业时间，了解各项优惠促销活动，知晓当日的午宴、晚宴及各类会议信息，及时回答客人问询。

（2）沟通和协调与其他相关部门的工作关系。

（3）了解周边其他酒店的营业策略与状况，协助部门经理推出促销经营活动，努力提高客房收入和平均房价。

（4）协助部门经理制订工作计划，设立服务标准以及经营目标，为部门改进和提高服务质量提出合理化建议。

5）员工培训

协助部门经理制订部门培训计划，并对员工进行有效培训。

（二）夜班领班

1. 岗位概要

夜班领班负责夜班的一切客房工作。

2. 岗位职责

（1）检查夜班员工的仪表仪容和精神状态，并对他们的工作进行安排。

（2）重点楼层要派人值班，行李到达或团体到达时，要派人到楼层交接和迎候。记录客人的电话，向服务员传达客人的要求。

（3）制订夜班卫生计划。

（4）与前厅部核准房态。

（5）检查有关楼层钥匙的回收情况。

（6）留意非法留宿或行为异常的客人，并与保安部、大堂副理及值班经理联系。

（7）完成夜班工作，核对酒水单，统计开房数，抄写维修报表和稽查单，做酒水日报表。

（8）每晚必须在适当时间对辖区人员进行一次巡查，检查设备情况、安全情况、防火情况及夜班服务员的工作情况等。

(9) 合理分配第二天卫生班所要清洁的房间,并安排机动人员。
(10) 合理安排夜班服务人员的查房工作。
(11) 检查员工的考勤情况,填写夜班交班记录。
(12) 参加部门晨会,并向楼面值班经理汇报工作情况。

(三) 公共区域主管

1. 岗位概要

公共区域主管负责公共区域的一切管理工作。

2. 岗位职责

(1) 负责辖区员工的工作安排与分配,督导服务员的清洁工作。
(2) 带领员工进行重点部位的卫生清洁工作和日常工作。
(3) 制订卫生工作计划并组织实施,确保卫生清洁工作经常化和高标准化。
(4) 安排卫生清洁班次及时间,公共区域的卫生清洁要避开营业高峰期,并且避开客人。
(5) 检查各班的卫生清洁工作,掌握工作进程,检查工作质量,提出改进意见,以确保酒店有一个整洁的环境。
(6) 负责公共区域所有员工的行政管理工作。
(7) 负责本部门员工环保意识的培养,以及知识、技能的培训。
(8) 参与环境情况的处理。

(四) 楼层领班

1. 岗位概要

楼层领班负责客房楼层的日常管理,为客人提供满意的住宿服务。

2. 岗位职责

1) 布置工作任务

(1) 负责组织、安排和协调客房及公共区域的清扫工作。
(2) 每天早上召开部门员工晨会,分配员工应清扫的房间,发放房卡和对讲机,合理安排工作任务。
(3) 根据营业状况,协助服务人员工作。

2) 客房查房及楼层巡视

(1) 对客房进行全面的质量检查,保证质量达到标准。
(2) 确保客房物品充足,摆放达到标准,设施设备情况良好。
(3) 每天上午和下午两次负责与前台认真核对房态,发现问题要及时解决。
(4) 巡视酒店公共区域,保证其整洁、畅通,设施完好,排除安全隐患。

3) 物品管理及设备维护

(1) 做好钥匙和对讲机的发放及保管工作。
(2) 负责客房消耗品、棉织品的储存和发放,物品按标准使用,消耗控制得当,并做好统计。
(3) 制订客房设施设备的保养计划。

(4) 协助客房和公共区域设施设备的及时维修与维护工作。

(5) 做好每月盘点及编制预算,并制订用品申购计划。

4) 卫生清洁管理

(1) 制订客房和公共区域的卫生计划,以及灭虫除害计划。

(2) 负责清洁用品、用具的发放和收回工作,指导员工安全使用与稀释。

(3) 负责客房楼层工作间、消毒清洗间等工作区域的卫生管理。

5) 对客服务

(1) 负责提供周到的服务,努力满足客人的需求。有特殊情况要及时向客房部经理汇报。

(2) 亲自招待贵宾,以表示酒店对贵宾的礼遇。

(3) 留意客人动态,处理一般性的客人投诉。

6) 员工管理及培训

(1) 制订员工岗位操作培训计划,并具体开展培训工作。

(2) 负责监督员工按照标准和流程进行清扫。

(3) 制定员工排班表。

3. 工作流程

领取查房表,了解住房情况→查看交接记录本→给楼层服务员开晨会,安排工作→检查本楼层公共区域卫生及安全情况→检查服务员查房情况→及时通知客房部房态变化情况→下班之前修改房态,将未完成的工作记录在交接本上。

(五) 客房服务中心领班

1. 岗位概要

客房服务中心领班对客人提供服务信息,对内部提供管理信息。

2. 岗位职责

(1) 接听电话,使用规范用语,回答客人的咨询。

(2) 与其他部门沟通及传达信息给有关部门工作人员,并将部门信息向有关方面传递。

(3) 对外线打入的私人电话只作传达,不能转接。

(4) 负责客人遗留物品的登记、保管、寄发、上缴等工作。

(5) 负责楼层钥匙和万能钥匙的点收、控制、保管,严格执行借出和归还制度,对因工作过失造成的钥匙遗失负全部责任。

(6) 负责对讲机的派发、登记、保管工作,对因工作疏忽造成的遗失或损坏负责。

(7) 协助部门检查员工上下班的考勤情况,禁止视而不见和姑息迁就,发现问题要及时向部门反映。

(8) 负责服务设施的保管、回收及保养,如吹风机、插座、麻将等。

(9) 负责报纸的派发。

(10) 负责电脑设备的维护、保养及清洁工作。

(11) 执行主管和部门经理的临时性工作安排。

(12) 对本部门环境管理体系文件和记录进行管理。

(13) 对收集到的环境信息进行整理、建档。

3. 工作流程

查看交接班记录→填写房态表→前台报入住→改房态→通知服务员打水→通知总机开市话→结账处退房→改房态→通知服务员查房→通知总机查话费→做记录，报结账处→补酒水→填写房态表→24:00总结当日退房记录，计算房数和天数→填写客用品→分房，做房表→将未完成的工作记录在交接本上。

(六) 布草房主管

1. 岗位概要

布草房主管负责布草房的日常管理和技术处理工作。

2. 岗位职责

(1) 根据酒店客房(床位)数量，核定各种布草的需求量和替补率，保证布草满足周转需要。

(2) 协助部门主管做好布草和制服的送洗、验收和保管工作。

(3) 严格进行各项布草、制服、物品的定期清点，防止盗窃，减少不必要的损耗。

(4) 定期检查布草、制服、物品的损坏情况，并通过部门主管申请添置；做好报废布草的回收再利用工作。

(5) 收集和整理各种单据，填报工作报表，并转呈主管或有关部门。

(6) 负责修补酒店内破损的布草和制服。

(7) 制定员工工作时间表和假期表以配合酒店的工作需要，并在必要时替员工履行职责。

(8) 指导和培训新老员工以便提高工作效率。

(七) 洗衣房主管

1. 岗位概要

洗衣房主管全面负责洗衣房人、财、物的管理，保证工作的正常运行，为住店客人和酒店员工提供干洗、湿洗、熨烫服务，同时负责酒店客房部和餐饮部客衣、工作服和棉织品的洗涤。

2. 岗位职责

(1) 负责安排好洗熨员工的工作，确保其操作正确，要保质保量且按时完成当天的洗涤任务，协调好各工种之间的关系。

(2) 负责洗熨质量检查工作，认真办理交接手续。

(3) 下班前，做好生产日报表的填制及质量差错的记录工作。

(4) 定期记录洗涤用品的消耗量，按时做好各类用品报表，并负责领取各类工作用品。

(5) 指导员工保质保量且按时完成洗熨工作。

(6) 每天下班前，认真检查所有洗熨设备设施的使用和工作场所的安全与卫生情况。

(7) 指导洗熨员工严格遵守酒店与部门的各项规章制度，主动关心员工的思想状况、生活情况和业务水平，负责做好员工的岗位业务培训工作。

(8) 发挥主动性与积极性，促进员工之间的交流与合作，完成上级交办的其他任务。

第二节 客房督导工作程序与规范

一、客房物品督导工作程序规范

(一)客用品、消耗品控制程序

(1)楼层服务员每日填写一张一次性消费品的登记表,做到随用随登记,填写齐全、准确,避免遗漏。

(2)服务台(服务中心)夜班人员,根据当日卫生班员工上交的工作单,统计各层服务员使用消耗品数量,次日早上 7:50 前交给库管员。

(3)客用品的发放标准:库管员根据每日登记数量,按商务散客 70%、团会 90% 的配备量配备下发。工作车备份的客用品,加上当日下发客用品的数量不得超过配备定额。

(4)清洁剂的领取:按淡、旺季的出租情况领取,发放时要酌情考虑。

(5)公共区域的清洁用品,由领班申请和库房管理员控制,进行定量领取。

(6)客房易碎品采取以旧换新的办法进行补发,如有故意行为照价赔偿。

(7)房间酒水补发:根据每日 16:00 到前台取回的酒水单为凭证领取房间消耗的酒水。

(8)补充干净棉织品时,需检查棉织品是否有破损,查房时检查毛毯、床盖、窗帘、窗垫、枕头等是否需清洗和更换。

(9)棉织品一般不得用于清洁卫生及做其他用途,只有印有破损标记的棉织品可用于清洁房间或做其他用途。

(10)有明显污渍的棉织品要单独挑出,要与洗衣房交接清楚并单独清洗。

(11)对于破损的棉织品,要挑出、点数,送交洗衣房,由洗衣房管理报废棉织品。

(12)卫生班员工要及时清点使用过的棉织品,将其放在工作车内,不得随意乱扔。

(13)要将干净的棉织品放在库房内并码放整齐,不得与脏棉织品混放,不得随意乱放。

(二)客房钥匙管理程序

(1)每天早上 7:50 到服务台领取钥匙,填写钥匙登记时,要逐项填写清楚,不准代填、漏填和乱填,更不准不填。

(2)工作时间钥匙必须随身携带,严禁乱扔、乱放。

(3)不准转交他人使用或让他人代为保管。

(4)工作时间内不准同时打开数个房间,清扫完毕后将门锁好。

(5)下班后必须将钥匙交回,并办理签字手续。

(6)钥匙如有损坏或丢失,应立即报告客房部,待领班审批后方可由有关部门重新配制。

(7)中午换班吃饭时间,为其他楼层保管钥匙时,要报告各区服务台,并报告自己的准确位置。

二、客房会议督导工作程序规范

(一) 领班晨会

1. 会议时间

由部门经理主持召开每日部门晨会,时间为 20 分钟。

2. 会议内容

(1) 说明房间状态,如空房、待修房、VIP 房、离店房、会议预订房间。
(2) 说明待修房待修的原因,及会议用房的准备情况。
(3) 通报班组状况及其他需报事宜。
(4) 根据具体情况,经理下达指令性工作计划或对具体事项进行回复。

(二) 员工晨会

1. 会议时间

由各区域领班主持召开班组晨会,时间为 10 分钟。

2. 会议内容

(1) 检查员工的仪容仪表。
(2) 根据客房出租状况和员工工作能力合理安排工作,员工按垂直领导的要求严格执行。
(3) 对前一天查房情况进行评价,并提出整改措施。
(4) 对于巡查时员工的工作效率、服务质量、劳动纪律情况,要及时进行通报;提醒员工需注意事项。

(三) 领班管理例会

1. 会议时间

每周一 16:00,由部门经理主持召开领班管理例会。

2. 会议内容

(1) 各领班汇报上周计划完成情况及本周工作计划。
(2) 通报班组工作状况及考核情况。
(3) 提出发现的问题以及需与其他部门进行沟通、协调的问题。
(4) 汇报各自负责主抓的工作进展情况和需要落实的事项。
(5) 要求反馈问题准确,处理问题及时,书写清楚,思路清晰,听取意见要诚恳,工作要积极主动。

三、客房部交接班程序规范

(1) 当班人员必须提前 10 分钟到岗签到,进行工作交接。
(2) 每日交接班后按规定填写交接日志,注明日期、班次、当班人、具体内容。
(3) 填写时要字迹清楚,语言简练,重点事项突出。
(4) 重要内容或事项在交班时要交代清楚。
(5) 要标出需要注意的特殊客人的特殊事项,并记录客人投诉及处理的全过程。

(6) 注意尚未完成和有待完成的事项,下一班次继续跟办,直至问题解决。

(7) 根据电脑系统显示的出租状况,填写好客房房间状态表,每日早上 8:00 前交给卫生班人员。

(8) 服务台夜班人员每日将所管辖区域的出租情况、团队预抵与预离情况、会议室预订情况统计清楚,在早上 8:00 前交给领班。

(9) 要注明维修房维修的原因,清点物品要准确无误。

(10) 交接班应在服务台外面进行,并保证一人在指定位置值台。

(11) 无人接班不能离岗,要上报领班,等待部门安排其他人员接班后方可下班。

(12) 早班接夜班前要对夜班工作进行检查,合格后方可签字,之后班次依此类推。

(13) 领班检查工作后要签字。

四、客房部督导检查程序规范

检查工作是部门各项规章制度得到落实的重要保证,要层层检查。客房部检查实行逐级负责制。

1. 部门检查

由部门经理、主管、领班组成部门检查小组,每周对所管辖区域进行一次抽查、评分,将检查结果作为班组、个人奖惩依据。

2. 主管检查

主管每日进行"四查"工作:

(1) 每日抽查房间不少于总客房数的 1/3。

(2) 检查服务人员达 30 人次。

(3) 对公共区域进行 4 次检查。

(4) 对服务中心工作进行 1 次全面检查,主管每日下班前将检查情况做记录备查,检查结果作为领班和员工个人奖惩依据。

3. 领班检查

领班每日进行督导检查,对所管辖区域的房间状况、卫生标准、服务工作进行跟踪检查,做到离店房必查,住客房、空房抽查,总查房数不得少于 80%。领班查房结果作为员工个人奖惩依据。

五、客房部督导工作检查标准

(一)客房卫生质量标准

检查客房卫生时应绕客房一周,从天花板到地面每一个角落都要检查,发现问题应当做记录,及时解决,防止耽搁和疏漏。

1. 房间

(1) 门:无指印,门锁完好,安全指示图完好;请勿打扰牌、窥镜、把手等完好。

(2) 墙面和天花板:无蜘蛛网,无斑迹,无油漆脱落,无墙纸起翘等。

(3) 护墙板:地脚线整洁完好。

(4) 地毯：干净，无斑迹，无烟痕；反之，要做清洗、修补或更换的标记。

(5) 床：铺法正确，床罩干净。

(6) 硬家具：干净明亮，无划痕，位置正确；床下无垃圾，床垫按期翻转。

(7) 软家具：无尘无迹；反之要做修补、洗涤的标记。

(8) 抽屉：干净，使用灵活自如。

(9) 电话机：无尘无迹，指示牌清晰完好，话筒无异，功能正常。

(10) 镜子：镜面明亮，位置端正。

(11) 灯具：灯泡干净，功能正常，灯罩干净，使用正常。

(12) 垃圾桶：完好无损，干净。

(13) 电视：使用正常，频道应设在播出时间最长的一档，音量调到低档。

(14) 壁柜：衣架的品种齐全、数量正确，门、柜底、柜壁和格架完好且干净。

(15) 窗帘：干净，完好，使用自如。

(16) 窗户：清洁明亮，窗台干净完好，开启轻松自如。

(17) 空调：滤网干净，运作正常，温控符合要求。

(18) 小酒吧：整洁无异味，物品齐全，温度开在低档。

(19) 客用品：数量正确，品种齐全，完好无损，摆放正确。

①柜内有 6 个衣架。

②抽屉内有 2 个洗衣单、2 个袋子，音响控制柜下有 2 双拖鞋、2 张擦鞋纸。

③文件夹内有服务指南、10 张信纸、2 个信封、1 支笔、1 张意见表、1 个针线包。

④电话旁边摆放便笺和笔。

2. 卫生间

(1) 门：前后两面干净，完好无损。

(2) 墙面：整洁，完好无损。

(3) 天花板：无尘无迹，完好无损。

(4) 地面：整洁，无尘，无毛发，接缝处完好。

(5) 浴缸：内外干净整洁，镀铬件明亮，皂缸干净，浴缸塞、淋浴器、排水阀和水管开关等干净完好，接缝干净，无斑迹，浴帘干净完好，浴帘扣齐全，晾衣绳使用自如。

(6) 脸盆及梳妆台：干净，镀铬件明亮，水阀使用正常，镜面明亮，灯具完好。

(7) 座厕：内外整洁，使用状态良好，无损坏，冲水流畅。

(8) 抽风机：整洁，运转正常，噪声小，室内无异味。

(9) 客用品：品种齐全，数量正确，完好无损，摆放正确。

①毛巾 2 条、浴巾 2 条、地巾 1 条。

②洗发液 2 袋、沐浴液 2 袋、梳子 2 把、香皂 2 块、浴帽 2 个。

③浴巾 1 条、卫生纸 1 卷、漱口杯 2 个。

(二) 大堂卫生标准

(1) 保持大堂地面干净，定期打蜡保养。

(2) 随时检查烟灰缸，缸内烟头不得超过 3 个。

(3) 各种铜件和电镀件要光亮无尘,定期擦拭上光。

(4) 门窗玻璃光亮,无污渍,门窗玻璃要随时擦拭。

(5) 绿色植物及仿真植物摆放定位,无尘,无损。

(6) 沙发和座椅摆放整齐,无污,无损。

(7) 钢琴和琴台要每天擦拭,无浮尘,琴身和琴台定期打蜡保养,保持光亮。

(8) 地毯干净,无污渍和渣物,每天吸尘,随时进行污渍的处理。

(9) 楼梯和墙面定期打蜡保养,无污渍。

(10) 各种广告牌架无污无尘,定期进行铜饰品的抛光,随时保持洁净。

(11) 遇雨雪天气,在大堂门口摆放伞架,加铺地垫和防滑标志,防止将雨水、雪水带入大堂内。

(12) 雨雪天气安排人员及时擦拭地面,保持地面干净,无水印,无污渍。

(13) 大堂内的所有装饰物要保持无尘,定时擦拭。

(三) 客用卫生间卫生标准

(1) 马桶每日进行清洗消毒,马桶内外无水垢、无污渍,客人使用后及时洗擦。

(2) 便池每日进行清洗消毒,便池内外无水垢、无污渍,客人使用后及时洗擦。

(3) 洗手池、台面无水印,客人使用后及时擦净,台面不堆放杂物,物品摆放整齐。

(4) 镜面光亮,无污点,无水印。

(5) 各种电镀五金件光亮,随时擦拭,无水印,无污渍。

(6) 门、隔板干净,无污渍。

(7) 水箱内定期进行清理,箱内无沉积物,随时保持箱内清洁。

(8) 垃圾及时清理,杂物不能过多,保持清洁。

(9) 墙壁经常擦拭,无尘,无污渍。

(10) 地面保持光亮,无渣物和水印,定期打蜡抛光。

(11) 灯具、风口定期擦拭,不能有浮尘。

(12) 卫生纸、擦手纸、洗手液按要求及时添补。

(13) 花盆干净无污,经常擦拭花叶,无尘土,常浇水,无枯叶。

(14) 保持卫生间内空气清新,无异味。

(15) 各类设备随时检查,发现故障及时报修。

(四) 客用电梯卫生标准

(1) 客用电梯要随时保持整洁。

(2) 电镀电梯门每日用不锈钢保护剂擦拭,保持门面光亮,无污渍。

(3) 电梯内地毯每日吸尘,无渣物,定期更换或清洗。

(4) 电梯内石材地面干净,无渣物,无污渍,定期打蜡上光。

(5) 电梯内墙面和顶部无尘,无污渍,随时检查,擦净。

(6) 电梯内广告牌无尘无污,随时保持干净。

(7) 观景电梯的玻璃无污渍和手印,保持光亮。

(8) 电梯按钮每日擦拭消毒,如有故障及时报修。

(9) 随时检查电灯,如有损坏及时报修、更换。

(五) 多功能厅、会议室卫生标准

(1) 地毯每日吸尘,无污渍和渣物,定期清洗。
(2) 桌椅洁净,经常擦拭,无污渍。
(3) 墙面干净、无尘,墙根无浮土。
(4) 灯具光亮,无尘,定期进行全面清洗。
(5) 门窗的玻璃光亮,无污渍和手印。
(6) 窗帘完好,如有损坏及时修复。
(7) 窗帘干净、无尘、无损,定期清洗窗帘。
(8) 电话机无污渍,每日对话筒进行消毒。
(9) 路牌、指示牌洁净,无污渍,无浮土。

(六) 客房服务效率标准

客房服务效率标准如表 9-1 所示。

表 9-1 客房服务效率标准

项 目	标准值/分钟	说 明
散客查房	3.0	—
团队查房	8.0	以 5 间房为准
客房服务时间	5.0	提供客人物品的服务时间
客房维修处理时间	15.0	可及时处理的维修时间控制
标准间保洁时间(VC 房)	10.0	干净空房平均每人
标准间保洁时间(OC 房)	20.0	住客房平均每人
标准间保洁时间(VD 房)	30.0	走客房平均每人
单人间保洁时间(VC 房)	10.0	干净空房平均每人
单人间保洁时间(OC 房)	20.0	住客房平均每人
单人间保洁时间(VD 房)	25.0	走客房平均每人
豪标房间保洁时间(VC 房)	15.0	干净空房平均每人
豪标房间保洁时间(OC 房)	30.0	住客房平均每人
豪标房间保洁时间(VD 房)	40.0	走客房平均每人
长包房保洁时间(LTC 房)	15.0	标准间平均每人

第三节 客房督导管理案例分析

案例之一:房内吃瓜,两种说法

夏日炎炎,常有客人买西瓜回房间享用,瓜皮、瓜汁极易弄脏地毯和棉织品,形成难以清除的污渍。于是,服务员 A 对客人说道:"先生,对不起,您不能在房内吃西瓜,这样会弄脏地毯的。请您去餐厅吃吧!"客人很不高兴地答道:"你怎么知道我会弄脏地毯,我就喜欢在房间里吃。"服务员 A 再次向客人解释:"实在对不起,您不能在房间里吃西瓜。"客人生气地说:"酒店多的是,我马上就退房。"说罢愤然离去。

同场景下,服务员 B 是这样处理的:"先生,您好,在房间里吃西瓜容易弄脏您的居住环境,我们让餐厅为您切好西瓜,请您在餐厅吃,好吗?"客人答道:"去餐厅太麻烦了。我不会弄脏房间的。"服务员 B 又建议道:"不如我们把西瓜切好,送到您的房间?省得您自己动手,您看好吗?"客人点头道:"那就谢谢你了。"

【评析】

两位员工的语言可谓"小同大异"。两者都使用了礼貌用语("您"和"请");意图基本上一致,都提出了解决方法。但两者行为的实际效果却有天壤之别:服务员 A 令客人愤愤而去,扬言更换酒店;服务员 B 却使客人欣然接受了劝阻,并感受到了酒店细致入微的服务。究其原因,他们在语言的表达中存在以下两个主要的区别。

第一,考虑问题的出发点不同。服务员 A 从客人在房间吃西瓜对酒店不利的角度来解释原因,使客人认为酒店只为自身着想,并不在乎客人的感受。服务员 B 则为客人的居住环境和利益考虑,想客人所想,服务就显得热情周到。

第二,提出解决方法的方式相异。服务员 A 采用直截了当的方法,明确地告诉客人"不能",毫无商量的余地,使客人产生受强制之感。服务员 B 的语言较为委婉,显示出征询客人意见的关切之情。在客人固执己见的情况下,服务员 B 能灵活地做出合理让步,既坚持了酒店不愿让客人在房内吃西瓜的原则,又保住了客人的面子,满足了客人的要求。

案例之二:热水系统出故障

正在向四星级过渡的某宾馆,一手抓硬件,一手抓软件,提出了"更星换级硬为本,优质高效软为先"的口号,酒店面貌变化很大。

某年大暑天,7 楼领班小杨值夜班。第二天清晨,小杨在走廊里忙个不停。她偶然打开水龙头才发现,热水系统不知什么时候出了故障。她连忙走到值班室,给工程部打电话,要求工作人员来抢修,她知道外宾大多有起床洗澡的习惯。

20 分钟后,她又给工程部打了电话,获悉热水系统的某个主要部件损坏了,酒店内没有备件,要到 9:00 商店开门才有望配到。

挂上电话,小杨急中生智,把 7 楼值夜班的几名服务员召集到一起,告诉他们立即用煤气烧开水,以最快速度为每个房间供应热水。不一会儿,值班室便忙开了,灌水的、烧水的、送水的,几名服务员有条不紊地忙了起来。7:30,每个房间平均有 3 瓶热水,值班室里还准备了 10 多瓶热水专供早上洗澡的客人用。

不久,客人陆续起床,当他们知道热水是服务员今早用煤气赶着烧出来的,都十分感动。于是,潜在的投诉变成了赞扬。

【评析】

酒店的硬件设施难免会发生故障,遇到这种情况,首先要让工程部负责抢修工作,但是酒店其他部门也有责任帮助客人排忧解难。本案例中,小杨带领楼层值班服务员用煤气烧热水送到每间客房,其劳动强度是可以想象的,她们用自己的力量补救了酒店硬件设施出现的问题。

酒店7楼班组多年来一直保持着"先进集体"称号,曾连续7次夺得流动红旗。她们的主要业绩是多方位、多层次地超常规服务。中秋佳节,7楼服务员利用休息时间为客人买礼品、送月饼;元旦时,她们为客人送去一份份贺卡。外宾买了商品不满意,想换,小杨冒雨陪着客人去商店退换,回来时全身淋湿,患了感冒。日本客人病了,小杨为之请医生。长住客人临时要租用别的房间开会,小杨和伙伴们便撤出房内家具,并将房间立刻布置成一间洽谈室。酒店经常向员工宣扬职业道德和服务意识,使7楼服务员长期以来自觉地为客人提供超常规服务,使"宾至如归"的口号落到了实处。

当然,硬件不足软件弥补的事情只能偶尔为之。酒店是以物资设备为依托,向客人提供各种服务的,如果缺少必要的正常运转的设备,服务就成了无源之水、无本之木。试想,如果酒店的热水系统经常出现故障,光靠服务人员的真诚和几瓶热水,是无法满足客人需要的。酒店设施设备是否完好和正常运转,取决于酒店是否按照"预防为主"的方针去做好设施设备的维修与保养工作;同时,只有建设一支过硬的"万能工"队伍,加强设备管理,避免各种故障的发生,才能真正提高服务质量和酒店的档次。

案例之三:沙特阿拉伯客人前来完婚

某年中秋节,位于新疆乌鲁木齐市(简称乌市)的徕远宾馆,迎来了一位来自沙特阿拉伯的客人——木哈买提。据其本人说,他是慕名而来的。

出租车在宾馆大厅门前停下,迎宾员开门时,没有以往常的方式用手遮住车门上框请客人下车,这一细节赢得了这位虔诚的伊斯兰教教徒的好感。因为按伊斯兰国家的习惯,遮头行为是不允许的,木哈买提下榻徕远宾馆的决心更坚定了。

宾馆的王总经理从服务员那儿得知,这位客人是专门来乌市办喜事的,于是决定将坐东朝西的620房给他住,以便他做祷告;接着趁客人去见未婚妻的间隙,宾馆组织员工布置新房。总经理亲自动手,换上粉红色的窗帘,以增加喜庆气氛;在原来驼色的地毯上又覆盖了一块波斯地毯,使客人有在家办婚事的感觉;另外还配备一块小地毯,专供客人做礼拜;一间典型的伊斯兰风格的新房就这样很快布置完毕了。

两小时后,这位来自沙特阿拉伯的客人回到房间时,眼前突然的变化使他欣喜若狂,他只不过向服务员吐露过一句关于举办婚礼的话,没想到徕远宾馆竟然这么周到,而且还有那么高的工作效率。他没顾得上喝茶,便直奔总经理办公室,激动地表示感谢。

后来这位客人果真在徕远宾馆举办了婚礼。婚礼期间,宾馆为他配备两辆专车提供昼夜服务。婚礼结束后,新婚夫妇在外出旅游前对王总经理说:"请为我们保留这个房间,我们回来后还要住,房租照付。"

此后,这位客人又来过乌市多次,每次都住在徕远宾馆。

【评析】

徕远宾馆的服务口号是"笑迎天下客,真情在徕远",本案例是这一口号的具体体现。

新疆是个多民族地区,少数民族占总人数的一半以上,常有来自巴基斯坦、土耳其和中亚诸国的客商。徕远宾馆把如何做好对少数民族客人、不同宗教信仰客人以及有着不同风

俗习惯外国客人的服务工作,作为大事来抓,这是很切合实际需要的。

徕远宾馆在培训员工时,注重对员工进行有关客源国习俗及宗教基本知识的针对性培训,请来大学教师介绍风土人情和宗教历史,专门开设具有伊斯兰风情的餐厅,开发富有少数民族风味的菜肴、糕点,这些措施颇受少数民族客人的赞赏。

徕远宾馆的迎宾员按照穆斯林方式迎接客人,使客人产生良好的第一印象。总经理获得客人来店操办婚事的信息,马上组织人员布置新房,并亲自动手,足见服务意识之强。在具体处理各种细节时,如房间朝向、窗帘色彩、挂毯摆放等都竭力符合客源国的风俗习惯和婚礼的特殊需要。最后还安排两辆专用车,日夜服务。考虑之周到,达到无可挑剔的程度。多年来,由兵团招待所发展起来的徕远宾馆,在"搞活经济、自我积累、自我发展"的道路上已取得了赫赫战绩。

案例之四:小骆的迷茫

萧山宾馆服务员小骆,第一天上班被分配在宾馆 A 楼 5 层值台。她刚经过 3 个月的岗前培训,对做好这项工作充满信心,自我感觉良好,一个上午的接待工作的确也颇为顺手。

午后,电梯门打开,走出两位客人。小骆立刻迎上前去,微笑着说:"先生,欢迎入住本宾馆,请跟我来。"小骆领他们走进房间,随手给他们沏了两杯茶放在茶几上,说道:"先生,请用茶。"接着她又一一介绍客房的设施设备:"这是床头控制柜,这是空调开关……"这时,其中一位客人打断她的话,说:"知道了。"但小骆仍然继续说:"这是电冰箱,桌上文件夹内有'入住须知'和'电话指南'……"未等她说完,另一位客人便掏出钱包抽出一张 10 元面额的人民币不耐烦地递给她。这时,小骆愣住了,一片好意被拒绝甚至遭到误解,使她感到既沮丧又委屈,她涨红着脸对客人说:"我们不收小费,谢谢您!如果没有别的事,那我就先告辞了。"说完便退出房间,回到服务台。

此刻,小骆心里乱极了,她实在想不通,自己按服务规范向客人耐心介绍客房的设施设备,为什么会不受客人欢迎呢?

小骆请教了不少经验丰富的老员工,后来才慢慢懂得,在服务过程中要有一个"度",同时还要学会察言观色,不可一味地硬搬规范。果然,时隔不久,小骆便成了一名很出色的服务员。

【评析】

小骆向客人积极主动地提供服务,首先应该对其给予充分肯定。她按服务规范不厌其烦地向客人介绍客房的设施设备是没错的。但是,服务规范的运用应因人而异、灵活机动,对服务分寸的掌握也应适度。这样看来,小骆向两位客人机械地提供服务规范,确有欠妥之处。

显然,将客房的常用设施设备甚至普通常识详细地介绍给绝非初次下榻酒店的客人,是大可不必的。特别是当客人已显出不耐烦时,还继续介绍,就显得太死板了。这样做会使客人感到被视为未见过世面而需要接受引导,使其自尊心受到伤害,或者误解服务员是变相索要小费,从而引起客人的不满和反感。好心却没办成好事,这是满腔热情的小骆始料不及的。

介绍房间情况,对常住酒店的客人和初次下榻酒店的客人显然应有所区别。对酒店常客做房间内容介绍,可只介绍客房新增添的服务设施;而对初次下榻酒店的客人,则应详细地介绍房间设备及使用方法。这样既能给客人带来方便,又能避免客人因使用不当而损坏客房的设施设备。现在有的酒店因噎废食,取消了这项服务内容,这是不可取的。那么,怎样才能识别客人呢?一是在引领客人入住时即可细心观察客人情况;二是在介绍房间情况前,可事先征求客人的意见;三是介绍房间情况时注意察言观色;四是注意总结经验,向这方面有经验的员工学习。其中蕴含的服务技巧和服务心理,值得酒店同行深思和探讨。

核心关键词

酒店客房服务	hotel housekeeping
客房督导	housekeeping supervision
客房卫生质量标准	housekeeping hygienic quality standard
低值易耗品	low-priced and perishable articles

思考与练习

1. 客房的卫生质量标准有哪些?
2. 为什么要填写客房督导日志?
3. 如何对低值易耗品进行有效的控制?
4. 如果在与前厅部进行房态核对时发现有差异,那么客房督导该如何处理?
5. 客房钥匙的管理措施有哪些?
6. 客房部的晨会有哪些作用?客房督导如何开好晨会?

第十章

餐饮部督导管理

教学目标

◆ 了解酒店餐饮部督导岗位的工作职责与工作内容；
◆ 熟悉餐厅各岗位的督导工作检查标准及常用的各种业务表单；
◆ 掌握餐厅督导工作程序规范；
◆ 掌握餐厅督导在日常工作中经常遇到的疑难问题的解决技巧。

学习内容

现代酒店的餐饮部不仅拥有中西餐厅、咖啡厅、宴会厅，还有酒吧、音乐茶座等餐饮设施，既可满足客人的饮食需求，又是客人的交际活动场所。酒店各餐厅也能接待不住店的客人，是酒店对外展示形象的窗口。餐饮部的岗位较多、员工较多、原料进出量大、生产工序复杂，相对酒店其他部门来说，督导工作的难度较大。本章侧重于讲解餐饮部服务管理方面的督导工作。

第一节 餐饮部督导管理职责和内容

一、餐饮部的基本任务

餐厅是酒店销售饮食产品并为客人提供相应餐饮服务的场所。餐厅服务的主要任务是,按照规范化的服务程序和服务标准,采用一定水平的服务技巧及时为客人供餐,满足不同客人对餐饮的各种需要,努力扩大销售范围,并正确计算和收取餐饮费,不断提高企业的经营收入。餐饮部的基本任务有以下几个方面。

(1) 提供舒适的就餐环境。
(2) 供应干净、卫生、可口的菜肴和饮料。
(3) 保持餐厅干净卫生,确保餐具消毒。
(4) 为客人提供方便、周到的服务,尽量满足不同客人的需要。

二、餐饮部的督导岗位设置

(一) 主管岗位

餐厅主管的任务是在餐饮部经理领导之下,负责餐厅的日常工作。在酒店中介于部门经理和领班之间的主管有多种称呼,有的叫管理员,有的叫总领班,有的叫餐厅主任或餐厅副经理。

根据酒店的等级和规模,餐饮部一般设置一名或多名主管。设置主管的原则:凡已形成一定经营规模,服务人数多于一个班组,且需要独立工作的部门,如餐厅、咖啡厅、宴会厅、自助餐厅、厨房等部门,都可以设置主管,例如楼面主管、宴会厅主管、酒水部主管、客房送餐主管、管事部主管等。

(二) 领班岗位

领班是酒店最基层的管理者,有时也称"部长"。它直接管理一线服务员或一线操作工。其主要职能是执行主管(或经理)指派的工作,全权负责某一工作区域的服务工作。

一个工作班组(或岗位)一般可设置一个领班,根据所管辖班组的工作性质、任务的不同,每个班组员工人数为5~15人,例如迎宾领班、服务领班、传菜领班、预订领班等。

(三) 客户服务和销售岗位

客户服务和销售岗位的工作人员主要负责餐厅的对外营销、客户开发、客户维系、客户接待、点菜销售等工作,例如营销经理、客户经理、销售代表、销售员、点菜师等。

三、岗位职责

(一) 楼面主管

楼面主管的岗位职责主要包括以下几个方面。
(1) 负责餐厅某一个区域的营业管理,带领领班和楼层服务员完成服务接待工作。

（2）督导本区域的日常经营工作，对楼面经理负责。

（3）督导本区域全体员工按工作标准规范操作。

（4）参加餐厅的有关会议，完成楼面经理交办的其他工作任务。

（5）协助楼面经理召开部门餐前例会，检查员工的出勤状况、仪表及个人卫生。

（6）指导下属工作，评估员工的日常工作表现。

（7）督导下属工作，实行现场质量管理，及时处理营业中的突发事件及投诉。

（8）熟悉VIP的饮食喜好，安排好VIP的服务工作。

（9）做好所辖区域的物品管理工作，协助楼面经理做好每月物品盘点工作。

（10）做好与其他部门的协调工作。

（11）掌握物品的使用情况，有效控制低值易耗品，降低费用开支和物品损耗。

（二）宴会厅主管

在餐饮部和中餐经理的领导下，宴会厅主管主要负责宴会厅的接待服务工作和各种会议的接待服务工作，确保为客人提供优质服务。宴会厅主管的岗位职责主要包括以下几个方面。

（1）协助餐饮部制定各项规章制度并督导实施。

（2）安排领班和服务员的工作班次，督导领班的日常工作。

（3）参与宴会厅的人事安排及人员评估，按奖惩制度实施。

（4）督导本部门员工的培训工作，协助本部门做好宴会的培训工作。

（5）适时将宴会厅的经营状况及特殊事件向本部门经理汇报。

（6）了解每次宴会、会议活动的内容，检查准备工作情况，熟知宴会协调单。

（三）迎宾领班

迎宾领班主要负责电话预订管理、迎宾带客运作管理、包房分配管理等工作。其岗位职责主要包括以下几个方面。

（1）负责所辖区域员工的考勤、排休、排班以及日常工作的评估。

（2）召开部门员工例会，检查员工仪容仪表。

（3）负责营业中的检查、督导、调配，保证部门正常运行。

（4）协助迎宾员迎客带位。

（5）负责检查迎宾区域的布置及环境卫生。

（6）接受宴席预订，整理预订资料，检查预订的落实工作。

（7）对本组员工进行业务技能指导，合理调配员工。

（8）抓好员工纪律，了解员工的思想状况，及时向上级反馈。

（9）督促前厅部及营销部管理人员做好客户管理指标方面的各项记录，确保绩效考核评分公正无误。

（四）服务领班

服务领班要做好所负责区域的顾客接待工作，管理好本部门的员工，做好日常事务的检查和处理。其岗位职责主要包括以下几个方面。

（1）负责所辖区域员工的排休、排班、考勤工作。

(2) 熟悉酒店所有产品特点及相关知识,积极销售,完成部门销售任务。
(3) 进行餐中督导,及时指导员工工作。
(4) 负责所管辖区域的卫生检查工作。
(5) 协助员工的餐中服务工作,指导员工按照酒店服务规范操作。
(6) 负责 VIP 的接待工作。
(7) 根据营业情况合理安排员工工作,并在餐中做好调配工作。
(8) 负责处理一般投诉,重大问题及时上报。
(9) 收集顾客意见,及时反馈给相关部门。
(10) 协助楼层经理进行每月的盘点工作。
(11) 检查楼面设备的使用情况,并及时报修。
(12) 了解部门员工的思想状况,及时沟通并向上级反馈。
(13) 协调与其他部门的关系,积极配合其他部门工作。

(五) 传菜领班

在传菜部经理助理的领导下,传菜领班要管理传菜部门的日常工作,督促传菜员快速、准确地把菜肴传到所对应的台位,保证传菜的正常运作。其岗位职责主要包括以下几个方面。

(1) 负责协助传菜部经理助理做好传菜部营业督导及管理。
(2) 做好现场岗位巡视,确保传菜速度,不断提高工作效率。
(3) 与后厨部保持高度协调,就有关菜品问题及时进行反馈与沟通。
(4) 处理传菜方面的突发事件。
(5) 加强控制重要宴席的走菜程序。
(6) 督导员工按照酒店标准服务程序操作。
(7) 当传菜部经理助理休假时,负责主持传菜部餐前例会。
(8) 对本部门物品进行盘点,及时反馈给传菜部经理助理。
(9) 协助传菜部经理助理做好传菜部员工的日常评估工作。
(10) 协调与其他部门的关系,积极配合其他部门工作。

(六) 酒水部主管

在酒水经理的领导下,酒水部主管要掌握酒廊、酒吧的运营情况,合理安排人员,补充酒水,保证酒廊、茶室的正常营业。其岗位职责主要包括以下几个方面。

(1) 营业期间经理不在时,负责解决营业中出现的问题,并及时上报。
(2) 做好上传下达工作,督导领班的日常工作。
(3) 认真做好各吧台的营业情况记录。
(4) 做好每次宴会酒水服务工作。
(5) 检查各吧台酒水服务工作情况。
(6) 熟悉本部门相关岗位工作及知识。
(7) 认真完成上级交办的其他任务。

(8) 参加公司培训并尽快提高自身素质和能力。

(七) 管事部主管

管事部主管要协助餐饮部经理管理好餐厅及厨房用具，控制成本，减少餐具的破损，保证餐厅厨房干净卫生。其岗位职责主要包括以下几个方面。

(1) 负责编制餐饮部所需餐具和用具的年度预算。

(2) 根据各餐厅餐具的盘点情况，负责与采购部门沟通，提出器具购置计划，及时补充餐具和用具。

(3) 检查和管理餐具的使用情况，分析造成损耗的原因，提出降低损耗的建议。

(4) 负责安排管事部员工的工作班次。

(5) 负责做好餐具和用具的保管、发放、回收工作，负责厨房区域的环境卫生。

(6) 负责员工的考勤和考核工作，督导员工做好安全工作。

(八) 管事部领班

管事部领班的岗位职责主要包括以下几个方面。

(1) 负责餐饮部家具、厨具、餐具及室内装饰物的管理，建立设备档案，做到账目清楚，心中有数。

(2) 每天对各部门的设备使用情况进行巡检，若发现有损，应及时请工程部进行维修，凡需定期保养的，要按计划进行。

(3) 每天要督促和检查各部门的清洁工作。若发现墙纸、地毯、沙发等有污渍，要请有关部门尽快清洗。

(4) 负责领发大型宴会、酒会、表演等活动所需用具和设备，清点后交餐厅使用，并协助餐厅进行安装，用后要及时整理好并收回，然后分类入库存放。

(九) 客户经理

客户经理要做好酒店散客营销、客户公关、市场开拓以及对外宣传工作，协助大堂副理完成酒店下达的各项营业指标。其岗位职责主要包括以下几个方面。

(1) 负责推广酒店的营销活动，扩大酒店知名度。

(2) 负责酒店散客的维系和开发，开市时与店内散客沟通，拜访散客等。

(3) 负责在节假日、客户生日等特别的日子里问候散客。

(4) 调查市场的动态，收集整理行业信息，调查酒店营销活动在散客群中的满意度，为酒店经营活动的开展提供建议与参考。

(5) 负责散客中的老顾客和重要客人的签单担保，依据财务部单据进行收款与结账。

(6) 协助大堂副理做好顾客就餐的接待工作，并处理与销售相关的散客投诉及其他突发事件，维护酒店声誉和形象。

(7) 审查每日预订信息统计报表，做好销售周志、月志，建立散客档案。

(8) 协助营销活动及促销计划的执行。

第二节 餐厅督导工作检查标准

一、餐厅楼面服务督导检查标准

(一) 开市工作检查内容

(1) 招牌灯、相关灯箱、灯光、电梯、空调是否按规定开启。
(2) 门口相关水牌的摆放和 POP 招贴画的张贴是否符合规定。
(3) 相关电源是否及时开启。
(4) 餐厅内所有设备是否已检查,问题是否已上报。
(5) 书柜、报架上的书刊和报纸是否更新,是否摆放整齐。
(6) 餐厅桌椅是否摆放整齐。
(7) 餐台上台号牌摆放是否正确、齐全。
(8) 备餐柜内餐具是否擦拭干净。
(9) 台面相关物品是否摆放整齐,刀叉是否按标准摆放。
(10) 牙签及相关物品是否充足,是否干净。
(11) 地面是否干净无杂物、无油污。
(12) 备餐柜内物品是否补充齐全。
(13) 沙发是否干净,是否平整。
(14) 椅套是否干净,是否平整、无脱落。
(15) 托盘是否干净。
(16) 垃圾桶是否干净。
(17) 餐厅边缘处卫生状况是否良好。
(18) 绿色植物是否已进行保养。
(19) 开水瓶是否干净,瓶内是否有开水。
(20) 了解当日急推和沽清品种。
(21) 员工仪容仪表是否良好。

(二) 营业中工作检查内容

(1) 是否及时接待进入所辖区域的客人。
(2) 是否保持微笑。
(3) 是否提醒客人看好自己的财物。
(4) 能否向客人正确解释菜单。
(5) 能否向客人提建议,并进行适时推销。
(6) 回答客人提问时声音是否清脆、悦耳。
(7) 推销时声音是否清脆、悦耳。
(8) 与客人谈话是否保持礼貌的态度。

(9) 点完单后是否进行复述,并提示客人稍候。

(10) 是否迅速将所点单据传递到相关部门。

(11) 是否马上根据菜单预先为客人准备好餐具。

(12) 在尽力推销饮料后,是否为没有点饮料的客人分别斟上一杯水或做好加水服务。

(13) 针对那些等待中的客人,是否经常巡台,并能满足客人需求。

(14) 当客人呼叫时是否迅速到达桌旁。

(15) 是否及时给就座的客人倒水。

(16) 是否及时为吸烟的客人提供烟灰缸,并经常更换烟灰缸。

(17) 检查服务员开的点菜单是否有错漏。

(18) 处理投诉是否及时,是否按程序处理,处理的结果是否令客人满意。

(19) 是否随时跟单,能否处理好相关事务,如催菜、加菜、结账等。

(20) 上菜是否迅速。

(21) 上菜时是否介绍菜名,当菜上齐时是否告知客人。

(22) 对结账离桌的客人是否说了谢谢光临。

(23) 是否及时检查餐桌、餐椅及地面(有无客人遗失的物件)。

(24) 是否在客人走后及时进行清台、翻台。

(25) 是否能及时发现营业区域地面的清洁问题并迅速进行清理。

(三) 收市工作检查内容

(1) 地面是否打扫干净。

(2) 卡座的卫生是否完成。

(3) 垃圾桶是否清理干净。

(4) 餐桌台面是否收拾干净。

(5) 相关电源是否正确关闭。

(6) 书柜、报架是否已进行整理。

(7) 门口是否按规定进行安全设置。

二、餐厅迎宾服务督导检查标准

(一) 开市工作检查内容

(1) 相关餐牌是否备好,并时刻检查餐牌。

(2) 地垫是否干净,是否摆正。

(3) 员工仪容仪表是否良好。

(二) 营业中工作检查内容

(1) 是否保持微笑、化淡妆。

(2) 手中是否有餐厅的相关菜谱。

(3) 对进入预订区域的客人是否主动上前打招呼。

(4) 打招呼时是否稍稍鞠躬,并有眼神接触。

(5) 能否不遗余力地协助客人。

(6) 带客时是否走在客人右前方大约1.5米的位置。
(7) 带到座位后,是否和服务员一起招呼客人坐下,并让客人马上拿到菜谱。
(8) 按要求询问客人的相关登记手续是否办理。
(9) 转身是否太快,是否能避免意外发生。
(10) 送客时能否做到不随意而为。
(11) 是否在送客时遵守送客礼节。
(12) 在整个营业过程中是否及时注意到各个区域客人的上座率,能否灵活安排客人入座。

(三) 收市工作检查内容

(1) 本区域是否彻底打扫。
(2) 地垫是否干净,是否已拿到厅内。
(3) 相关餐牌是否交到收银台或吧台。
(4) 门口是否按要求进行安全设置。
(5) 相关电源是否正确关闭。

三、餐厅传菜服务督导检查标准

(一) 开市工作检查内容

(1) 传菜部地面、墙面是否干净、无污渍。
(2) 传菜用具(托盘、抹布等)是否干净、齐全。
(3) 划单笔是否备好。
(4) 传菜部相关器具(铁盖、汤勺等)是否备好。
(5) 沽清单是否及时提交给领班。
(6) 小菜、调料是否备足。
(7) 员工仪容仪表是否良好。

(二) 营业中工作检查内容

(1) 是否对厨房所有出品进行质量监测。
(2) 出菜、上菜时是否核对点菜单,是否准确无误。
(3) 是否能全面掌握下单时间和上菜时间,并及时配合服务员催菜。
(4) 调料是否与菜肴同时上桌。
(5) 传菜时是否正确使用托盘。
(6) 传菜过程中遇到客人是否主动礼貌避让。
(7) 菜肴是否准确无误且及时送达客人桌旁。
(8) 是否清晰准确地将台号及菜名告知服务员。
(9) 特殊情况下是否会协助服务员。
(10) 营业中是否随时注意传菜间卫生。
(11) 传菜过程中是否及时回答客人问询,并协助服务员为客人服务。
(12) 对中途沽清菜式,是否及时告知组长、服务员。

(13) 高峰期前,是否外派传菜员协助服务组工作。

(三) 收市工作检查内容

(1) 托盘是否干净。
(2) 各种调料是否存放好。
(3) 单据是否有专人核对,是否准确无误。
(4) 相关器具是否收拾好。
(5) 消毒柜内餐具是否已消毒。
(6) 保洁柜是否全部关闭。
(7) 相关电源是否正确关闭。

第三节 餐厅督导工作程序规范

一、餐厅营业现场督导

(一) 现场督导

1. 定义

管理者在工作中通过巡视、观察,发现问题,预防并处理问题,从而使营业正常进行的一系列工作,即对下属工作的监督和指导。

2. 现场督导的重要性

现场督导有利于减少浪费,提高员工积极性,提高工作效率,使客人有被尊重感及安全感,从而减少投诉。

(二) 现场督导的内容

1. 人员管理

(1) 根据不同的营业情况,调整人员数量。
(2) 观察、了解员工的工作和精神状态,并做出相应调整。
(3) 检查员工的工作技能,根据不同情况进行事后督导,如做记录。
(4) 评估员工的工作效率。
(5) 激发员工的积极性,关注有无违反公司规定的情况。
(6) 检查工作中员工的仪容仪表。

2. 设备管理

(1) 观察各种设备是否正常运行。
(2) 检查安全隐患。
(3) 核实设备的维修、保养是否按计划进行。

3. 物料管理

(1) 根据每日不同的营业状况准备充足的营业物料。

(2) 营业中随时关注物料的使用状况,并做出相应的调整。

4. 服务管理

(1) 时刻关注客人反应,立即行动。

(2) 关注各岗位的工作状况,是否按操作标准操作。

(3) 观察各工作岗位之间、各班次之间的工作衔接。

5. 卫生管理

(1) 时刻关注重点卫生区域、卫生间、清洗间门口、洗手台区域。

(2) 检查营业中容易出问题的部分,如地面、桌椅、餐具等。

6. 出品管理

(1) 上菜速度如何,是否有台位需要催菜。

(2) 客人进餐时的感受如何。

(3) 出品的菜肴是否符合标准。

(三) 餐厅一日督导程序

1. 餐前督导

餐前督导即餐前检查,主要检查各部门的卫生工作(日常卫生和计划卫生)、物品的准备工作、餐厅的装饰布置、重要接待的准备工作等。严格的检查机制,可大大减少营业中的失误。

(1) 建立三级检查机制。

员工自查;组长或领班逐项检查,可对照检查表进行;部门负责人抽查,可对主要部分、易出问题的部分、强调过的部分进行重点检查,也可随机抽查其他部分。

(2) 经理要对店面进行全面检查,对门口停车场、迎宾区、进餐区、洗手间、备餐区、生产区等逐一巡视,对检查出的问题要做好记录并及时采取补救措施。

2. 餐中督导

(1) 环境质量:餐厅的温度、光线、背景音乐是否合适,各岗位(档口)人员是否到位。

(2) 卫生质量:地面有无垃圾、水印,备餐柜、餐车是否整洁,洗手间是否干净。

(3) 服务质量:服务员的仪容仪表是否良好,是否遵守服务流程和服务规范,服务效率如何。

(4) 出品质量:上菜是否及时,菜肴的感观如何。

(5) 人员协助:各岗位工作的忙闲情况如何,人员是否需要调动。

(6) 联系客人:对新顾客可找机会主动沟通,交换名片;对老顾客主动打招呼,表示热诚;对不常来的客人进行特别问候,向其介绍新菜;关注细节,对 VIP 提供个性化服务。

(7) 关键部位:不同的营业时间要重点关注不同的岗位。营业刚开始时,要在迎宾口和大厅代表酒店迎接客人;在营业高峰,要保证传菜口按顺序出品;在次高峰,客人会对进餐产生不同感受(满意或不满意),这是较容易被投诉的时段。

3. 收市督导

收市时处于营业低峰,客人走得多,来得少,且处于交接班时段,客人容易被忽视,卫生也容易出现问题,有时会因地面清扫给客人带来不便。

（四）餐厅现场督导的方法

1. 走动管理

营业中一定要走动管理，告诉员工管理者就在身边。要根据餐厅的结构布局，制定高效的巡视路线。

2. 现场示范

督导巡视过程中，发现员工面对某事不知所措时，可现场示范。如包间服务员小丽面对摆满了菜盘的餐桌，不知新来的菜该如何上桌时，督导可以去完成这项工作，既及时为客人提供了服务，又能使员工快速明白该如何处理类似问题。

同样，督导发现员工在对客服务中有不正确的行为时，不要马上批评指责，这样会影响客人的心情，也会使员工心里紧张。这时可采用现场示范的方法，让员工明白自己应如何做。

3. 及时指导

如果当时的时间和情况允许，在员工出现不正确操作时，可及时进行纠正，告诉员工正确的方法，以及为什么要这样做。这样的现场指导会加深员工的印象，效率较高。

4. 直接命令

在营业高峰，可直接下命令，不做解释，要求员工必须执行，以保证营业工作的顺利进行。

5. 重点关注

对重要的客人（VIP、同行、提出意见者）要重点服务。

二、餐前例会程序规范

（一）会议时间

开餐前15分钟在各自工作区域召开会议。

（二）参加人员

本工作区域管理者和员工。

（三）会议程序及内容

（1）管理人员与员工互道"中午好/晚上好"。

（2）检查考勤，可采取点名或报数等形式。

（3）检查仪容仪表、服务用具。

① 遵照男、女员工仪表规范，检查发式、妆容、制服、指甲等。

② 检查服务用具，如笔、记事本、开瓶器、火柴或打火机等。

（4）告知预订情况。

告知预订客人的姓名、包房号、人数以及是否有特殊要求。VIP的预订要重点强调，这样可以使全体员工了解当天的预订和重要客人的信息，便于提前做好服务准备。

（5）餐前准备情况。

对卫生不符合要求的要限时整改，严重的要提出批评。

(6) 人员安排,岗位调整。

员工因病或其他原因不能到岗时,其所负责的工作要安排给其他人。有时因重要客人或其他任务,也要对人员做出调整。

(7) 做好前一天或上一班次的工作小结。

可总结一些有代表性的事情,如突出的成绩、问题或案例。

(8) 领班补充事项。

(9) 其他内容。

关于菜品知识,新菜第一次可请后厨人员做介绍。人员流动较频繁时,每天可向员工介绍 5 种菜品,使员工加深印象。

(10) 员工提问。

(11) 告知沽清、特价、重点推销的菜品,介绍新菜。

(12) 唱店歌、喊口号或进行其他鼓舞性活动。

(13) 结束语。

三、餐厅卫生工作督导

(一) 制订卫生工作计划

将餐厅的所有清洁卫生项目,按其不同的性质特点分类管理,可参考以下几种分类方法。

(1) 卫生工作按时间间隔可分为日常卫生、周期卫生和临时卫生。

①日常卫生指每天要清洁一次以上的卫生项目,也指营业中随时要做的清洁工作,如扫地、擦桌子、洗餐具等。要制定岗位日常清洁标准,让员工了解岗位卫生工作流程和清洁卫生工作细则,使员工的清洁卫生工作达到规定要求。清洁卫生工作的有关规范可参考服务培训手册。日常卫生要抓好检查关,餐厅管理人员每天都要抽查卫生工作。

②周期卫生也称计划卫生,一般指间隔两天以上的清洁计划,如窗帘一月清洁一次,人造花 15 天清洁一次,地面每周消毒一次等。周期卫生由于不是连续操作,容易被忘记,所以要定好各项目的负责人,将周期卫生工作表张贴在工作信息栏。周期卫生的间隔时间并不是一成不变的,根据实际情况可重新规定。

③临时卫生是指不在计划范围内,因临时需要而实施的清洁计划。

(2) 卫生工作按营业阶段可分为餐前卫生、餐中卫生和收市卫生。

(3) 卫生工作按对象可分为环境卫生、家具卫生、餐具用具卫生、电器及其他设备卫生。

(4) 卫生工作按场所可分为室外卫生、进餐区卫生、洗手间卫生、吧台卫生、备餐间卫生及其他区域卫生。

(二) 划分卫生项目及责任

规定好餐厅每一个工作岗位所应完成的清洁卫生项目,将餐厅的各项卫生分工到岗、责任到人。

例如,迎宾部、楼面服务部、传菜部、酒水部、洗涤部、PA 部的餐厅卫生责任分配与清洁周期计划分别如表 10-1、表 10-2、表 10-3、表 10-4、表 10-5 和表 10-6 所示。

表 10-1　迎宾部的餐厅卫生责任分配与清洁周期计划

	卫 生 项 目	清洁周期	备　　注
迎宾员	沙发、茶几、茶杯、烟灰缸	每天	茶杯有污渍要漂洗
	饮水机、消毒柜、酒水寄存处、伞架	每天	
	擦鞋机、书柜、报架	每天	
	迎宾台	每天	
	大门（玻璃门、旋转门）	每天	
电话预订员	电话机	每天	
	预订台	每天	
酒席预订员	大板桌	每天	
	电脑桌	每天	
	电脑	每天	
	打印机	每天	
	会客椅	每天	
播音员	电脑	每天	
	音箱	每天	
	移动餐车	每天	
前台PA	楼梯、扶手、台阶	每餐	
	餐车、门外花草、台阶地面	每餐	
	垃圾桶、挂画、地面、室内花草	每餐	
	墙壁、墙角线	每餐	

表 10-2　楼面服务部的餐厅卫生责任分配与清洁周期计划

	卫 生 项 目	清洁周期	备　　注
服务员	桌椅	每餐	桌架每天清洁一次
	橱柜	每餐	柜面随时清洁
	台面餐具及用具	每餐	
	开水瓶	每餐	
	茶壶	每餐	有茶垢须漂洗
	托盘	随时	
	垃圾桶	每天	外围每天清洁一次，内胆须每餐更换
	下栏盒	每餐	
	椅套	每周	
	窗帘	每周	

续表

	卫 生 项 目	清洁周期	备 注
服务员	沙发套	每周	
	墙面卫生	每天	
	地面、墙角线	每餐	
	布草(毛巾、口布、垫布)	每餐	叠放整齐,为下一餐做好准备
	电器(电脑、电视、消毒柜等)	每天两次	
	包房内花草	每天	
	触摸屏、宝宝椅	每餐	
一楼回廊	基本卫生	每天	
一楼包房	基本卫生	每天	
	窗帘	每周	
	沙发套、沙发椅、茶几	每周	
	玻璃	每周	
	微波炉	每餐	
	餐车、地毯清洗	每餐	其他楼层
	衣架、墙壁	每周	
一楼公共区域	地面	随时	
	环境卫生	每天	
	花草	每天	
	痰桶	每餐	
	下栏车	每餐	
	下栏盒	每餐	
	撮箕	每天	
	大垃圾桶	每餐	
	环境卫生	每天	
一楼卫生间	洗手台	随时	
	便池	随时	
	洗手台玻璃	随时	
	地面	随时	
一楼小洗间	地面	每餐	
	环境	每天	
	垃圾桶	每餐	
	餐具架	每餐	

表 10-3　传菜部的餐厅卫生责任分配与清洁周期计划

	卫生项目	清洁周期	备　　注
卫生范围	一、二、三楼地面	每晚	
	工作台	每天早晚	
	墙壁	每天	
	托盘	每天	
	菜盖	每天	
	餐车	酒席用完就洗	周二做大卫生时清洗
	明档玻璃	周二上午	
	大厅公用备餐台	每天早晚	晚茶期间使用,但收市后不做卫生
餐具	铜锅	周日晚上	
	酒精炉等炉具	周一上午	每天开市
	金器清洗(2F)	周一晚上	
餐具柜	柜子(不锈钢)	每周一、三、五	
传菜电梯	电梯卫生	每天开、收市	

表 10-4　酒水部的餐厅卫生责任分配与清洁周期计划

	卫生项目	清洁周期	备　　注
卫生范围	一楼吧台、二楼吧台、三楼吧台、附楼吧台、总台存酒柜	一天两次(开、收市)	
	各台面、吧仓、冰柜、酒水展示柜、桌椅、电脑	一天两次(开、收市)	
吧员	各楼层吧台	一天两次(开、收市)	
	酒具展示柜	每天	
	酒水冷藏柜	每天	
	制冰机(1F)	一天两次	
	冰柜(1F、2F、3F)	每天	
	吧台地面	一天两次	与收银员一起
收银员	各楼层吧台(收银)	一天两次	
	电脑	一天两次	
	验钞机	一天两次	
	POS机	一天两次	

续表

	卫生项目	清洁周期	备注
票务员	总台售票处	一天两次	
	酒水寄存柜	一天两次	
布草房	布草间墙壁	一天两次	
	地面	一天两次	
	存放柜	一天两次	

表 10-5　洗涤部的餐厅卫生责任分配与清洁周期计划

	卫生项目	清洁周期	备注
洗涤部	大洗间	每周一	有特殊要求时需做搬家式大卫生
	大洗间外走道、墙面、电扇、门窗		
	消毒间整体卫生		
	洗涤部和备餐间地面、墙面卫生		
	全体大组消毒、保洁		

表 10-6　PA 部的餐厅卫生责任分配与清洁周期计划

	卫生项目	清洁周期	备注
技术 PA	一楼公共区域、包房	每周	根据脏的程度,随时增加洗的次数
	二楼公共区域、包房	每周	
	三楼走道、包房	每周	
	晚茶地面、包房	每周	
	总台地毯	每周	
	公共区域地面、三楼走道、包房地毯、总台迎宾地毯	每周	
前台 PA	楼梯、扶手、台阶	每餐	
	餐车、门外花草、台阶地面	每餐	
	垃圾桶、挂画、地面、室内花草	每餐	
	墙壁、墙角线	每餐	
晚茶 PA	环境卫生(花草、门、喜字、窗帘)、卫生间门窗、墙面、顶、地面、大小便池、洗手池、镜子	每天	
	下水池、热水器、大垃圾桶、洗碗间卫生、地面、洗碗池	每天	

续表

	卫生项目	清洁周期	备注
一楼PA 二楼PA 三楼PA	楼面公共区域地面卫生	每餐	地面无污渍、水印
	楼面环境卫生(墙角线、围栏、垃圾桶)	每天	
	下栏类(下栏车、下栏盒)	每天	每周大卫生
	酒柜卫生	每周	
	公共区域壁画、花草	每周	
	小洗间地面、小件餐具清洗、工作台卫生	每餐	
	大垃圾桶	每餐	每周大卫生
	洗手间环境与设备卫生	每餐	餐中保洁
	洗手台	每人	餐中保洁
	地面卫生	每餐	
	门窗、挂画	每周	
大洗工	大洗间地面卫生、大餐具保洁、餐台卫生	每天	
	大洗间外走道、外墙面、高空、备餐间、消毒间	每周一	
	各存放餐具货架卫生及日常清洁工作	每周二	
煮饭PA	打开水	每天	
	洗毛巾	每天	
	煮饭及锅炉旁地面卫生	每天	
	洗衣机卫生	每周一	

(三)规划各岗位卫生项目秩序

餐厅各工作岗位的员工每天要做的清洁工作较多,在不同的营业时段,清洁卫生的侧重点也各有不同,因此,要分析各岗位的卫生项目,结合营业需要,合理排列组合,提出有效的清洁方法,提高清洁工作效率,保证清洁工作质量。例如,餐厅传菜员的卫生项目秩序表如表10-7所示。

表 10-7　餐厅传菜员的卫生项目秩序表

时　　间		卫生项目	清　洁　方　法	清洁标准	备注
餐前	9:30—10:30	工作台	物品准备(酒精炉、汤勺、味碟、味碗、酱料等)，台面擦拭，备用酱料摆放	无垃圾、污渍	注意各车的底部和脚部
		餐盘		无垃圾、污渍	
		餐车	清洗、擦拭、摆好用品，将其放在指定位置	无垃圾、污渍，用品摆放整齐	
		传菜楼梯	清扫、湿拖、扶手擦拭		限二楼传菜口
		地面	清扫、湿拖、干拖		
		地毯	铺好、湿拖		
		垃圾桶	倒垃圾		
	员工餐时	传菜		按指定台位摆放	
	员工餐后	协助清台			
午市	例会后	餐前检查			
	餐中	传菜			
		餐盘	搬运、补充	随满随运	
		保洁	工作台、餐车、传菜通道		
	14:00 后	协助清洗餐具			
	14:30 后	地面	清扫、湿拖、干拖	无垃圾、水、污渍	
	14:30—16:00	保洁			
	16:00 后		同餐前 9:30—10:30		
晚市	工作餐前	上菜		按指定区域、台位摆放	
	工作餐后	协助收拾			
	例会后	餐前检查			
		传菜			
	餐中	餐盘			
		保洁	工作台、餐车、传菜过道		
	20:30 后	协助清洗餐具			
	21:00 后	地面	清扫、湿拖、干拖	无垃圾、水、污渍	
	21:00 至收市	保洁			
收市	收市后	工作台	整理、补充用品		
		餐盘	清洗、擦干		
		餐车	清洗、擦干		
		地毯	抖灰、湿拖、晒干		
		餐厅用具	清洗、整理		
		清洗空瓶			
		倒垃圾			
		安全检查		按酒店规定进行	

(四)制定清洁项目操作程序规范

为保证清洁工作的效率和质量,要为每个项目制定详细的清洁操作规范,规定操作步骤、操作方法、使用工具、注意事项、清洁周期等,并将其作为员工操作和管理人员检查的标准。例如,玻璃杯的清洁操作程序规范如表10-8所示。

表10-8 玻璃杯的清洁操作程序规范

	操作步骤	操作方法	清洁周期	注意事项
一般程序	1.配制溶液	将清洁剂用热水溶解成清洁液	每餐	
	2.浸泡	将脏玻璃杯浸泡在清洁液中1~2分钟		不要叠放过多,以免压破
	3.除污	在清洁液中,用海绵杯刷或清洁布擦洗玻璃杯		
	4.清洗	将洗过的玻璃杯放入清水中洗净,也可直接用清水冲洗		
	5.滤水	将洗净的玻璃杯倒置于杯筐中;也可在台面上铺上布件,将洗净的玻璃杯倒置于布件上		
	6.擦干	将一条干口布置于右手掌;将玻璃杯底部放在口布上,右手隔着口布捏住玻璃杯底部;用左手将口布的四角塞入玻璃杯内,左手插入杯中;左右手同时向不同的方向旋转,用口布将玻璃杯擦干		手在口布上,不要直接接触玻璃杯
	7.检查	将擦好的玻璃杯举起(用口布包着底部),对着光查看,检查是否洁净光亮		
收市	1.清洁	同一般程序		
	2.整理	将玻璃杯放入洗净擦干的杯筐,并按备餐的要求放入备餐柜中		
标准		无裂缝、无缺口、无破损、保持光亮		

(五)卫生检查

1. 检查分为每日(每周)例行检查和随机抽查

员工做好责任区卫生后,自行检查卫生质量,然后由领班负责全面的卫生检查,由经理负责抽查,确保卫生达到标准。

2. 检查标准

1）餐具、布件、服务用具的卫生标准

(1) 瓷器餐具：无缺口、无裂缝、无污渍、整洁完好、保持光亮。

(2) 银质餐具：无弯曲、无污垢、无破损、保持光亮。

(3) 玻璃器皿：无裂缝、无缺口、无破损、保持光亮。

(4) 布件：整洁完好、熨烫平整、无污渍、光亮如新。

(5) 服务用具：无油、无污渍、使用灵活、整洁完好。

2）家具的清洁标准

(1) 转盘：整洁、无脏痕、无油、转动灵活。

(2) 餐桌、餐椅、备餐柜：完好无损、摆放整齐、无污渍、无破损、备用物品一应俱全，无隔餐垃圾；服务车完好无损，无事故隐患。

(3) 餐厅工作台：随时保持整洁，不得留置任何食品，以防止滋生细菌。

3）餐厅环境（包括餐厅所属的公共区域）的卫生标准

(1) 地毯、大理石地面：干净完好、无垃圾、无污渍、无破洞。

(2) 门窗：玻璃干净完好、窗台/门柜无浮尘、窗帘无破洞、无污渍、无胶钩。

(3) 餐厅标志：光亮、完好、无浮尘、无蜘蛛网。

(4) 灯具、空调：完好无损、明亮无尘。

(5) 天花板、墙面：无污渍、无积灰、无蜘蛛网、无剥落。

(6) 装饰品：叶面光亮无浮尘；艺术挂件和立体陈设无浮尘、无污渍、完好无损、摆放端正。

(7) 餐厅内一切设备（电话机、收银机、冰柜等）完好无损、摆放整齐。

(8) 餐厅空气：清新、无异味。

(9) 发现有苍蝇或其他昆虫的出现，立即报告，并做彻底的消毒。

4）备餐间的卫生标准

(1) 备餐间整洁有序（要求同餐厅楼面）。

(2) 备餐间一切设备完好无损、摆放整齐。

(3) 无隔餐的垃圾。

(4) 一切物品收纳整齐。

(六) 个人卫生管理

(1) 从事餐饮工作的员工，必须每年接受体检，持健康证上岗，保持良好的个人卫生，上岗时须穿工作服，不留长指甲，不涂指甲油，不佩戴除结（订）婚戒指外的其他首饰，男性不留长发，女性发不过肩，长发盘起，不得染发、烫发。

(2) 严禁在营业区域内吸烟，嚼口香糖，梳理头发，修剪指甲，不得面对食品打喷嚏、讲话。

(3) 就餐前或如厕后必须洗手。

(4) 定期举办员工卫生培训，做好卫生教育工作。

四、餐厅物品管理督导

餐厅物品管理制度实行部门责任制,由经理组织,各部门负责人负总体责任,各区域负责人(主管和领班)具体负责。

(一)建立物品管理机制和管理制度

(1)部门建立三级账,前厅部使用的各种设备、餐具、用具等由经理(或指定专人)总体负责管理,建立部门一级明细账,填写餐饮部各部门物品及分布汇总表;餐饮各部门使用的设备、餐具、用具等由各部门负责人建立二级明细账,填写部门物品及分布表;各部门内各区域使用的设备、餐具、用具由各区域负责人建立三级明细账,填写区域(台位)物品及分布表,以便随时与财务部核对,做到账账相符、账物相符。

(2)各级负责人均需对所管辖区域的物品负责,要清楚掌握物品的配比与归属。除每月盘存一次以外,日常要根据物品分布表对各区物品进行检查,多余或不足都要做好登记,并于每周二14:30—16:30补充不足部分。

(3)各部门负责人要严格控制物品申购、领用环节,指定专人负责物品的管理工作,按财务部相关制度办理物品的领用、发放、内部转移、报废和缺损申报,并做好登记,注明领用日期、物品名称、数量、用途、领用人、审批人等。

(4)各种物品的领用,应由专人填写财务部印制的物品领用单,经经理审核签字后,向财务部仓库领取并及时登记入账。布草类用品以及工具类物品的领用除因发展需要而增领外,采用以旧换新的办法。

(5)各种物品(除设备以外)的报废由各部门负责人审核后,报经理批准,由财务室核实后统一处理。

(6)各部门负责人应结合日常管理工作,加强对物品使用情况的检查和监督,做到准确使用和合理使用,杜绝浪费。

(7)员工在备餐时若物品数量不够,只能到指定的地方去领取:一次性消耗品到吧台领取,餐具到小洗间领取。在小洗间找不到多余的餐具时,要向上级报告,而不能私自到其他的区域拆借。数量有多余时,也要及时报告,并送还到指定位置,每月盘点时,若盘点出多的餐具,则被视为同等数量的个损。

(8)收餐时小件餐具、特殊餐具(玻璃器等)要单独放置,玻璃杯放入杯筐里,下栏盒不能堆得太满。清洗时餐具要分类,不要压得太多。倒垃圾时要检查是否混有小件餐具。

(9)贵重餐具、用具必须正确使用,加强维护保养,如有损坏应及时报告,查找原因,追究责任。

(10)各部门内部设备、餐具借用,应办理借用手续,如其他部门借用,应经经理批准方可办理借用手续。

(11)做好设备的检查与维护工作,一旦不能正常工作,应立即报工程部维修,不得拖延或强行使用,部门设备的报废需经工程部鉴定后才能执行。

(二)制定餐具管理办法

餐厅所使用的餐具种类繁多,大多数都是易碎品,容易损坏,因此要制定科学合理的管理制度和使用规范,定期盘点,降低损耗。

1. 部门分管,责任到人

部门、区域各自负责管理餐具,单独核算,按配比备足,保证正常使用,保证无破损餐具上台。

2. 餐具损耗赔付规定

(1) 个损赔付。

个损即有明确责任人致餐具损毁。个损分为过错个损和过失个损。过错个损是指行为人不按规范操作即有章不循致餐具损毁的,应按被损毁餐具的进价予以全额赔偿。过失个损是指行为人的意外造成餐具损毁的,则应按被损毁餐具原价的 50%～70% 赔偿。

各部门负责人应认真履行职责,发现有个损行为时,应立即对当事人开个人赔偿单。个损一般按餐具的成本价赔付。员工损坏餐具应主动上报,如发现损坏餐具不上报者,应根据所损餐具类别处以 2～5 倍罚款。

(2) 客损赔付。

客损原则上按实际价格赔偿,开酒水单与其他款项一起买单,如无须客人赔偿时,则由经理核实签字,单据的第一联应与其他账单存放在一起,上交财务,底联由部门保存。

(3) 公损。

公损是指餐具使用中不明责任人的餐损。公损餐具一律交洗涤部登记入账。公损餐具经鉴定,属轻微破损的,由洗涤部登记并单独存放,备大型酒宴时使用;属严重破损或盘点时失踪的实物,则由洗涤部出具报损报告送财务部核定,经经理签批报损。报损的同时应核销台账,并列出清单在财务部派员到场的情况下送酒店垃圾房销毁。

(4) 各部门应保存好个损单和客损单,使之作为备月末盘存之凭证。

3. 餐具领用与补充

(1) 各部门餐具补充时间为每周二 14:30—16:30,凭客损单(客损单需经财务核实签字认可)、个损单到仓库领取。

(2) 每月餐具在月头周二领取,凭核准后的月盘存报表领取差额餐具。

4. 餐具下栏规范

(1) PA 部应根据餐具的分类,制定餐具的下栏规范标准,即分拣下栏、轻拿轻放,严禁混合堆码。对不按规范下栏的,发现一次应对当事人处罚款 10 元;造成餐具破损的员工,应按餐具进价予以赔偿;对下栏督导不力或培训不到位的,应对负责人处罚款 20 元。

(2) 大件餐具由传菜部负责接运下栏盒至洗涤部。传菜部须督导员工轻抬轻放,严禁野蛮装卸运输。对不按轻抬轻放及规范接运下栏盒的,发现一次应对当事人处罚款 10 元;对造成餐具破损的,应按餐具进价予以赔偿。传菜部应在每饭市收栏时指派负责人督导接运下栏盒,督导不力的应对其处罚款 20 元。

5. 餐具洗涤规范

洗涤部应根据大件餐具的分类制定餐具的洗涤、保管规范标准,其主要规范如下。

(1) 餐具应分类洗涤,严禁混合清洗。

(2) 贵重餐具、玻璃餐具、竹木餐具应指定专人专池清洗。

(3) 清洗中放入每一洗涤池的餐具应适量,严禁过多放入,避免餐具相互碰撞而产生破损。一般规定:8寸以上餐盘一次放入洗涤池中的数量不得超过20件,大、中型玻璃餐盘一次放入洗涤池中的数量不得超过10件,贵重餐具一次放入洗涤池中的数量不得超过30件。

(4) 清洗时应小心擦洗,用力得当。对突出部位易损的尖角、盖柄应单独清洗,不得与其他餐具混洗。清洗中将餐具从一个池中放入另一池中时,应将餐具平端没入水中轻放,不得将餐具竖立抛入另一池中。

(三) 餐具日常检查与定期盘点

1. 餐前检查

各区域负责人采取餐前检查的方式,根据各区域物品分配表检查物品保存及使用情况。经理采取抽查的方式,随机抽查物品的保存及使用情况,若发现未按标准分配表配备,或发现使用破损餐具者,均要在第一时间做出处理。

2. 每日收市后管理

各区域负责人将当天餐具损耗情况上报部门负责人,由部门负责人填写餐具日常损耗记录表,月底汇总于盘存表上。

3. 定期盘点

每月27日早上或餐具集中消毒时对餐具进行盘点,具体操作如下。

(1) 每月26日晚收市后,各部门均做好次日盘存准备,将所有物品归类。

(2) 27日,在各部门负责人的带领下,各区域员工先自行对所有餐具进行盘点,填写餐具盘点明细表,将数据上报汇总,查明误差较大的项目产生误差的原因,经理采取抽查的方式进行盘点,财务、仓库负责监盘。

(3) 每月1日上交部门月盘存报表,即各区域餐具盘点明细表汇总,报表一式四份,仓库、财务、所在区域及经理各留一份。

(4) 仓库管理员根据盘存报表进行核对查实,并根据进价核算出当月餐损赔偿金额。

(5) 部门根据各区赔偿总金额(扣除个损和客损部分后),餐损在当月营业额的1‰以内由酒店承担损失,当月营业额的1‰以外的损失由各区实际工作人员(含负责人)平均分摊(具体金额见表格),各楼层公共区域参与相关楼层餐损的赔偿(服务员自己清洗及保管的餐具除外)。

(6) 餐具的盘点一定要真实,不能造成损耗的积压,当月餐损当月赔偿。

第四节 餐厅督导管理案例分析

在餐厅督导管理中,主管和领班会遇到很多现场管理的问题,如客人抱怨上菜速度太慢等。如果让客人等太久,就会导致更多投诉。那么餐厅如何提高上菜速度呢?一是要把握好点菜和菜品设计环节。在菜品设计方面,半小时以上才能做好的菜更少。散客人数越少,越不要劝客人点烹饪时间过长的菜。如果客人要点烹调时间过长的菜,那么服务员要提前告知对方上菜时间会偏慢。二是要先出多份菜再出少份菜。厨师先做多份菜,再做少份菜。

面对几份不同菜单,要先炒重复的菜,然后炒不重复的菜。三是可以推出 DIY 菜单,由客人自行加热食用。推出 DIY 菜单,客人点菜后菜品立即上桌。上桌后由客人自行加热食用。四是可以开设菜品明档加工区,提高上菜速度。酒店可搭建加工菜品的明档区,将很多可以提前预制的菜品,比如烧菜、炖菜、焖菜、蒸菜、高压锅菜、汤菜、铁板菜移到餐厅的明档区域来销售。

通过以下几个典型案例的学习,我们可以有效提升督导的管理水平和效能。

案例之一:宴会预订

小张是南京某酒店宴会预订部的秘书,她第一次接到一位客户的大型宴会预订电话时,在记录了宴会日期、时间、主办单位、联系人情况、参加人数、宴会的类别和价格、宴会厅布置要求、菜单要求、酒水要求等基本情况后,就急忙带上预订单与合同准备亲自到客户的单位去确认。同事老王止住她说:"你最好请对方发一个预订要求的传真过来,然后根据要求把宴会预订单、宴会厅的平面图和有关的详细情况反馈给对方,并要求对方第二次传真预订要求。必要时,你还要请客户亲自来酒店看一下场地和布局情况,然后填写宴会预订表格,签合同,再制订宴会计划。"

小张按照老王所说的程序把信息反馈回去,几天后,她收到了客户的传真。果然,这一次对方对宴会厅的布置、参加人数等要求均详细了很多,双方在价格上又进行了一番商谈。为了发展客户,争取客源,酒店最终同意给客户让利。客户交纳了订金并在规定期限内和酒店签订了合同,这个预订终于完成了。通过这次预订,小张熟悉了预订大型宴会的程序与方法。

【评析】

大型宴会的预订通常须通过酒店宴会预订部来进行,可采取客户上门预订、酒店上门征订,以及信函、传真预订等方式。本案例中,用传真方式预订比较简洁、明了,也很方便,订金可通过汇款收取,只有考察场地需要客户亲自上门。

大型宴会的预订一定要按规范的程序进行,其中比较关键的是宴会厅面积与出席宴会人数的比例、场地的布置、菜单的选择等环节。酒店的宴会厅或多功能厅每天都有活动记录,相关工作人员应列出酒店全部营业用的宴会场地,计算出不同的比例,以供不同的宴会使用。比例越合理,宴会的利润就越高。因此,在与客户商讨宴会场地时,一定要让对方先看场地平面图。本案例中,小张最初要去客户处确认时未考虑到宴会厅的平面图,说明她对这个环节还不熟悉。宴会厅的布置应满足客户的需要,且一定要了解客户的饮食习惯。一般来讲,大型宴会的菜肴要求外表美观、加工不太复杂、容易批量生产以及口味大众化。

案例之二:餐前准备

王先生是我国南方城市一家酒店的餐厅经理,他在检查客人的投诉意见时发现了如下的一段话:

"自助餐餐具不够,海鲜和肉类供应不足,烤肉串和有些食品的加工时间太长,让人等得不耐烦。鸳鸯火锅的调料不齐全,不太够味儿。烧烤的锅不干净,容易粘锅。服务生的清理速度太慢,餐桌上缺少装饰物。"

这家酒店的餐厅最近刚开展自助餐业务,试营业已有一周,效果不太理想。针对出现的问题和客人的意见,王经理召集所有员工讨论,强调了餐前准备的重要性。他们对餐具的质量和数量、菜肴的供应和加工、水果与酒水的品种、餐饮的供应时间、摆台与撤台、餐桌装饰和餐厅环境布置等方面做了改进。在此期间,王经理每天都细致地观察餐厅的营业情况,询问和了解客人的需求与意见。经过大家的努力,餐厅的面貌改变了,生意越来越红火,得到的表扬也越来越多。

【评析】

自助餐和宴会是餐前准备要求较严格的餐饮服务项目。从餐厅环境、餐厅设备、菜单、食品和酒水供应、餐具、鲜花、参加人数,到餐桌、餐位的布局和布置等,都需要细致地设计与安排。本案例中,客人的投诉指出了自助餐中容易出现的几个问题。诸如餐盘一般要每人准备4~5个;海鲜和肉类要供应充足,将断档时要及时补充;凉菜、热菜、水果、点心、饮料等的品种要齐全,并根据自助餐的等级而调整档次;烤肉串和油炸食品等要对每人限量供应,减少客人的等候时间等。本案例中王经理能够针对客人的意见及时总结服务中的问题,根据客人的需求改进工作,是完善餐前准备的必要之举。

对于自助餐和宴会等餐前准备要求较严格的餐饮服务项目,一定要注意工作中的每一个细节,通过摸索和总结找到一定的服务规律,从而使餐前准备更加完善。

案例之三:迎宾和领位

一天傍晚,我国南方某城市酒店的一位客人在外出之前,来到酒店的中餐厅询问餐厅的打烊时间。领位员告诉他,餐厅20:30停止供餐。客人知道后匆匆离去。

20:20时,客人疾步向餐厅走来。领位员正准备收拾东西下班,见到客人走来,急忙让另一个服务员上前阻拦,自己却躲起来。

"先生,对不起,我们现在已经不供餐了,请明天再来吧。"上前阻拦的服务员说道。

住店的客人感到受了欺骗,不高兴地说:"刚才我特意来这里问过。一位服务员告诉我20:30停业,现在还差10分钟,你们应该继续供餐。"他边说边环视着餐厅,马上发现了那位领位员,便向她走去并继续质问。

领位员刚想找个理由辩解,餐厅经理看到苗头不对,忙来解围。

"请问有什么事让我效力?"经理问道。

客人把发生的一切又讲了一遍,领位员刚要开口,餐厅经理急忙阻止她,并向客人道歉,解释厨房的确已经封火,但表示酒店可派车送客人到附近的餐馆用餐,然后再负责送回。客人不满地看了领位员一眼,无奈地跟着餐厅经理离去,风波就此平息。

【评析】

本案例揭示了领位员偷懒和不负责任的现象,这与超时服务和超值服务的意识是背道而驰的。一般来说,星级酒店餐厅的营业时间会超过规定的时间,只要有客人,不管多晚,都要提供服务。当然,咖啡厅和客房送餐服务可以作为餐厅服务的延续。我们在这方面与国际酒店服务还存在一定差距。

本案例中,领位员见到客人后想溜走,事情败露又想辩解,毫无歉疚之意,这说明她没有职业道德。由此我们应该注意:

第一,领位员在任何情况下都应言行一致,否则会使客人产生上当的感觉。即使有的事情不能实现,也应以道歉和建议来代替辩解。

第二,领位员应有较强的职业道德。职业道德首先体现在有高标准的服务意识,包括超时、超值、超常服务的意识。

第三,在任何情况下都应对客人表示友好,做错了事要道歉。

案例之四:点酒和点菜

梁先生请一位英国客户到上海某高星级酒店的中餐厅吃饭。一行人围着餐桌坐好后,服务员走过来请他们点菜。

"先生,请问您喝什么饮料?"服务员用英语首先问坐在客座上的外宾。

"我要德国黑啤酒。"外宾答道。接着,服务员又依次询问了其他客人需要的酒水,最后用英语问坐在主位上衣着简朴的梁先生。梁先生看了她一眼,没有理会。服务员忙用英语问坐在梁先生旁边的外宾点什么菜。外宾却示意梁先生点菜。

"先生,请您点菜。"这次服务员改用中文讲话,并递过菜单。

"你好像不懂规矩。请把你们的经理叫来。"梁先生并不接菜单。

服务员感到苗头不对,忙向梁先生道歉,但仍无济于事,最终还是把餐厅经理请来了。

梁先生对经理讲:"第一,服务员没有征求主位客人的同意就让其他人点酒、点菜;第二,她看不起中国人;第三,她影响了我请客的情绪。因此,我决定换个地方请客。"说着,他掏出一张名片递给餐厅经理,并起身准备离去。其他人也连忙应声离座。

经理一看名片才知梁先生是北京一家名望很大的国际合资公司的总经理,该公司的上海分公司经常在本宾馆宴请外宾。

"原来是梁总,实在抱歉。我们对您提出的意见完全接受,我们以后一定加强对服务员的培训。请您留下来让我们尽一次地主之谊吧!"经理微笑着连连道歉。

"你们要让那位服务员向梁总道歉。他是我认识的中国人当中自尊心和原则性很强的人,值得尊重。"外宾用流利的中文向经理说道。

在餐厅经理和服务员的再三道歉下,梁先生等人终于坐了下来。餐厅经理亲自拿来好酒,气氛才终于缓和下来。

【评析】

点酒服务应按规定和程序进行。服务员要先问主位上的客人是否可以开始点菜,是否先点酒水,主位客人需要什么酒水,或由主位客人代问其他人需要的酒水,不要在未征得主位客人同意前就私自请他人点酒。

高星级酒店餐厅的服务员在为客人点菜时,对客人一定要一视同仁。本案例中,服务员没有重视坐在主位上衣着简朴的梁先生,却先问客座上西服革履的外宾,这大大伤害了梁先生的自尊心,无怪乎他认为服务员"看不起中国人"。

点菜服务应该根据不同的服务对象采取不同的服务方式。主位上明明坐的是中国人,服务员却用英语询问,这是很不礼貌的。尽管高星级酒店接触的外宾很多,但服务员一定要学会更好地为本国人服务。

案例之五：制作和加工

赵先生和常先生来到北京某星级酒店的中餐厅就餐。餐间，赵先生指着一盘"翡翠虾仁"对常先生说："这道菜他们做得不对。菜中的虾仁应该配上色泽浓绿的菜汁，再浇上热油，方能显出'翡翠'的效果。这里的厨师为了省事，只在盘中配了一些青菜，并没有用菜汁搭配虾仁，所以不是真正的'翡翠虾仁'。"常先生听后连连点头，对赵先生十分佩服。

当他们要的"清蒸鳜鱼"上桌后，赵先生尝了一口，皱起眉头又对常先生说："这条鱼不是咱们看到的那条活鱼，很可能是一条冻鱼，鱼的肉质发紧，根本嚼不动，那条'值班鱼'早就放回鱼缸去了。"

"'值班鱼'，哈哈……"常先生被赵先生的幽默逗乐了。

"咱们找服务员换条鱼吧？"常先生对赵先生说。他们把服务员叫过来，提出了对"翡翠虾仁"和"清蒸鳜鱼"的疑问，并要求退换鳜鱼。

"你们这条鱼是冻鱼，鱼的肉质发紧，根本嚼不动，不信你尝尝。"常先生用刚学会的知识对赶过来的餐厅经理说道。

餐厅经理向他们解释，由于厨师的问题，虾仁没有做好。鱼绝对是新鲜的，只是火候太大，所以嚼不动。"这样吧，鱼和虾的价格不算在餐费之内，感谢你们对我们提出的意见，我们一定努力改进。"经理最后对他们说。

看到经理把责任都揽到自己身上，两位客人也就作罢了。

【评析】

厨房在加工菜肴时，一定要严格按工作程序进行，每道工序都要符合菜谱的规范要求。有些客人是美食方面的行家，对某些菜品的加工与制作了如指掌。因此，菜肴的加工和制作来不得半点虚假。即使是一般的客人，他们对不同品种的菜肴也有一定的鉴赏力，能够发现哪家酒店的餐食水平更高，哪家酒店的厨师更有特色。所以，只有严格按操作规程办事，一视同仁地对待所有的客人，才能真正保证服务质量和服务水平。本案例中的餐厅没有按菜谱的要求制作"翡翠虾仁"，结果被赵先生发现，由此造成了餐厅的名誉损失和经济损失。

另外，食品原料的质量问题也是餐饮制作和加工中的关键环节。这就要求制作和加工者在工作中自觉地保证原料的质量，包括新鲜度、形状、色彩、数量等各方面的因素。这样才能维护餐厅的信誉，让客人满意和放心。本案例中，"清蒸鳜鱼"的肉质和口感不符合要求，赵先生认为是冻鱼，而经理解释为火候太大，总之给人留下了"值班鱼"被换的印象，这不能不说是服务上的缺陷。

经理的处理让两位先生没有话说，但如果为每位客人都免掉不合格产品的费用，那么餐厅肯定承受不起。所以，防止不合格产品出现的关键在于提高厨师的技术水平，不断完善加工和制作的程序，严格遵守标准程序中的各种规范。

案例之六：供餐和餐间服务

廖经理一行住在苏州金普顿竹辉酒店，他们早听说这里的"竹趣轩"餐厅是有名的美食天堂。大家来到餐厅后点了"香鸭""盘龙玉鳗""鸳鸯虾仁""千岁送宝"等菜肴，这些菜制作精巧，口味鲜美。

廖经理从事餐饮业多年,是美食行家,对苏菜颇为熟悉,他边吃边向朋友们介绍道:"这里的菜与一般的苏菜不同,除了保持苏菜原有的特点之外,还结合了其他菜系的特点,原料讲究、配料特别、加工精细、口味醇香。这道'鸳鸯虾仁'红绿相间,绿虾是用菜汁染成,给人以美的享受;这道'盘龙玉鳗'是将鳗鱼去骨切片,盘龙般地串起来半炸半烤而制成;这道……"廖经理突然停下话思考起来。他把服务员叫过来问:"你们这里的菜与众不同,不知主厨是哪位大师?"

"吴涌根师傅是我们这里的负责人。"服务员微笑着作答。

"江南厨王吴涌根?难怪你们这里的菜肴这么独特。请问,我能不能见他一面?"廖经理急切地问道。当他得知吴师傅有事不在时,他感到非常惋惜,便又仔细地观察和品尝起桌上的菜肴。

服务员耐心地向他们介绍起吴师傅改良这些新潮苏菜的经过:"吴师傅创新的立足点在于符合国际营养标准,满足市场和客人的需求,摒弃不合理的旧习惯。像这道'香鸭'是传统名菜,但外宾不习惯它的吃法,一是因为有骨头,二是因为整鸭难以平均分配。于是,吴师傅将鸭子均分、切块、去骨,改用虾茸脆皮糊,加工后既香脆又柔嫩,丝毫没有油腻的感觉,比原先加工的方法更好,深受客人的喜爱……"

听了服务员的介绍,大家感到这些菜的外观更美、味道更香、内涵更丰富。廖经理不禁感慨道:"今天,我们不仅吃到了一顿美味佳肴,更重要的是学到了餐饮制作和加工中的创新方法,品味到了新潮苏菜的真正魅力。"

【评析】

创新意识和创新行为,在星级酒店餐饮服务的加工和制作中起着关键的作用。没有创新和发展,餐饮产品便不能牢固地占领市场。本案例中,吴师傅能够在苏菜的制作和加工中满足不同客人的需要,创造出新潮的苏菜品种,这充分体现了他具有强烈的创新意识。如果只依据传统的标准化加工制作程序,不思进取,酒店只能在某一阶段保持生意的兴旺,而无法满足客人不断变化的口味。可见,餐饮产品标准化的加工和制作是有时间限制的,要随着市场的变化而变化。这就要求星级酒店从事餐饮的技术人员和管理人员有超前意识和创新意识,能充分利用酒店设备和设施的优越条件,使餐饮产品在改革和创新方面处于领先地位,这样才能显示出星级酒店餐饮的优势和水平,才能在市场竞争中赢得主动权。

核心关键词

餐厅营业现场	restaurant operation on site
餐厅督导	restaurant supervision
餐前例会	regular meetings before meals
餐厅楼面	restaurant floor
餐厅排班	restaurant scheduling

思考与练习

1. 餐厅营业的现场督导方法有哪些？
2. 督导人员如何检查餐厅卫生？
3. 简述餐前例会程序规范。
4. 餐厅楼面开市工作检查内容有哪些？
5. 如何规划各岗位卫生项目？
6. 餐厅应建立怎样的物品管理制度？

第十一章

康乐部督导管理

教学目标

◆ 了解酒店康乐部督导岗位的工作职责与工作内容；
◆ 熟悉康乐部各岗位的督导工作检查标准及常用的各种业务表单；
◆ 掌握康乐部督导工作程序规范；
◆ 掌握康乐部督导在日常工作中经常遇到的疑难问题的解决技巧。

学习内容

康乐部是为客人提供娱乐健身等服务项目的部门，康乐部由球类及棋牌中心、游泳健身中心和娱乐休闲中心等构成。康乐功能是酒店的附加功能，能够方便客人、满足客人需求，并借以吸引客人，提高酒店声誉和营业额。康乐需求是现代客人，尤其是商务客人的重要需求点，康乐设施是影响客人选择酒店的重要因素之一。康乐部的岗位相对较少，管理的员工也不多，本章侧重于学习康乐部服务与管理方面的督导技能与方法。

第一节 康乐部督导工作职责和内容

一、康乐部的基本任务

(一)满足客人体育锻炼

体育锻炼有一般运动与重点运动之分。一般运动指活动筋骨、做操、跑步等;重点运动指举重、骑自行车、打球及锻炼各种肌肉的运动。根据客人需求,酒店应开辟专门的健身房、游泳池等设施齐全的场所。

(二)满足客人健美运动

健美是现代文明的心理表现和外在体现。它表现在体形美、脸形美、发型美等方面。其中,体形健美可以在健身房得以实现,脸形、发型美可在按摩、美容美发的过程中加以实现。

(三)满足客人的娱乐需要

客人在酒店除了住房和就餐,还希望在住店期间得到娱乐享受。因此,康乐部要在项目上做到丰富多彩,以满足不同客人的娱乐需求,但一定要符合我国国情与法律规定。

(四)做好运动器械、康乐设施及其场所的卫生工作

运动器械、康乐设施及其场所的洁净高雅,不但会给客人带来舒心愉快的情趣,而且也会给客人带来宾至如归的感受。客人的要求就是要有一个清新的环境。美容室是卫生要求极高的部门。因为所有的美容设备、美容物品都直接与客人的面部、头部接触,所以卫生要求十分严格,不但表面要整洁干净,而且毛巾等用具要经过高温消毒处理。所有美容物品、化妆品都要符合卫生标准,化学成分要达标。

(五)做好康乐设施、器械运动及其场所的安全保养

健身运动器械具有冲撞性,而且易损坏,存在着安全隐患,潜伏着一定的危险性。因此,每天必须在客人使用之前做一次检查,并对康乐设施、运动器械及其场地进行安全保养,存在安全隐患的设施、器械要随时更换。

(六)为客人提供运动技能技巧指导性服务

娱乐部的健身器械种类较多,有国产的,也有进口的,特别是先进的进口设备以及带有电脑显示的体育器材,需要经过服务员提供正确、耐心的指导性服务,以便一些不会使用的客人能正确使用。

二、康乐部的督导岗位设置

康乐部的督导岗位设置如下:

康乐部楼面主管、游泳健身中心主管、娱乐休闲中心主管、球类及棋牌中心主管、美容美发主管、健身俱乐部会籍主管、康乐部楼面领班、游泳健身中心领班、娱乐休闲中心领班、球类及棋牌中心领班、KTV领班等。

三、岗位职责

以下对康乐部的部分督导岗位的职责进行介绍。

(一) 康乐部楼面主管

(1) 直接对经理负责,认真执行经理下达的各项工作指令任务,并负责协助落实工作计划。

(2) 严格执行规章制度与岗位职责,当班时不断督促员工按工作程序执行,根据部门不同时期的工作任务完善部门工作程序及工作标准。

(3) 监督领班布置员工日常工作,抓好班前班后的培训,在当班前检查部门人员的出勤情况,抽查员工仪容仪表是否合格。

(4) 完善本部门的设备设施的保养制度,不定时检查通风设施、花洒、蒸汽设备等是否正常,不定时检查房间及休息厅客用物品是否按规定标准进行摆放,跟进不足之处。

(5) 不定期抽查员工是否做到面对客人鞠躬,热情地迎送和招呼客人,若未做到则给予及时指正;对员工进行考核,对员工的工作表现进行评估后分别送人事部和经理审批,对试用期满、业务水平合格、工作表现好的员工推荐加薪或推荐评选最佳员工。

(6) 负责加强员工的业务培训,在平时工作中要加强员工对酒水及各项消费的培训,强化员工的推销意识。

(7) 负责大堂接待,直接与客人沟通,虚心听取客人意见,每日多询问客人意见,协助经理及时解决客人各方面的问题。

(8) 加强与工程部和采购部的沟通联系,确保各项设施及时维修和各项申购物品及时到位。

(9) 定期安排好部门的大清洁计划及其他各项工作。

(10) 组织部门卫生检查小组每周定期对部门营业范围的卫生进行检查,对不足之处进行跟进,保证部门环境干净整洁。

(11) 每月底与仓管部、财务部配合,做好部门物品的盘点工作,加强桑拿物品的节约控制,负责康乐部的消防安全管理工作。

(12) 加强对员工的关心,经常和员工进行交流,负责组织服务竞赛,增强员工集体荣誉感及提高员工素质。

(13) 积极协助经理召开部门每周例会,定期对本部门工作进行总结,提出下周计划,在月底将部门工作总结呈经理处。

(14) 加强与其他部门的沟通协调,确保部门正常运转。

(二) 康乐部楼面领班

(1) 直接对康乐部楼面主管负责,做好本部的日常工作。

(2) 合理安排员工的工作任务,对其工作进行督促和指导,负责督促员工完成各项接待工作。

(3) 跟进各设施的检查报修和一般的保养,在上班后半小时内做好各设施的检查,保证设施正常运作。

(4) 留意客人动态,特别要注意陌生面孔,处理客人一般投诉,如不能解决要及时向上级报告。

(5) 检查服务员是否做到向客人鞠躬,以及热情地迎送和招呼客人,若未做到则给予及时指正,并负责对员工进行最初考核。

(6) 负责加强新入职员工业务培训,新入职员工经过主管以上人员考核合格后方可正式上班,在平时工作中不断加强对员工的培训。

(7) 如果在卫生检查中发现客人遗留的物品,要做好登记,及时将遗留物品交给客人或者上交经理处理。

(8) 落实各项卫生大清洁计划及各项工作。

(9) 定期检查康乐场所的消防设施,如果灭火器不足,则要及时进行补充,预防火灾、盗窃等事故的发生。

(10) 经常和员工进行交流与沟通,组织员工参加各种集体活动,增强员工的集体荣誉感。

(11) 积极参加部门例会,对本周工作进行总结和检讨,提出下周计划。

(12) 负责接待工作,虚心听取客人意见,并坚持每日询问三位以上客人意见,写于记事本上。

(13) 加强跟进客人出入单工作,防止发生走单和错单。

(三)游泳健身中心主管

(1) 检查下属各项经营项目的业务开展情况,根据客人需求变化适时提出经营调整方案,报上级审批。

(2) 检查下属的日常工作,指导设备布局、清洁卫生、安全服务等工作,保证为客人提供舒适、整洁的环境。

(3) 检查游泳设施和健身设备的保养情况,提出保养要求,制订保养计划,并监督落实。

(4) 检查各项目的经营指标完成情况,根据情况变化提出改进意见,控制各种费用支出。

(5) 做好下属的业绩考核工作,根据个人的工作表现,提出奖惩措施和调整方案。

(6) 根据上级的工作布置和本岗位经营指标,制订工作计划,并保证计划落实完成。

(7) 主动征询客人的意见和收集建议,并加以分析,提出适当的解决方案,并监督落实。

(8) 协助部门经理做好培训工作,完成上级交办的其他任务。

(四)娱乐休闲中心主管

(1) 检查下属各项经营项目的业务开展情况,根据客人需求变化适时提出经营调整方案,报上级审批。

(2) 审查节目单、营业方式、收费标准,保证节目健康文明且符合客人要求。

(3) 检查下属的日常工作,督管清洁卫生、安全服务等工作,保证为客人提供舒适、整洁的环境。

(4) 检查各娱乐设施设备的保养情况,提出保养要求,做好保养计划,并监督落实。

(5) 检查各娱乐项目的经营指标完成情况,根据情况变化提出改进意见,控制各种费用支出,保证各娱乐项目的经营利润,做好下属的业绩考核工作,根据个人的工作表现,提出奖惩措施和调整方案。

(6) 根据上级的工作布置和本岗位经营指标,制订工作计划,并保证计划落实完成。

(7) 协助上级做好培训工作,完成上级交办的其他任务。

(五) KTV领班

(1) 负责召开班组会,在每班上岗前检查员工的仪容仪表,保证每名上岗员工仪表整洁,着装规范。

(2) 检查员工的工作进度、服务规范,检查员工各班工作日志,给员工布置具体工作。

(3) 每天检查当日各岗位营业收入账单,保证账单填写清楚、准确和规范,账实相符,并配合财务部定期对本部门各岗位进行财务检查。

(4) 每天检查各岗位的营业前的准备工作,保证当天正常营业。

(5) 制作员工的排班表,确定员工的工作和休息时间。

(6) 汇总分析客人的各类意见和建议,定期向上级报告,并适时提出个人建议。

(7) 检查歌舞厅的卫生清洁工作,保证室内环境的整洁卫生。

(8) 负责对员工进行培训,不断提高其服务技能。

(9) 做好员工的考评工作,对其工作表现提出个人建议。

(六) 球类及棋牌中心领班

(1) 负责召开班组会,在每班上岗前检查员工的仪容仪表,保证每名上岗员工仪表整洁,着装规范。

(2) 检查员工的工作进度、服务规范,检查员工各班工作日志,给员工布置具体工作。

(3) 每天检查当日各岗位营业收入账单,保证账单填写清楚、准确和规范,账实相符,并配合财务部定期对本部门各岗位进行财务检查。

(4) 每日对各岗位进行不定时巡查,发现问题及时处理。

(5) 每天检查各岗位的营业前的准备工作,保证当天正常营业。

(6) 定期检查管辖区域内各种设备的运转情况,发现问题及时处理,保证设备正常运转。

(7) 定期对室内所需物品进行检查,发现有遗失或损坏的要及时补充和更换。

(8) 制作员工的排班表,确定员工的工作和休息时间。

(9) 汇总分析客人的各类意见和建议,定期向上级报告,并适时提出个人建议。

(10) 检查各岗位的卫生清洁工作,保证室内环境的整洁卫生。

(11) 负责对员工进行培训,不断提高其服务技能。

(12) 做好员工的考评工作,对其工作表现提出个人建议。

(七) 健身俱乐部会籍主管

(1) 负责定期调查客人对健身房所安排健身课程的满意度,并以报告的形式上交部门领导。

(2) 合理安排并协调所有教练的工作班次与休息日。

(3) 根据客人意见与健身计划,协调私人教练做好课程安排。

(4) 针对所有新员工进行专业培训。

(5) 依据酒店和部门的相关规章制度,协助领导管理健身房的员工。

(6) 制定并改进合理的健身房工作项目。

(7) 召集本部门员工开会,传达酒店政策规定和领导的指导意见。

（八）美容美发主管

(1) 负责美容美发厅的日常经营活动,研究和制订工作计划,明确营业方式、收费标准、员工的岗位安排,报上级批准后贯彻执行。

(2) 检查、督促下属领班及员工遵守酒店和娱乐部的规章制度、服务程序,对出现的问题采取有效的解决措施,改进工作,为客人提供优质服务。

(3) 巡视检查美容美发设备的使用保养情况、营业用品和费用消耗情况,保证设备完好,降低费用和用品的消耗。

(4) 注意观察和分析美容美发营业情况,不断改进,提高营业收入,努力完成康乐部下达的经营指标。

(5) 做好本部领班的培养和考核工作,适时指导领班工作,提高领班工作能力,观察并考核领班的工作情况,定期对领班的工作做出评估,并提出对领班的任免建议。

(6) 做好员工的培训工作,包括思想素质、职业道德和服务技能方面的培训。

四、康乐部工作检查标准

（一）KTV包房环境及卫生检查

(1) 灯具完好,室内灯光柔和。

(2) 电视图像清晰,频道设置正常,音响设备正常,无电流声等杂音,检查完毕确认正常后,除VOD设备不关闭外,其他设备立即关闭。

(3) 风机、空调工作正常,营业前将空调调节至H档,打开风机保持室空气清新,在客人进入房内约两小时后适当调节至M档或L档,保持恒温即可;客人离开后立即关闭空调、电脑、电视、音响等,物品按规定摆放整齐,打开通风设施。

(4) 室内物品摆设整齐规范,古典杯、红酒杯等杯具呈倒立三角状放置,纸巾盒、酒水单、烟灰缸等按规定摆放。

(5) 沙发及装饰物按标准摆放,如靠垫需呈倒立状放置、拉链口处朝内、无褶皱等。

(6) 电视机、电脑等的电线无牵拉现象。

(7) 家具表面、四周及茶几、地面、杯具无尘、无水印。

(8) 墙、地角线、壁面、壁画、门、电器表面无尘。

(9) 室内无异味,沙发底下无秽物。

(10) 烟灰缸、花瓶无尘、无水印,墙饰物无倾斜、无尘。

(11) 垃圾桶内无秽物及表面无尘。

(12) 室外走廊地毯无异物,装饰画、花瓶无尘、摆放整齐、无倾斜。

(13) 室外走廊地毯无毛团、无异味。

（二）健身房卫生检查

(1) 服务台及接待室:天花板光洁无尘,灯具清洁明亮,墙面干净、无脱皮现象,地面无污渍、无废弃物；服务台面干净整洁，服务台内无杂物；沙发、茶几摆放整齐，烟灰缸内的烟头及时清理。

（2）更衣室：地面干净无尘，无走路留下的鞋印；更衣室内无卫生死角，无蟑螂等害虫；更衣柜表面光洁、摆放整齐，柜内无杂物；为客人提供的毛巾、浴巾等物摆整齐。

（3）健身室：天花板和墙面光洁无尘，地面干净、无灰尘、无废弃物；健身设备表面光洁、无污渍，手柄、扶手、靠背无汗迹，设备摆放整齐；光线柔和，亮度适中。

（4）淋浴室：墙面、地面无污渍，下水道通畅，室内无异味；淋浴器表面光洁、无污渍、无水印。

（5）卫生间：墙面、地面光洁；马桶消毒符合要求，无异味；镜面无水印，光洁明亮；水箱手柄、洗手池手柄光洁。

（6）休息室：墙面、地面无灰尘、无杂物，沙发无尘，茶几干净，用品摆放整齐；电视机表面干净无尘，荧光屏无静电吸附的灰尘，遥控器无灰尘、无汗渍；室内光线柔和，亮度适中，空气清新。

（三）康乐部岗前准备工作检查

（1）严格按规定着装，仪表保持整洁，符合上岗标准。

（2）做好场地卫生清洁工作，保证场内（室内）环境及各种服务设备干净整洁。

（3）检查各种设备设施是否完好，发现故障要及时报修，保证各种设备的使用和运转情况一切正常。

（4）查阅交接记录，了解客人预订情况和其他需要继续完成的工作。

（5）检查并消毒酒吧器具和其他客用品，发现破裂及时更新。

（6）检查并补齐各类营业用品和服务用品，整理好营业所需的桌椅。

（7）保持良好的工作状态，精神饱满，待客热情。

（四）康乐部岗间服务检查

（1）微笑迎宾，态度和蔼、热情，讲究礼节。

（2）使用文明服务用语，以优质服务满足客人要求。

（3）尊重客人风俗习惯，不讥笑、不议论客人。

（4）班前不饮酒，不吃带有刺激性气味的食品。

（5）在岗时不吃零食、不聊天、不串岗，保持正常的工作状态。

（6）耐心回答客人提出的各种问题，指导客人正确使用酒店设备，避免客人受伤和酒店设备受损。

（7）对客人的不文明行为要礼貌劝阻，对各种违规行为要及时予以制止。

（8）对客人提出的合理要求要尽量予以满足，不推诿并提供一次性到位服务。

（9）发现客人遗失物品要及时上交，并按规定及时准确予以记录。

（10）洁身自爱，对客人提出的不合理要求，要礼貌恰当地予以拒绝。

（11）对客人已使用完的各类用品，服务员要及时予以清洁整理。

（五）康乐部离岗前工作检查

（1）做好交接班的各项准备工作，整理好值班工作日志，搞好场内（室内）环境卫生。

(2) 盘查本岗客用易耗品、酒水食品及其他各种营业用品,如有缺漏,及时登记补充。

(3) 将桌椅等各种服务设施整理归位,为次日营业做好准备。

(4) 认真查核当日本岗各类单据,准确填写营业报表,保证账目清楚、账物相符。

(5) 检查各处门窗是否关严,各种设备是否都已关闭,并做好防火、防盗工作。

(六) 康乐部环境卫生检查

(1) 服务场所整洁干净,物品摆放整齐,无垃圾、无污渍、无破损。

(2) 地毯、墙面、天花板无污渍、无剥落、无蜘蛛网。

(3) 空调出风口无积尘,各种灯具完好、明亮、无尘。

(4) 各种绿植、墙面艺术挂件摆放整齐、干净无尘,花卉无病变、无黄叶。

(5) 服务台用品、宣传品摆放整齐,台面整洁美观,无污渍、水印、破损。

(6) 各类酒吧用具干净、光亮,无污垢、水印、破损,各类容器干净、无异味。

(7) 各类客用品干净整洁,摆放有序。

(8) 随时保持营业场所正常通风,保证营业场所的空气清新、无异味。

(9) 做好灭蝇、灭蚊、灭鼠、灭蟑工作,定期喷洒药物。

(10) 食品要分类存放,对即将过期的食品、饮品,要按规定做好退库工作。

(11) 客人娱乐时,在尽可能不打扰客人的情况下随时清理场内卫生,保证客人始终拥有一个干净、舒适的环境。

(12) 严格按照酒店有关规定对客用品进行消毒,保证做到客用品的"一客一换"。

(13) 随时打扫客用更衣室,保证更衣室的干净整洁。

第二节 康乐部督导工作程序规范

一、工作例会制度

(一) 康乐部工作例会

(1) 时间:每周一次。

(2) 出席人员:领班以上人员。

(3) 主持人:康乐部经理。

(4) 主要内容:

①各分部简要汇报上周工作落实情况和存在问题。

②康乐部经理对上周经营情况和成本费用、质量管理等情况进行分析、评估。

③传达酒店总经理对康乐部工作的指令,布置下周工作和交代相关要求。

(二) 各分部工作例会

(1) 主持人:各分部主管。

(2) 出席人员:全体员工。

(3) 时间:每周一次或视情况而定。

(4) 主要内容:
①研究分析一周末本部门经营管理状况及存在问题。
②传达康乐部经理的工作指令,布置工作任务和落实的具体时间及要求。

(三) 班前和班后例会

(1) 主持人:领班。
(2) 出席人员:当班人员。
(3) 时间:上岗前和下班后。
(4) 主要内容:
①班前会:检查员工仪容仪表,布置当班任务和分工,交代工作中应注意的事项和要求。
②班后会:对当班工作进行讲评,表扬先进,提出问题,激励员工进一步做好工作。

(四) 服务质量例会制度

(1) 主持人:康乐部经理或康乐部最高负责人主持。
(2) 出席人员:主管、领班、服务员(不在岗的)。
(3) 时间:每月2次,每次约30分钟。
(4) 会议内容:
①会议主持者传达管理层的经营管理意图和任务指示。
②与会人员反馈与服务有关的各类事项。
③与会人员进行问题讨论,并就部分可立即解决问题当即议定。
④会议主持人提出康乐部近期工作和任务的重点。
⑤鼓励先进,表扬好事,提高士气。
⑥会议由专人负责记录整理,形成会议纪要,会议纪要报康乐部主管。

二、康乐部卫生督导

(一) 卫生标准

(1) 保持走廊卫生,随时吸尘,无痕迹、污渍及杂物。
(2) 沙发、茶几、桌椅台面等清洁完好,摆放有序,烟灰缸及时更换。
(3) 餐具卫生,光亮整洁,无水印、无茶渍、无缺口。
(4) 地面、墙壁、天花板、门窗洁净无尘,镜面无灰尘、无污渍、无水印、无指印、洁净光亮。
(5) 库房内所有物品摆放整齐,分类放好。
(6) 吧台内干净整洁,记事本及各类物品码放整齐,严禁将个人物品带到营业场所。
(7) 保持机房内卫生,设备卫生干净,每周对整个机房和设备做一次大清扫。
(8) 健身器械每天擦拭、清洁,定期消毒。
(9) 多功能厅除了正常的每天清洁,大型活动前后应及时做好清洁卫生。
(10) 上岗前保持良好的个人卫生(头发、指甲等)。

(二) 卫生检查制

(1) 清洁卫生工作实行层级管理逐级负责制。

（2）实行每月检查制，部门经理主管随时抽查，第一次督促，第二次警告，第三次罚款（采取百分制考核）。

（3）任何人如因卫生问题引起投诉视情节追究责任。

（4）卫生检查一处不合格则部门扣10分。

（三）卫生责任落实

（1）日常卫生清洁工作由当班人负责。

（2）各工作区域的卫生落实到班组个人。

（3）有特殊情况，如维修或PA清洁地毯时，由当班人员协助，及时做好清洁卫生，保持营业场所清洁和设施设备完好。

（4）如出现餐具打碎，食品、酒水等污染地面和设备的情况，当班人员应及时清理或及时下派工单，维修清理。

（5）保龄球定期上油、消毒、擦拭，保龄球鞋定期刷洗、消毒，每周一次，由领班负责。

三、物料用品管理

康乐部的物料用品主要是指供客人使用的各种物品，包括布件和毛巾类用品、卫生保健用品、文具和服务指示用品、包装用品以及工具类物品、办公室用品和清洁洗涤用具等低值易耗品。各分部领班应结合日常管理工作，加强对物料用品使用情况的检查和监督，做到准确使用和合理使用，杜绝浪费。

（一）责任到人

各分部应设有专职或兼职人员负责上述物料用品的管理工作，按财务部物资管理制度、低值易耗品管理制度和定额管理制度，负责编制年度物料用品消耗计划。

（二）分类登记

按物料用品的分类，建立在用物料用品台账，掌握使用及消耗情况；办理物料用品的领用、发放、内部转移、报废和缺损申报等工作。康乐中心领班负责督导和检查。

（三）领用制度

各种物料用品的领用，应填写财务部印制的物料用品领用单，经部门经理审核签字后，向财务部仓库领取，并及时登记入账。

（四）更换与报废

布件和毛巾类用品以及工具类物品，除因业务发展需要增领外，采用以旧换新的办法，填写物料用品领用单和财务部统一印制的酒店低值易耗品报废单。报废的物品，应先经部门经理审批，并由财务部统一处理。各种物料用品在内部转移，由相关部门物资管理人员办理转移登记手续。

（五）按时统计

各种物料用品的消耗、领用和报废、报损每月底由各部位物资管理人员统计、清点一次，并填写物料用品耗用情况月报表，经部门经理审核后，确保统计数据准确，数量、物品和台账相符。

四、安全管理制度

(一)部门安全组织制度

在各部门和管区建立相应的安全组织及兼职的治安员和义务消防队员,形成安全保卫网络,坚持"安全第一,预防为主"的工作方针,落实"谁主管,谁负责"的安全责任制。

(二)员工的安全管理

(1)员工必须自觉遵守员工手册中明确规定的安全管理制度,自觉接受酒店和部门组织的"四防"(防火、防盗、防破坏、防治安灾害事故)宣传教育及保安业务培训和演练。

(2)员工应掌握各自使用的各类设备和用具的性能,在做好日常维护保养工作的同时,严格按照使用说明正确操作,以保障自身和设备的安全。

(3)员工应熟悉岗位环境、安全出口的方位和责任区内的消防、治安设备装置及使用方法。

(4)员工应熟悉安全管理中制定的火灾应急预案和处理各类刑案及治安事件的工作流程,遇突发事件,应保持镇静,并按应急预案和工作流程妥善处理。

(三)康乐场所安全管理

(1)康乐场所必须做到消防设备齐全有效,有两个以上的出入通道,并保持畅通。

(2)严格按照治安管理部门发布的娱乐场所治安管理条例经营,发生影响治安秩序的人和事,应立即采取措施制止和隔离,并向保卫部报告。

(3)营业结束时,应做好安全检查工作。

五、康乐部与酒店其他部门沟通与协作

(一)康乐部与餐饮部

(1)康乐部根据每天的经营情况,填写酒水领用单,到餐饮部酒水处备足各类酒水。

(2)如有特殊要求,应提前两天通知酒水处,以便充足备货。

(3)发现未开封的酒水有过期变质、变味等问题,要退回酒水处,由酒水处负责退货和调换。

(二)康乐部与客房部

(1)与客房部沟通并做好康乐中心的地毯、玻璃清洗及家具的打蜡保养工作。

(2)与客房部沟通并做好康乐中心各处的绿植配置工作。

(3)与客房部沟通并做好各类布草的清洗及更换。

(三)康乐部与保卫部

(1)部门如发现可疑的人或事或不明物品,在立即做好监控工作的同时,应及时报告保卫部。

(2)主动与保卫部联系做好易燃易爆用品的管理和消防设备、消防器材的检查维护。

(3)部门应组织员工自觉参加保卫部开展的治安消防培训与演练,提高全体员工的安全防范意识,增长全体员工的保安业务知识。

(4) 部门应主动接受保卫部对治安消防工作的指导和检查,对于保卫部提出的工作建议和意见,康乐部应及时进行整改,并将整改情况复告保卫部。

（四）康乐部与工程部

(1) 部门的员工应自觉接受工程部组织的设施设备的使用和保养知识培训,提高业务技能。

(2) 接受工程部定期对本部门设施设备的检查,确保各种设备完好。

(3) 本部门自查设施设备时发现的隐患,应立即通知工程部及时排除。

(4) 有重大接待任务时,康乐部应提前一周通知工程部,便于工程部对场地进行全面整理。

(5) 使用各种设施设备时,若发现异味、异声、漏电、短路等不安全因素,康乐部要立即报告工程部检修。

（五）康乐部与财务部

(1) 由财务部协助,加强对康乐部各项成本费用的控制管理。

(2) 与财务部成本控制员沟通好,做好各种饮料毛利的日清日结核算工作。

(3) 与财务部做好沟通,并做好各项收银工作,保证酒店的各项收入"颗粒归仓"。

（六）康乐部与人力资源部

(1) 根据工作需要向人力资源部提出用工申请,负责做好新进员工的在岗技能培训。

(2) 根据本部门的工作需要和人力资源部的安排,做好部门之间员工岗位调整工作和转岗培训工作。

(3) 及时做好本部门的考勤统计、汇总,上报人力资源部。

(4) 本部门员工因故离岗、离职和终止、解除合同,按酒店有关政策和规定,积极配合人力资源部办理各种手续。

(5) 协同人力资源部,做好本部门员工的技术等级申报、审查考核、评定等工作。

第三节　康乐部督导管理案例分析

案例之一：客人在桑拿浴室昏倒

这天是安全巡视员小李当班。她巡视到女部三浴室时,在桑拿房里发现一位女客脸色惨白,斜倚在板壁上,头耷拉在胸前,四肢不停地抽搐。经验丰富的小李一看就明白了,这是桑拿房高温导致了客人缺氧,情况十分危急,稍一拖延便可能有生命危险。

小李立即唤来服务员小王,两人将昏迷不醒的女客抬出桑拿房,平放到四面通风的安全处。小李又让其他服务员与经理联系,报告情况,并请酒店医生迅速前来抢救。同时,与急救中心联系,请求派救护车将客人送往医院。上述行动都是短短几分钟内完成的。客人在酒店医务人员的及时抢救下,逐渐恢复了知觉,基本脱险。这时,酒店外响起急促的救护车铃声,急救中心医生及时赶到。经医院诊断,客人是桑拿房的高温环境致使心跳过速,引发了原有的心脏病,由于发现及时和有效抢救,客人才脱离生命危险。

【评析】

桑拿房门口、更衣室内要设置警示牌,提醒有心脏病的客人蒸桑拿时最好有家人陪同,如果没有则可以告知浴区经理,浴区经理会做出特殊关注安排。桑拿房门口安排浴区服务员轮班站位,客人进入桑拿房五分钟,要主动送冰水,十分钟要主动送凉毛巾。桑拿房里,要有监测时间的沙漏及温度表,并放置一些能提神的水果(如菠萝),客人进去就能感到提神的效果,也是很好的空气清新剂。桑拿房墙边可以装几个连接门铃的报警器按钮,其位置越往下越好,还有就是一定封闭好,千万别漏电。培训浴区服务人员发现问题应先拨打120,不要先动客人,找经理,紧急情况可以把客人的更衣箱打开,一般心脏病患者都随身带有药。

案例之二:周先生遗失了电话本

某日,周先生打电话投诉,他几日前在10楼棋牌室打牌时将一个电话本遗留在房间,事后,他打电话到康乐部询问服务员是否捡到,当时服务员称电话本在服务台,待其前来领取时却被告知没有,后客人再次打电话来问,此时服务台说有。周先生于是派司机来取,却发现不是他的那本。周先生觉得非常气愤,于是投诉。(据了解,当时服务员说有电话本,客人来取时又说没有是因为电话本在交接班时弄丢了。)康乐部主管真诚地向客人表示歉意,表示将积极为客人寻找电话本,并赠送客人棋牌室消费券2张。后来终于找到了电话本并交给了客人。

【评析】

虽后来已找到客人的电话本并交给客人,但客人对酒店的服务仍会存有看法。

对于客人遗留物品的处理,服务员同样需要认真对待,如果处理不当,则会给服务工作带来很大影响,除了建立客人遗留物品登记制度,服务员还要注意详细登记物品名称、房间号码等,甚至还要登记型号等识别信息,避免在回答客人查询时出现张冠李戴、混淆不清的情况。此投诉说明当班服务员没有工作责任心,工作不细致,未做好交接班工作,需要加强培训。康乐部对客人遗留物品的处理程序需要规范。

案例之三:空调效果不好

棋牌室客人投诉房间空调效果不好,吹的是自然风,不制热。当班领班立即到房间检查,看是设备有问题还是因为客人未能掌握设备的正确使用方法而引起的误解。检查发现设备是正常的,此时领班很巧妙地向客人解释:"刚刚设备出现一点小问题,现已帮您调试好。"同时为客人介绍空调开关的操作方法,以及温度的调试步骤。

【评析】

我们应该在进客前将房间各种设备调试到最佳状态,当客人进房后提出异议时应有技巧地向客人介绍本酒店设备设施正确的使用方法。即使是客人错了也要让客人觉得不失面子,同时为客人介绍正确的使用方法也是延长设备设施使用年限的一种有效途径。

康乐部的管理复杂多变、灵活多样,所面对的客人身份和需求也比较复杂,因此需要督导人员具备良好的人际沟通技巧和随机应变能力。康乐部督导要掌握各种突发、疑难问题的处理技巧,不断提高员工处理突发事件的能力,这是提高客人满意度的有力保证,从而达到员工满意和客人满意的双赢局面。

 核心关键词

酒店康乐部　　　　　hotel recreation department
康乐部督导　　　　　supervisor of the recreation department
康乐部卫生质量标准　health quality standards of the recreation department
康乐部安全管理　　　safety management of the recreation department

 思考与练习

1. 酒店康乐部的基本任务有哪些？
2. 简述康乐部楼面主管的岗位职责。
3. 如何制定康乐部员工的考核标准？
4. 康乐消费结账单如何使用？
5. 康乐部应如何与酒店其他部门沟通协调？
6. 康乐部有哪些环境卫生检查标准？

参考文献

References

[1] 姜玲.酒店业督导技能[M].北京:旅游教育出版社,2008.
[2] 蒋一飘,张楠,韩万国.酒店管理180例[M].上海:东方出版中心,1997.
[3] 吴克祥.餐厅领班读本[M].沈阳:辽宁科学技术出版社,1998.
[4] 孙彤.组织行为学[M].北京:高等教育出版社,2000.
[5] 何丽芳.酒店服务与管理案例分析[M].广州:广东经济出版社,2005.
[6] 姜玲.酒店培训管理实务[M].广州:广东经济出版社,2006.
[7] 蒂莫西·R.辛金.酒店管理案例:典型案例研究[M].陈晓东,吴卫,译.大连:大连理工大学出版社,2003.
[8] 刘纯.饭店督导原理与实务[M].北京:科学出版社,2004.
[9] 侯明贤.饭店督导[M].北京:旅游教育出版社,2006.
[10] 刘纯.饭店督导管理[M].北京:清华大学出版社,2008.
[11] 栗书河.饭店督导管理[M].北京:旅游教育出版社,2009.
[12] 吴本.饭店服务与管理[M].北京:旅游教育出版社,2000.
[13] 李力.现代饭店经营管理总论[M].大连:东北财经大学出版社,1997.
[14] 国家旅游局人事劳动教育司.饭店管理概论(修订版)[M].北京:旅游教育出版社,1999.
[15] 谢北立.现代管理基础[M].大连:东北财经大学出版社,1999.
[16] 彭青,林力源,马洁.现代饭店主管领班实务[M].广州:广东旅游出版社,1997.
[17] 蒋丁新.酒店管理概论[M].大连:东北财经大学出版社,2000.
[18] 贺湘辉.酒店培训管理[M].北京:中国经济出版社,2004.
[19] 黎洁,赵文红.旅游企业经营战略管理[M].北京:中国旅游出版社,2000.
[20] 隆瑞.哈佛商学院MBA案例全书[M].北京:经济日报出版社,1998.
[21] 黄煜峰,荣晓华.管理学原理[M].2版.大连:东北财经大学出版社,2007.
[22] 杨孝伟,赵应文.管理学——原理、方法与案例[M].武汉:武汉大学出版社,2004.
[23] 陈荣耀,等.现代管理学[M].上海:东华大学出版社,2004.
[24] 孙健敏,周文霞.管理中的激励[M].北京:企业管理出版社,2004.
[25] 芮明杰.管理学:现代的观点[M].2版.上海:上海人民出版社,2005.
[26] 侣海岩.饭店与物业服务案例解析[M].北京:旅游教育出版社,2003.

[27] 孟庆杰,唐飞.前厅客房服务与管理[M].3版.大连:东北财经大学出版社,2007.
[28] 宋晓玲,陈江,连宗明.饭店服务常见案例570则[M].北京:中国旅游出版社,2001.
[29] 吴军卫,程道品,林中燕,等.饭店前厅管理[M].重庆:重庆大学出版社,2002.
[30] 余炳炎,张建业.饭店前厅部的运行与管理[M].2版.北京:旅游教育出版社,2002.
[31] 曾小力,刘颖珊.前厅服务与管理[M].2版.北京:旅游教育出版社,2018.
[32] 南兆旭,滕宝红.现代酒店星级服务标准[M].广州:广东经济出版社,2003.
[33] 刘哲.康乐服务与管理[M].2版.北京:旅游教育出版社,2003.
[34] 《服务业星级服务培训》丛书编委会.美容·健身·桑拿·足浴中心星级服务培训[M].北京:中国时代经济出版社,2005.
[35] 陈海娟,郎会成,陈海滨.娱乐业营销[M].北京:企业管理出版社,2000.
[36] 任保英.饭店设备运行与管理[M].2版.大连:东北财经大学出版社,2002.
[37] 陈天来.现代饭店设备管理[M].天津:天津科学技术出版社,1995.
[38] 戴桂宝.现代餐饮管理[M].北京:北京大学出版社,2006.
[39] 郭敏文.餐饮部运行与管理[M].2版.北京:旅游教育出版社,2003.
[40] 南兆旭,滕宝红.现代餐饮·酒吧·娱乐业星级服务标准[M].广州:广东经济出版社,2003.
[41] 乐盈,傅启鹏.饭店餐饮管理[M].重庆:重庆大学出版社,2002.

教学支持说明

为了改善教学效果,提高教材的使用效率,满足高校授课教师的教学需求,本套教材备有与纸质教材配套的教学课件和拓展资源。

我们将向使用本套教材的高校授课教师免费赠送教学课件或者相关教学资料,烦请授课教师通过电话、邮件或加入旅游专家俱乐部QQ群等方式与我们联系,获取"电子资源申请表"文档并认真准确填写后发给我们,我们的联系方式如下:

地址:湖北省武汉市东湖新技术开发区华工科技园华工园六路

邮编:430223

电话:027-81321911

E-mail:lyzjjlb@163.com

旅游专家俱乐部QQ群号:758712998

旅游专家俱乐部QQ群二维码:

群名称:旅游专家俱乐部5群
群　号:758712998

电子资源申请表

填表时间：_____年___月___日

1. 以下内容请教师按实际情况写，★为必填项。
2. 相关内容可以酌情调整提交。

★姓名		★性别	□男 □女	出生年月		★职务	
						★职称	□教授 □副教授 □讲师 □助教

★学校		★院/系	
★教研室		★专业	
★办公电话		家庭电话		★移动电话	
★E-mail（请填写清晰）		★QQ号/微信号	
★联系地址		★邮编	

★现在主授课程情况	学生人数	教材所属出版社	教材满意度
课程一			□满意 □一般 □不满意
课程二			□满意 □一般 □不满意
课程三			□满意 □一般 □不满意
其 他			□满意 □一般 □不满意

教材出版信息						
方向一		□准备写	□写作中	□已成稿	□已出版待修订	□有讲义
方向二		□准备写	□写作中	□已成稿	□已出版待修订	□有讲义
方向三		□准备写	□写作中	□已成稿	□已出版待修订	□有讲义

请教师认真填写表格下列内容，提供索取课件配套教材的相关信息，我社根据每位教师填表信息的完整性、授课情况与索取课件的相关性，以及教材使用的情况赠送教材的配套课件及相关教学资源。

ISBN（书号）	书名	作者	索取课件简要说明	学生人数（如选作教材）
			□教学 □参考	
			□教学 □参考	

★您对与课件配套的纸质教材的意见和建议，希望提供哪些配套教学资源：